Les relations sociales chez l'enfant

Annick Cartron
Fayda Winnykamen

Les relations sociales chez l'enfant

Genèse, développement, fonctions

ARMAND COLIN

Collection Cursus, série « Psychologie »

dirigée par Nicole Bacri, Colette Chiland, Gabriel Moser, Fayda Winnykamen

ISBN : 2-200-21609-2

Armand Colin Éditeur, 5, rue Laromiguière - 75241 Paris Cedex 05

Introduction

L'ouvrage se donne comme objectif essentiel la présentation et l'analyse des savoirs et savoir-faire construits par l'enfant dans ses relations et interactions avec autrui. Ces savoirs et savoir-faire renverront au monde des personnes plus qu'à celui des objets physiques, sans pour autant en ignorer l'importance. Il ne s'agira pas seulement des savoir-faire sociaux, impliqués dans la prise de contact, l'acceptation ou le rejet par les pairs, par exemple. Des notions telles que celles de représentation de soi, d'images sociales seront évoquées, ainsi que la façon dont l'enfant est amené à les construire. On s'interrogera aussi sur les connaissances de l'enfant à propos du monde social, sur ses représentations des rôles sociaux et des caractéristiques des personnes. Comme on le voit, il s'agit d'un domaine cognitif, ou plus précisément sociocognitif. Les aspects affectifs sont présents dans les champs décrits, comme d'ailleurs dans tout le champ des conduites humaines et on y fera référence essentiellement à propos du bébé, de la relation de la mère et de l'enfant, ainsi qu'à la période de l'adolescence. Cependant l'objectif de cet ouvrage est avant tout la genèse, la construction, l'acquisition des savoirs et savoir-faire et la centration est donc essentiellement cognitive.

Quelques précisions s'avèrent nécessaires à propos des rapports entre l'individu et l'environnement social. Parmi les nombreux sens que l'on reconnaît à la notion d'environnement social, on retiendra ceux qui se trouvent directement impliqués par l'étude du développement social de l'enfant.

Dans un sens restreint, l'environnement social de l'enfant est constitué par ses proches. Dans les cas les plus fréquents le milieu familial est en effet son premier environnement social. Des études sociologiques révèlent les modifications du milieu familial (Sullerot, 1988, entre autres). La crèche, l'école maternelle, plus tard l'école et ses diverses formes, ainsi que le groupe des pairs, etc. sont également parties prenantes dans « l'environnement social » de l'enfant.

Dans un sens tout à fait restrictif, on se réfère aux interactions interindividuelles. Il s'agit alors des échanges qui ont lieu entre deux individus : la mère et le bébé, par exemple, avec un camarade dans la grande enfance… Les influences sociales seront prises en compte principalement sous cet aspect interactif pour éclairer le développement social de l'enfant.

Au sens large, l'environnement social désigne les grandes différenciations sociologiques telles que les milieux socio-économiques, ou socioculturels, les partitions politiques, les formes de répartition des pouvoirs, celles relatives aux zones d'habitat rural ou urbain, etc. Trop de travaux, de sociologie comme de psychologie, ont été consacrés à ces données sociétales, à la nature et à l'importance de leur influence sur les systèmes d'éducation, et donc sur l'enfant, pour qu'on puisse même en donner un aperçu. (Rappelons cependant l'ouvrage de Reuchlin (1971) résumant les travaux du colloque *Milieu et développement*.) Si les influences sociétales sont ici à leur place, c'est que l'ensemble des travaux exprime à différents degrés, la sensibilité du développement à ces influences. Leurs mécanismes restent à expliciter et on se contentera de souligner que la famille et l'école en sont les vecteurs plus ou moins conscients.

La plus ou moins grande proximité des échanges entre le sujet et son environnement devra également être considérée, ce qui conduit à préciser les notions de relations et d'interactions sociales. De telles relations ne supposent pas nécessairement de contacts réels et actuels, encore que ce soit bien évidemment le cas pour le réseau familial proche. Durant la croissance de l'enfant, le réseau social s'élargit. Progressivement il intègre les membres plus éloignés de la famille, les partenaires habituels de la vie sociale familiale, les camarades, les adultes détenteurs de rôles éducatifs spécifiques, les relations de voisinage, etc. L'enfant prend connaissance du statut et des rôles de chacun comme individu, puis du groupe auquel cet individu appartient (par exemple, la boulangère connue de lui, et les commerçants de façon plus générale).

On désigne généralement par le terme d'« interaction sociale » les échanges, verbaux et/ou non verbaux qui s'établissent entre deux ou plus de deux personnes. Il y a interaction si l'émission d'un message de A vers B est suivie d'une modification, positive ou négative, de la conduite de B, telle qu'elle puisse s'entendre comme résultant de la conduite de A. L'interaction n'est complète que dans la mesure où la conduite de B conduit à son tour à une modification de celle de A. La chaîne interactive peut s'avérer plus ou moins longue. Naturellement, dans un grand nombre de cas les participations sont tout à fait dissymétriques. Le caractère spontané ou non, la nature des contenus, le contexte ont également de l'importance. On considérera la façon dont les relations et interactions sociales peuvent exercer une fonction d'acquisition pour l'enfant, en même temps qu'elles constituent le contexte nécessaire à ses acquisitions.

Le premier chapitre est consacré à la formation des modes de relation à autrui à l'intérieur de la famille. La théorie de l'attachement de Bowlby en constitue le cadre théorique principal et les données factuelles soumises à la discussion sont pour l'essentiel recueillies sous le paradigme mis au point par Ainsworth. C'est aussi du point de vue de l'attachement que sont examinées les caractéristiques sociorelationnelles de l'enfant dans ses relations à autrui. Les questions posées concernent, entre autres, la nature des mécanismes qui peuvent justifier de l'influence de la qualité et de la stabilité des premiers liens d'attachement et des apprentissages des modalités d'interactions avec autrui au sein de la famille, sur la qualité des relations ultérieures avec les pairs.

Le deuxième chapitre expose les modes relationnels et les communications que le jeune enfant entretient avec ses pairs, ainsi que la genèse et le développement des capacités à établir et maintenir une relation et à interagir avec ses pairs d'âge. Cette étude sera soutenue par la perspective éthologique et l'observation systématique des interactions précoces entre pairs qu'elle a inspirée dès la deuxième année de la vie. Les travaux ont centré leurs analyses sur les conduites d'imitation et les jeux symboliques en tant qu'indicateurs pertinents du mode de fonctionnement des interactions entre pairs à l'âge préscolaire. Sera également présentée l'évolution des conduites sociales pendant l'enfance en soulignant que le mode de fonctionnement du groupe acquiert une spécificité suivant le sexe, en même temps que garçons et filles ont tendance à privilégier les activités et interactions avec pairs de même sexe.

Le troisième chapitre a pour objectif d'analyser les savoirs et les savoir-faire que l'enfant doit acquérir et développer pour réaliser son intégration dans le groupe des pairs d'âge et être un enfant relationnellement compétent. Pour parvenir à approcher ce qu'est cet enfant compétent socialement, il sera procédé à la comparaison des enfants de statut sociométrique contrasté : celle des enfants « préférés » de leurs pairs et celle des enfants « rejetés », le groupe des enfants avec qui les autres souhaitent interagir au cours des activités communes et le groupe des enfants que les autres souhaitent tenir à l'écart et évitent le contact. Il sera montré quels sont les comportements et habiletés sociocognitives qui caractérisent les deux groupes, en quoi leurs aptitudes ou inaptitudes peuvent avoir été marquées par les liens créés dans la famille tels qu'ils ont été décrits au chapitre 1 et être mis en relation avec certaines pratiques éducatives parentales.

Le jeu de l'enfant fait l'objet du quatrième chapitre, et plus particulièrement, la fonction d'acquisition des relations et interactions telle qu'on peut la repérer dans les jeux. Cela suppose une définition du jeu et des catégorisations auxquelles il se prête. On présentera ensuite les principales approches théoriques et les mécanismes psychologiques dont ces approches supposent la mise en œuvre. C'est ainsi que seront mises en parallèle les différentes périodes développementales, et les activités de jeu qui les caractérisent, en particulier du point de vue de Piaget et de celui de Wallon. On s'attachera également à deux types de jeux qui présentent un intérêt particulier, du point de vue de leur signification et de leurs apports : les « jeux de rôles » d'une part, les « jeux sportifs » de l'autre.

L'analyse du rôle des interactions sociocognitives dans le développement social et dans les constructions et les acquisitions de savoirs et savoir-faire sociorelationnels fait l'objet du chapitre cinq. Les aspects qui relèvent de cette problématique dans les principales approches théoriques seront présentés, dans leurs oppositions ou leurs convergences. Étant donné l'objectif de l'ouvrage, on s'est volontairement limité à certains d'entre eux. Des notions telles que celles d'égocentrisme, opposées à la décentration, de conflit sociocognitif, du rôle des interactions expert-novice, etc. seront ainsi exposées, à un niveau introductif. On s'intéressera enfin à quelques domaines de ces acquisitions ou constructions : la construction des images sociales et représentation de soi et d'autrui ; les acquisitions de notions et concepts spécifiques, de règles de résolution de problèmes, dans les interactions enfant-adulte, ou les interactions paritaires. Les interactions dyadiques s'avèrent constituer le contexte social le plus fréquemment étudié, pour des raisons expérimentales. On présentera cependant quelques situations de petits groupes, plus proches des contextes scolaires.

Le sixième chapitre, enfin, est consacré à l'adolescence. Cette période de la vie présente à la fois des caractéristiques communes à tous les adolescents, et d'autres, plus spécifiques de certaines catégories d'adolescents. C'est pourquoi, après avoir présenté la notion (aux contours flous) d'adolescence, on souligne les aspects somatiques, puis les conséquences psychologiques, des transformations pubertaires. Les aspects sociologiques et psychosociaux ne sauraient être négligés, à la fois dans leur dimension sociétale et dans l'approche, plus restreinte, de l'étude des groupes d'adolescents. Un ou deux points plus particuliers sont également traités, avec pour objectifs de souligner tout à la fois les différences et les similitudes (par exemple entre adolescents et adolescentes face au problème des choix de vie), et la complexité d'une problématique, à l'interface de l'individuel et de l'interindividuel, objet des réflexions de toutes les sciences humaines.

1 Formation des modes de relation à autrui à l'intérieur de la famille

L'ÉTABLISSEMENT DES PREMIÈRES RELATIONS SOCIALES DANS LA FAMILLE

Étude de la relation mère-enfant dans la perspective psychanalytique freudienne et la théorie de l'attachement

Pour comprendre la perspective de la théorie de l'attachement telle qu'elle a été développée par Bowlby (1969), on ne peut pas ignorer les analyses conduites par Spitz, en référence à la perspective freudienne. En effet, Bowlby, psychiatre et psychanalyste, propose un modèle de développement et de fonctionnement de la personnalité, en prenant appui sur des observations et expérimentations relatives aux comportements animaux et humains, qui diverge sur plusieurs points des interprétations de Freud et Spitz.

Les travaux de Spitz en particulier tendent à montrer comment la mère, qui a procuré les gratifications alimentaires et les gratifications orales qui les accompagnent, acquiert au cours de la première année de la vie de l'enfant le statut d'objet : objet au sens psychanalytique du terme, c'est-à-dire ce par quoi ou par qui les pulsions peuvent être satisfaites. Dans le jeu des frustrations et des gratifications liées à la tension et à la quiétude éprouvée au niveau de la zone orale, l'enfant identifie le sein puis la mère, reconnue comme pourvoyeuse des gratifications orales. En même temps l'enfant devient capable de prendre en compte les autres attributs maternels, ceux relevant de l'établissement des relations sociales, comme le visage, la voix, la manière de le tenir etc.

Dans la perspective psychanalytique, la relation privilégiée de l'enfant à la mère s'établit secondairement à la satisfactions des besoins fondamentaux que sont les besoins alimentaires et les besoins liées à la satisfaction des pulsions sexuelles de l'enfant au cours de la première année de la vie, et constitue le prototype des relations sociales ultérieures.

Spitz par exemple interprète l'apparition du sourire en présence du visage humain dès l'âge de deux mois et le fait que cette conduite soit quasiment systématique chez tous les enfants jusqu'à six mois comme étant une étape préliminaire à la constitution de l'objet (stade du précurseur de l'objet). L'enfant sourit à n'importe quel visage humain, représentant figuratif des gratifications orales, mais il n'a pas encore complètement différencié les attributs maternels spécifiques et fusionne les images des préobjets, bons et mauvais, pour constituer une image maternelle unique.

L'enfant atteint le stade de l'objet libidinal proprement dit lorsque, face une personne inconnue, il manifeste des conduites appelées par Spitz « d'angoisse du huitième mois » : le visage de la personne inconnue évoquerait pour l'enfant le fait qu'il ne soit pas en présence de la mère avec laquelle il entretient une relation privilégiée, puisqu'elle est, du point de vue de l'enfant, objet libidinal.

Les travaux de Spitz ont permis de montrer comment l'établissement de ce lien privilégié avec une des personnes de l'entourage de l'enfant semble l'une des condition d'un développement sensori-moteur, cognitif et social normal. Les études bien connues de cet auteur à propos de la carence affective précoce et de l'hospitalisme ont attiré l'attention sur la nécessité de l'établissement, du point de vue de l'enfant, d'une relation objectale pour que le moi du sujet puisse se constituer et que puisse se développer un système de communications et d'échanges avec le monde extérieur.

Si des désordres interviennent dans l'établissement de la relation objectale, peuvent apparaître les troubles psychosomatiques de la première année (troubles liés à l'alimentation, au sommeil etc.). Une carence affective partielle fait apparaître un état de dépression anaclitique qui peut céder si la séparation d'avec la mère cesse dans un délai de trois à cinq mois. La dépression anaclitique est celle qui est déclenchée par la perte de l'objet permettant l'étayage des conduites de recherche du plaisir sur la satisfaction des besoins primaires physiologiques. Une carence affective grave provoque les troubles de l'hospitalisme qui, dans un certain nombre de cas, peuvent apparaître comme irréversibles quand l'enfant a été privé de toute relation avec une personne privilégiée pendant une grande partie de la première année de sa vie.

Cette présentation rapide des travaux de Spitz permet de souligner que la présence de la mère ou d'un substitut est nécessaire pour que ne s'établissent pas les symptômes liés à la carence affective partielle ou totale. L'étude de la névrose d'abandon est souvent utilisée pour montrer que l'enfant qui a été carencé relationnellement dans la petite enfance peut continuer à fonctionner à l'égard d'autrui sur un mode passif de dépendance, attendant qu'autrui apporte la satisfaction de ses besoins ou à l'opposé, sur un mode de revendication agressive, pour faire savoir à autrui qu'il attend de lui la satisfaction de ses besoins.

La prédisposition génétique de l'enfant à avoir des conduites sociales selon Bowlby

Si la perspective psychanalytique a fait prendre conscience de la nécessité d'une relation privilégiée avec une personne de l'entourage, la théorie de l'attachement développée par Bowlby a tout particulièrement mis en évidence quelles devaient être les caractéristiques et les comportements de la mère, pour que cette relation s'établisse de façon adéquate. Ce sont les analyses de Bowlby qui ont véritablement donné leur essor aux études privilégiant l'observation systématique des relations mère-enfant et les travaux expérimentaux à ce sujet.

Bowlby, prenant appui sur les travaux de l'éthologie animale, a développé la thèse selon laquelle les besoins sociaux sont primaires chez l'enfant et doivent être satisfaits indépendamment des besoins alimentaires et de toutes les formes de gratification orale.

En effet, les travaux conduits par Harlow sur les jeunes singes élevés au contact de mères artificielles permettent à Bowlby de souligner que, chez le jeune singe, la recherche de nourriture est volontiers sacrifiée à la recherche de contact et que le petit singe maintient le contact avec une mère artificielle offrant des gratifications relatives aux modalités de contact plutôt que des gratifications alimentaires : les jeunes singes restent agrippés à une mère « en chiffon », ou berçante, ou à une mère dont émane une chaleur calorique plutôt qu'à une mère allaitante qui n'est pas agréable au contact. Bowlby et ses collaborateurs poursuivant les travaux de Harlow ont montré que c'est seulement dans le cas où tous les substituts ont les mêmes caractéristiques de réconfort et de contact que les singes préfèrent rester au contact des mères qui allaitent que de celles qui n'allaitent pas.

Le besoin de contact social apparaît alors comme un besoin primaire, c'est-à-dire qui n'est pas dérivé de la satisfaction d'un autre besoin, comme c'est le cas dans l'explication freudienne de l'étayage des pulsions sexuelles sur les pulsions alimentaires, et qui doit être satisfait au même titre que les autres besoins primaires : la satisfaction des besoins alimentaires sont nécessaires à la survie de l'individu et ceux relatifs au contact social sont nécessaires au développement de sa personnalité et de sa capacité à établir des relations sociales. Ces besoins existent indépendamment les uns des autres et doivent être satisfaits séparément.

Dans ce contexte, Bowlby rejette l'hypothèse freudienne, reprise par Spitz, selon laquelle les pulsions sexuelles s'étayent sur la fonction vitale d'alimentation et la relation de l'enfant avec sa mère ne s'établit, sur un mode privilégié, qu'après que l'enfant a identifié la mère comme pourvoyeuse des gratifications orales.

Bowlby rejette également le rôle accordé par Freud à une libido d'origine sexuelle : l'attachement précède la sexualité, existe indépendamment d'elle et paraît même en constituer la condition d'existence ainsi que celle du développement social, permettant d'établir des interactions avec autrui. Par exemple, Bowlby souligne que lorsque le singe a été privé de relations avec la mère, il est incapable de développer des interactions avec ses congénères : ses conduites sexuelles sont profondément altérées de même que les conduites ludiques chez le mâle et les conduites de maternage chez la femelle.

Les observations de Lorenz (1970) montrent qu'il existe chez l'oison un déterminisme génétique à avoir des conduites de suite et de poursuite à l'égard du premier objet mobile avec lequel il est entré en contact dans les minutes qui suivent la naissance. Les éthologistes ont décrit par la suite des phénomènes d'empreinte chez de nombreuses espèces animales, dont les mammifères. Cette « préférence » s'établit au cours d'une période critique, phase dont la durée est limitée et variable selon les espèces, et se maintient au cours du développement.

De l'étude du phénomène de l'empreinte, Bowlby retient qu'il existe chez l'animal, dès la naissance, une prédisposition génétique à avoir des conduites sociales à l'égard du premier objet mobile avec lequel il entre en contact et qui, dans des conditions normales, est la mère génitrice. Bowlby estime que l'enfant humain est également pourvu d'un ensemble de schèmes d'action dépendant de ses potentialités génétiques (en particulier, réflexes de succion et d'agrippement, pleurs et cris, conduites de fixation et de poursuite oculaire, sourires etc.) qui permettent au bébé d'établir et de maintenir le contact avec les personnes de l'entourage. Ces conduites se modifient et évoluent avec l'âge et permettent à l'enfant de manifester au cours du quatrième semestre de la première année les conduites de suite et de poursuite qui sont présentes chez l'animal dans les heures qui suivent la naissance.

Ces conduites ont comme particularité de s'adresser de façon privilégiée et différenciée à la figure d'attachement : la personne élue par l'enfant en vue d'établir et maintenir un contact particulier, généralement la mère dont on sait par des travaux très récents que l'enfant a pu apprendre à discriminer certaines des caractéristiques, dès la fin de la vie fœtale, comme la voix ou l'odeur (Lecanuet *et al.*, 1988).

Pour Bowlby, ce comportement d'attachement a une première fonction de demande de protection : le contact mère-enfant permet à la mère de réduire et de contrôler les agressions provenant du milieu extérieur et dont l'enfant peut être la victime, par exemple les agressions sonores ou visuelles trop intenses qui empêchent le bébé de quelques jours de trouver le sommeil ou celles qui peuvent mettre en cause son intégrité corporelle, lorsque le jeune enfant accède à l'autonomie motrice. L'enfant recherche le contact pour pouvoir réduire ses sentiments de crainte et d'insécurité, et cela tout particulièrement quand il connaît des états de besoin : chez le très jeune bébé, ceux liés à la faim, la soif, la régulation thermique, la posture, les besoins de contact, etc. À l'inverse, crainte et insécurité peuvent résulter de l'éloignement de la figure d'attachement.

Le comportement d'attachement a également une fonction de socialisation dans la mesure où l'enfant apprend à communiquer avec sa mère de telle façon qu'elle identifie ses besoins et y réponde. Ce premier système de communication sert de base au développement des autres systèmes de communication qui évolueront avec l'âge et se diversifieront en fonction des différents partenaires des interactions sociales. Dans ce premier système, l'enfant apprend en particulier que la satisfaction de ses besoins et de ses désirs dépend de la mère qui n'est que « suffisamment bonne » et qui lui fait éprouver des gratifications mais qui ne pouvant le satisfaire en tout, en raison de ses propres désirs, le conduit à émettre des signaux pour attirer son attention et à négocier entre désirs et frustrations (Lebovici, 1983).

Cette relation privilégiée que les psychanalystes appellent relation objectale, Bowlby l'appelle lien d'attachement; l'attachement étant l'ensemble des processus sous-jacents à la recherche et au maintien de la proximité avec une personne particulière de l'entourage de l'enfant, généralement celle à qui sont dévolus les soins à prodiguer à l'enfant : la mère.

Il faut savoir que cette théorie de l'attachement a été connue et diffusée en France grâce au *Colloque Épistolaire* organisé par R. Zazzo (1974) qui a publié dans un même ouvrage les contributions d'éthologistes comme Lorenz, Harlow et Chauvin et de psychanalystes comme Bowlby, Anzieu et Wildocher. Le sous-titre de l'ouvrage, « Une nouvelle théorie sur les origines de l'affectivité », était tout à fait significatif du point de vue du changement de perspectives que la théorie de l'attachement représentait à l'époque.

Étude des facteurs dont dépend la qualité du lien d'attachement de l'enfant à sa mère

Pour comprendre l'établissement des premières relations mère-enfant dans le cadre de la théorie de l'attachement, il importe d'analyser les travaux qui tendent à montrer dans quelle mesure la mère, qui a été plus ou moins sensible à l'ensemble des besoins de son très jeune enfant, et y a répondu de façon plus ou moins bien adaptée, contribue à établir une forme particulière d'attachement de l'enfant à son égard. Si tous les enfants de l'espèce humaine ont des besoins de contact et des besoins sociaux, les mères ont des modes de réponse qui leur sont spécifiques et qui modulent les caractéristiques du lien d'attachement de l'enfant à sa mère. Il s'agit donc dans un premier temps de considérer les comportements de la mère à l'égard de son bébé et de voir ensuite comment la nature du lien d'attachement établi est plus ou moins favorable à l'établissement des relations sociales.

• *Les caractéristiques individuelles du bébé.* Certes, l'établissement du lien d'attachement de l'enfant à sa mère est déterminé par d'autres variables que les modalités de réponses de la mère aux principaux besoins de son enfant. On ne peut pas ignorer par exemple que ce que l'on appelle le « tempérament » de l'enfant, c'est-à-dire ses principales caractéristiques, décelables à la naissance, et telles qu'elles peuvent être évaluées par l'échelle de Brazelton (1983) — qualité des périodes d'éveil, sensibilité aux signaux provenant de l'environnement, irritabilité, aptitude à se consoler et à être consolé etc. — vont déterminer en partie les réponses maternelles.

Lebovici (1983) analyse la diversité des différences individuelles à la naissance. Il éclaire la situation de la mère qui doit s'adapter à l'enfant réel qu'une distance sépare de l'enfant imaginaire élaboré en fonction de la vie fantasmatique de la mère et du père.

Sroufe (1985) se demande si « le tempérament » — c'est-à-dire l'ensemble des caractéristiques motrices et psychologiques de l'enfant — est l'un des facteurs déterminant les modalités des réponses de la mère aux besoins de son enfant ou si les qualités maternelles déterminent le lien d'attachement de l'enfant, quelles que soient les caractéristiques individuelles de l'enfant qui font que ses désirs sont plus ou moins faciles à satisfaire. La réponse de l'auteur est en faveur de la première explication. En effet, Sroufe estime que les caractéristiques maternelles sont à l'origine du sentiment la sécurité ressenti par l'enfant à l'égard de sa mère et que le tempérament de l'enfant n'est qu'un révélateur des aptitudes maternelles.

Par exemple, dans le cas d'un enfant très irritable, une mère bien adaptée à la satisfaction des besoins de l'enfant fait diminuer de façon significative les manifestations d'irritabilité de l'enfant (et non pas disparaître) tandis qu'une mère mal adaptée a tendance à faire que ces manifestations d'irritabilité restent très fréquentes et intenses.

Lewis et Feiring (1989) pensent qu'il y aurait une relation entre le degré de sociabilité de l'enfant à 3 mois (évalué par sa réactivité à une personne ou un objet) et la qualité de l'attachement : les enfants les moins réactifs à 3 mois seraient les plus évitants à l'égard de leur mère à 12 mois. Cependant, ces auteurs soulignent que cette réaction différente selon les enfants face à une personne ou un objet peut être expliquée aussi bien par des traits héréditaires que par les stimulations reçues de l'entourage.

• *Attachement à la mère et à d'autres personnes de l'entourage.* Pour bien resituer les perspectives et les cadres de notre étude, il faut signaler que l'on parle en français par commodité du « lien d'attachement de l'enfant à sa mère » là où en anglais on parlerait de l'attachement de l'enfant, du *care giver* (« donneuse de soins », « personne assurant les fonctions maternelles », « substitut maternel »). Cette expression désigne donc ici la relation mère-enfant ou de toute personne s'occupant de l'enfant et qui peut être l'objet d'attachement. Comme l'ont montré les théoriciens de l'attachement, l'enfant peut s'attacher à plusieurs personnes de son environnement, et les conduites d'attachement peuvent être différenciées selon les personnes. Un enfant élevé en institution peut ainsi développer un ou plusieurs attachements.

Cependant, le bébé se comporte comme si ses attachements étaient hiérarchisés (Schaffer et Emerson, 1964) : l'enfant a un objet d'attachement préférentiel vers lequel il se tourne systématiquement s'il connaît une situation de stress et donc si ses besoins de protection sont importants. Le bébé semble vite capable de réaliser une sorte de classification fonctionnelle des personnes de son entourage, cherchant leur contact suivant le besoin qu'il cherche à satisfaire : le bébé se tourne plutôt vers la mère, lorsqu'il connaît un état de tension et a besoin de protection et plutôt vers le père pour satisfaire certains besoins relationnels, et tout particulièrement dans le cas de jeux reposant sur des contacts physiques (Lamb, 1981).

Dans ces jeux, l'enfant apprend à décoder chez son partenaire les indices liés à son état émotionnel et découvre que ses propres signaux de plaisir et déplaisir ont une action en retour sur autrui et lui permettent de communiquer avec lui. Cependant, les différents attachements ne sont pas d'intensité égale ni interchangeables. Enfin, l'enfant séparé de l'objet d'attachement privilégié cherche à établir avec l'une des personnes de son nouvel environnement social des liens comparables à ceux qu'il entretenait avec l'objet d'attachement précédent.

En se référant au cadre théorique de Bowlby, il faut souligner que l'enfant ne construit pas de *working model* seulement de sa mère mais aussi de son père et des personnes de son entourage (Bretherton, 1985) : c'est-à-dire que l'enfant construit progressivement une représentation intériorisée du mode de fonctionnement de la mère, et en particulier de ses capacités à répondre de façon adaptée ou non à certains de ses signaux. De la même façon, il construit une représentation des autres personnes qui interagissent avec lui : par exemple, si les jeunes enfants se tournent vers leur mère pour demander aide et protection (Campos *et al.*, 1983), ils font appel à leur père pour ce qui est des activités ludiques (Main et Weston, 1981). Cette attitude différenciée à l'égard du père et de la mère peut se retrouver à l'adolescence et ceci pourrait être l'un des indices que le *working model* est toujours un organisateur des comportements du sujet, même si ceux-ci prennent de nouvelles formes.

• *Influence des conduites maternelles et qualité de l'attachement : les travaux d'Ainsworth.* Les travaux d'Ainsworth et de ses collaborateurs (1978) ont été en partie conduits en référence à la théorie de Bowlby, ayant pour objectif de montrer comment l'enfant, pendant la première année, manifeste des variations importantes dans ses conduites et performances, suivant que la personne élue par lui comme objet d'attachement est présente ou non dans son environnement et qu'il peut donc satisfaire ou non ses besoins de contact et de proximité avec elle.

Cette étude a été précédée de travaux descriptifs d'Ainsworth (1967) montrant avec l'âge l'évolution des manifestations de l'attachement du bébé à sa mère ou à son substitut, en fonction de l'évolution sensori-motrice de l'enfant. Un rappel rapide des principaux résultats obtenus est nécessaire pour qui veut bien comprendre sur quels critères ont été différenciés différents types du lien d'attachement à la mère.

Dès le premier trimestre de la vie, on peut parler de conduites différenciées du bébé à l'égard de sa mère et des autres personnes de son entourage, cette différenciation étant encore plus nette dans le cas de personnes non familières. Par exemple, Ainsworth a noté, durant cette période, plus de pleurs en présence d'une personne inconnue et au contraire plus de sourires et de vocalisations en présence de la mère. Les observations font apparaître qu'entre trois et six mois l'enfant peut réagir négativement lors des épisodes de séparation d'avec sa mère : par exemple, il se met à pleurer lorsqu'il y a rupture du contact. Le troisième trimestre de la vie se caractérise par l'intensification, très variable d'un enfant à un autre, de ces conduites négatives, par des conduites actives de recherche du contact, en cas d'éloignement de la mère, et par des conduites d'accueil lors des épisodes de réunion mère-enfant. Les descriptions sont là tout à fait comparables à celles faites par Spitz à propos des conduites dites « d'angoisse du huitième mois », face à une personne non familière : détournement du regard, attitude d'attente anxieuse avec éventuellement raidissement du corps, pleurs et parfois cris si la personne non familière persiste dans ses intentions d'établir un contact avec l'enfant.

L'utilisation de la mère comme « base d'exploration » de l'environnement (on emploie aussi l'image de la « base de sécurité ») est ce qui caractérise le comportement de l'enfant au quatrième trimestre. En effet, à cet âge, l'enfant qui devient capable de se déplacer seul, commence à explorer son environnement mais semble alors pris entre deux désirs contradictoires : s'éloigner de la mère pour se livrer à cette exploration et maintenir le contact avec elle. Par exemple, l'enfant peut manifester des conduites de suite et de poursuite de la mère au cours du quatrième trimestre de la première année et revenir vers elle ou l'appeler lors de ses déplacements dans en espace plus ou moins proche. Si l'enfant a perdu le contact avec la mère et souhaite le rétablir, il le fait régulièrement ne serait-ce que visuellement : en jetant un coup d'œil pour s'assurer que la mère est à proximité, et s'il l'appelle, il est rassuré si elle lui parle, même s'il ne la voit pas.

L'intérêt des travaux d'Ainsworth est de mettre en évidence que les comportements d'attachement s'organisent de manière très différente d'un enfant à un autre et que ces différences individuelles peuvent s'expliquer en partie par la manière dont la mère s'est comporté à l'égard de son enfant lorsqu'elle a dû décoder les signaux émis par lui et chercher à y répondre de façon adaptée, pendant les premières semaines de sa vie.

Comme le signale l'auteur dans un article publié en 1979 et traduit en français dans la revue *Enfance* : « De récents et importants progrès dans le domaine des différences individuelles ont montré comment le comportement d'attachement s'organise selon des patterns variés et quelle est la valeur de tels patterns pour la prévision du développement ultérieur. » (1983 p. 7.)

Cette typologie des conduites d'attachement de l'enfant a été réalisée grâce à une étude longitudinale, consistant en l'observation à domicile de vingt-six dyades mère-enfant, au cours de la première année et, en situation de laboratoire, à l'âge de un an. Ainsworth et ses collaborateurs observent les interactions mère-enfant pendant la situation alimentaire du premier trimestre de la vie de l'enfant. Il est systématiquement relevé :

– si la mère cherche à s'adapter à la demande de l'enfant du point de vue de l'horaire : horaire à la demande, horaire souple ou horaire rigide ;

– la vitesse à laquelle elle le nourrit : en particulier en tenant compte de la présence ou de l'absence d'interventions directes de la part de la mère pour accélérer la vitesse d'ingestion ;

– la quantité de nourriture donnée à l'enfant : quantité déterminée par la mère ou modulée suivant les indices comportementaux fournis par l'enfant.

Sont relevés aussi de façon systématique, toujours au cours des trois premiers mois de la vie, les épisodes de pleurs de l'enfant, au cours du repas, et en dehors des moments consacrés à l'alimentation et il est demandé à des observateurs ne connaissant ni les mères ni les enfants d'évaluer, à partir des comptes rendus d'observation des interactions mère-enfant, différents comportements et attitudes maternelles : sensibilité aux signaux de l'enfant, capacité à y fournir une réponse adaptée et en particulier capacité à consoler l'enfant en cas de pleurs, acceptation par la mère que la satisfaction des besoins de son enfant interfère avec ses propres activités. L'évaluation porte aussi sur le fait que la mère a beaucoup de contacts physiques avec son enfant et exprime sa satisfaction par rapport à l'enfant.

Cet ensemble de données permet de définir trois catégories de mères : les mères généralement sensibles aux besoins de l'enfant, les mères aléatoires et les mères plutôt rigides.

– Les mères plutôt sensibles et adaptées aux besoins de l'enfant (9 sur 26) le nourrissent à la demande ou appliquent un horaire souple. Elles ne sont intervenantes dans l'alimentation que lorsqu'elles cherchent à suralimenter l'enfant avec l'intention de satisfaire le bébé, car elles pensent qu'ainsi il dormira plus longtemps. Ces mères ont des enfants qui pleurent moins que les autres aussi bien pendant les repas qu'avant et après. Elles sont évaluées par les observateurs comme étant les plus réceptives aux manifestations des besoins de leur enfant et comme y répondant de façon la plus adaptée. Ce sont elles aussi qui sont les plus satisfaites du bébé et qui ont le plus de contacts avec lui.

– Les mères aléatoires sont celles qui présentent le plus de différence d'avec les mères sensibles. Elles sont au nombre de 5 et sont dites aléatoires car leurs conduites vis-à-vis de l'enfant sont très variables d'un moment de l'observation à l'autre. Ces mères n'ont pas de conduites stables et cohérentes mais oscillent suivant leur propre état. Ce sont elles qui ont les enfants qui pleurent le plus et ce sont elles dont l'adaptation à l'enfant est jugée la moins bonne.

– Les mères intervenantes (au nombre de 11) appliquent un horaire rigide ou/et ont de nombreuses formes d'intervention au cours de l'alimentation : elles ignorent les manifestations de l'enfant qui réclame à être nourri, administrent le repas très rapidement, ont tendance à ignorer les signaux de l'enfant qui n'a plus faim, etc. Les épisodes de pleurs des enfants sont importants, en particulier avant le repas et aussi après, parce que celui-ci pas toujours bien adapté au rythme et aux besoins de l'enfant ne le conduit pas à un réel état de quiétude. De plus, ces mères ne cherchent pas de façon systématique à répondre aux besoins de l'enfant.

On peut penser, en première analyse, qu'Ainsworth prend en compte, de façon quelque peu paradoxale, des comportements relatifs à la situation alimentaire alors que, selon la perspective de Bowlby, serait déterminante la qualité des échanges sociaux entre la mère et son enfant. Il faut bien analyser que les comportements observés par Ainsworth ne le sont pas dans le but de recueillir des informations relatives aux procédures d'alimentation mais au degré de sensibilité de la mère aux besoins de son enfant : il ne s'agit pas par exemple de savoir si la mère nourrit au sein ou non, et il n'est pas fait de différences en fin de compte entre les mères nourrissant à la demande ou non. La situation alimentaire n'est considérée ici que dans la mesure où elle est révélatrice des aptitudes de la mère à s'adapter aux besoins spécifiques de son enfant.

Ce n'est donc pas le fait de nourrir l'enfant au sein ou au biberon qui est la variable déterminante de la qualité du lien d'attachement mais la capacité de la mère, dans l'une ou l'autre des situations, à prendre en compte le point de vue de l'enfant et non le sien. L'aide à apporter à une jeune mère concerne ce décodage des signaux émis par l'enfant, décodage d'autant plus difficile que l'enfant réel est comme on l'a dit différent de l'enfant fantasmé ou imaginé (Cartron et Coslin, 1992).

D'autres auteurs ont pu « tester » ce degré de sensibilité, en évaluant la vitesse à laquelle la mère répond aux signaux de son enfant (Rodell et Slaby, 1977). Du point de vue des auteurs essayant d'étudier les modalités de l'attachement de l'enfant à sa mère, la situation alimentaire n'est pas différente des autres situations d'interaction mais, de par sa structure elle révèle bien les aptitudes maternelles face au bébé, étant à la fois une situation d'interactions sociales mère-enfant (regards, postures, bercements, vocalisations et verbalisations en particulier) et une situation où la mère doit s'adapter le mieux possible aux caractéristiques propres à son enfant : enfant sollicitant les contacts par le regard de façon fréquente ou plus épisodique, enfant cherchant ou non des pauses pendant la tétée, enfant aimant s'alimenter de façon rapide ou lente, enfant gros mangeur ou petit mangeur, etc.

Ainsi, la situation alimentaire de par sa structure et aussi de par sa fréquence, permet d'observer facilement l'ensemble des attitudes maternelles face au bébé et de faire une prédiction sur ce que sera la qualité du lien d'attachement.

En effet, lorsque les enfants observés par Ainsworth ont atteint l'âge d'un an, ils ont été revus en situation de laboratoire afin d'évaluer la qualité de leur attachement à la mère. L'expérience réalisée par Ainsworth et ses collaborateurs (1971) a pour but d'évaluer quels types de contact l'enfant a avec sa mère lorsqu'il est seul avec elle ou, avec elle et une personne inconnue. Les comportements de l'enfant sont aussi observés lorsqu'il retrouve sa mère après avoir été laissé seul avec la personne inconnue et également laissé seul dans la pièce. Cette situation souvent reprise par ceux voulant évaluer la qualité de l'attachement de l'enfant à sa mère a été dénommée par ses auteurs la *strange situation*, expression qu'il semble préférable de traduire par « situation inconnue » ou « situation non familière » que « situation étrange » car il est relativement banal qu'un enfant soit mis en contact avec des lieux ou des personnes inconnus.

LES ÉPISODES DE LA *STRANGE SITUATION* D'AINSWORTH *et al.* (1971)

Épisodes	Participants	Durée
1	Mère, enfant, expérimentateur	30 secondes. environ
2	Mère, enfant	3 minutes
3	Inconnu, mère, enfant	3 minutes
4	Inconnu, enfant	3 minutes*
5	Mère, enfant,	variable
6	Enfant	3 minutes*
7	Inconnu, enfant	3 minutes*
8	Mère, enfant	variable

* Épisode abrégé si l'enfant présente de forts signes de détresse

Les observations faites au cours de cette situation expérimentale permettent la quantification des conduites de recherche de proximité et de maintien du contact, les conduites d'évitement de la mère et de résistance au contact ainsi que les épisodes de pleurs. Suivant que l'enfant manifeste ou non ces conduites, trois types d'attachement de l'enfant à sa mère à l'âge d'un an sont décrits et mis en relation avec les comportements maternels tels qu'ils ont été observés au cours du premier trimestre de la vie :

– Les enfants du groupe A sont dits évitants car ayant peu de réactions positives à l'égard de leur mère et de la personne inconnue. Ils peuvent même réagir négativement lorsqu'ils sont l'objet d'une tentative de contact ou de réconfort. Il faut savoir, pour bien comprendre les réactions de ces enfants, que ce sont eux dont les mères ont été les moins sensibles à leurs besoins. Leur attitude peut être alors interprétée comme une attitude défensive d'évitement. Ils ont désiré le contact mais ayant été très souvent frustrés par la non-satisfaction de leurs besoins, ils ont appris en quelque sorte à éviter leur mère pour ne pas connaître de nouvelles déceptions et à se passer d'elle (Ainsworth *et al.* 1979). Ces enfants sont aussi qualifiés d'autonomes et d'indépendants car ils ont d'importantes conduites d'exploration de l'environnement sans recours à la mère et peu de réactions négatives face à la personne inconnue et lors des épisodes de séparation d'avec leur mère.

– Les enfants du groupe B sont ceux qui sont considérés comme normalement attachés et sécurisés par les relations établies avec une mère qui, dans leur petite enfance, a été sensible et adaptée à leurs besoins. La qualité de leur attachement à la mère se traduit par le fait qu'ils l'utilisent comme « base de sécurité » quand elle est présente. Si le départ de la mère et la présence de la personne inconnue déclenchent chez eux des conduites émotionnelles négatives, celles-ci cessent assez rapidement quand la mère revient et qu'ils peuvent rétablir le contact avec elle.

– Les sujets du groupe C ont eu des mères qui pouvaient se trouver soit dans la catégorie des mères aléatoires, soit des mères peu sensibles. Ils montrent un attachement ambivalent et anxieux à l'égard de leurs mères dans la mesure où ils manifestent un intense besoin de contact et de protection mais aussi une forte agressivité, quand il y a eu rupture du lien, et des signaux de détresse en présence d'une personne inconnue. D'une certaine manière, ces enfants attendent de leur mère qu'elles leur apportent la sécurité dont ils ont besoin et qu'elle leur a fait expérimenter dans un certain nombre de situations mais cependant pas suffisamment (probablement en intensité et fréquence) pour qu'ils soient totalement sécurisés.

Ainsi, cet ensemble de résultats est interprété dans le sens où les conduites maternelles sont susceptibles de moduler la qualité du lien d'attachement de l'enfant à sa mère et permettent de comprendre pourquoi on peut relever certaines différences individuelles dans les capacités des enfants dans le quatrième trimestre de la vie à explorer leur environnement, à prendre contact avec des personnes inconnues, à être dépendants ou non de leurs mères ou à ne l'être que dans certaines situations. Les interactions mère-enfant, les actions de l'enfant sur son environnement et les réactions de l'enfant aux modifications de son environnement doivent être analysées en fonction de la sécurité fournie ou non dans l'établissement du lien d'attachement à la mère ou à son substitut, en précisant dans quels contextes se déroulent les interactions mère-enfant.

Par ses travaux, Ainsworth a fourni un nouveau point de vue pour analyser le développement de l'enfant en fonction de la qualité du premier attachement de l'enfant à sa mère : par exemple, les capacités de l'enfant à faire face à des situations nouvelles, à explorer son environnement ou à entrer en interaction avec autrui.

Comme le souligne Montagner (1988 p. 50), « les travaux Ainsworth paraissent ainsi apporter une preuve à ce que prévoit la théorie de l'attachement de Bowlby : la qualité de l'attachement entre le bébé et sa mère influencerait de façon décisive les autres systèmes relationnels de l'enfant, tout au long de son développement ». Il s'agit alors de considérer le rôle éventuel de l'attachement dans l'établissement des premières relations de l'enfant avec ses pairs et de voir en particulier si les enfants qui ont des difficultés relationnelles avec leurs pairs ne sont pas ceux qui auraient établi une relation insécurisante avec la mère.

Précisons que le terme de « relation » est utilisé ici en le différenciant de celui « d'interaction », en nous référant aux définitions données par Lewis *et al.* (1987) : les interactions sont des comportements ou ensemble de comportements qui sont observables et donc quantifiables chez deux partenaires dont les actions de l'un déterminent les actions de l'autre. Les relations sont inférées à partir des interactions mais sont difficiles à définir. Par exemple, l'observation des comportements fréquents de partage entre deux enfants peut permettre de supposer une relation

La mère comme base de sécurité pour l'exploration

La théorie de l'attachement conçoit le système comportemental servant à l'attachement comme un système parmi beaucoup d'autres, chacun ayant ses propres activateurs, ses propres terminateurs (*terminators*), aboutissements prévisibles, ses propres fonctions. Dans la longue période de la prime enfance, alors que la fonction protectrice d'attachement est spécialement importante, le jeu réciproque de celle-ci avec la conduite exploratoire mérite attention : La fonction de l'exploration est d'« apprendre l'environnement », ce qui est particulièrement important pour une espèce pourvue d'un grand potentiel d'adaptations à une gamme très large d'environnements. Attachement et exploration se soutiennent l'un l'autre. Lorsque le comportement d'attachement est intensément activé, le bébé a tendance à chercher la proximité du contact plutôt qu'à l'explorer : lorsque le comportement d'attachement est à basse intensité, alors il est libre pour répondre à l'attrait de la nouveauté. La présence d'une figure d'attachement, notamment quand celle-ci est perçue comme disponible et réactive, laisse le bébé ouvert à des stimulations qui peuvent activer l'exploration.

Néanmoins on croit souvent que l'attachement peut gêner d'une façon ou d'une autre la conquête de l'indépendance. Nos travaux ne confirment en rien une telle croyance. Par exemple, Blehar et autres constatent que les bébés qui répondent positivement au contact corporel étroit avec la mère, répondent aussi positivement en général lorsqu'on les dépose par terre : alors ils se lancent dans le jeu exploratoire, dans la quête d'indépendance. Favoriser la croissance de l'attachement-sécurité tend à faciliter plutôt qu'à entraver le développement d'une saine confiance en soi (Bowlby, 1973).

Source : Ainsworth (1983) p. 11 et 12.

amicale entre eux ; on parle d'interaction si un enfant prête son jouet à un autre enfant qui vient d'avoir un geste de demande.

Beaudichon, Verba et Winnykamen proposent de réserver le terme d'« interaction sociale » aux situations où « les individus en présence ont une action réciproque l'un sur l'autre à propos d'un référent ou d'une réalisation partagée et par un canal accessible aux différents individus en présence. Ceci implique que l'action de A ait un effet sur celle de B qui en retour agit sur celle de A. » (1988 p. 133.)

Stabilité et facteurs de variation de la qualité de l'attachement à la mère et aux pairs

Pour pouvoir apprécier les analyses qui vont suivre, concernant la relation entre la qualité de l'attachement et les modalités d'établissement des premières relations sociales, il faut savoir qu'il y a une stabilité importante de la qualité du lien d'attachement au cours du développement (Ainsworth *et al.*, 1978 ; Waters, 1978 ; Waters et Deane, 1982). Certains auteurs comme Thompson, Lamb et Estes (1982) observent cependant un certain nombre de cas où il semble y avoir des modifications du type d'attachement entre 12 mois et 19 mois. Comme l'analyse Waters (1983), il s'agit du cas de familles de niveau socioculturel bas et pour lesquels les enfants ont subi, entre la première évaluation de la qualité du lien d'attachement et la seconde, des modifications dans leur mode de garde, en particulier dans le cas de la reprise du travail de la mère pendant cette période. Les travaux de Vaughan *et al.* (1979) montrent que les situations de stress vécues par la famille peuvent avoir des effets sur les manifestations du lien d'attachement : en fait, il apparaîtrait que le lien d'attachement n'est stable que si les conditions de vie familiale ne se modifient pas de façon sensible.

Pianta, Soufre, et Egeland (1989) montrent de la même façon que sur un échantillon de mères en difficulté on observe le maintien de la sensibilité de la mère aux besoins de l'enfant entre six mois et quarante deux mois : en particulier, les mères sensibles pendant la première année sont celles qui apportent une aide efficace à l'enfant pour réaliser un jeu de construction complexe ou un puzzle difficile pour son âge. Le degré de sensibilité de certaines mères s'améliore cependant, quand leur situation matérielle et psychologique évolue favorablement et au contraire se détériore si la mère connaît des perturbations.

Pour pouvoir situer de façon convenable la relation entre lien d'attachement à la mère et relations aux pairs, il ne faut pas ignorer non plus que dans le cas d'absence d'objet d'attachement ou d'attachement insuffisamment sécurisant, les relations privilégiées que l'enfant entretient avec ses pairs peuvent jouer un rôle compensateur et réparateur. Les travaux de Harlow montrent que chez les jeunes singes, élevés dès la naissance en situation d'isolement, les relations avec leurs congénères sont quasi inexistantes lorsqu'ils sont placés en contact avec eux mais ensuite le contact régulier, améliore la qualité des interactions, les pairs devenant en quelque sorte thérapeutes.

Hartup (1979) observe que le statut sociométrique d'enfants classés comme isolés à la période préscolaire peut être significativement amélioré par la mise en contact régulière avec un autre enfant, en vue de la réalisation de jeux communs, en dehors de la période scolaire. L'amélioration la plus nette est constatée pour le groupe des enfants en contact avec un enfant plus jeune qu'eux. Une amélioration moins importante apparaît aussi pour ceux dont le partenaire est un enfant dont l'âge est de plus ou moins trois mois par rapport au leur.

Ce type de résultat donne à penser qu'un « rattrapage » de la sécurisation, procurée par la relation à la mère peut être fait et que les pairs peuvent jouer en rôle important dans ce qui semble être l'une des conditions essentielles du développement des relation sociales : un degré de sécurité suffisant pour pouvoir interagir avec autrui.

L'étude de Lewis et Schaeffer (1981) apporte des éléments qui vont dans ce sens. Ces auteurs étudient un groupe d'enfants âgés de 6 à 33 mois, caractérisés par l'insécurité de leur lien d'attachement à la mère car maltraités ou étant l'objet de soins minima et qui sont placés dans une garderie, huit heures par jour, au contact d'enfants recevant dans le cadre familial une attention et des soins pouvant être considérés comme normaux. Au bout de quatre mois, il n'y a plus de différences des interactions entre pairs et des interactions avec les personnes ayant la garde des enfants, si l'on compare le groupe des enfants élevés normalement et celui des enfants carencés.

La normalisation des aptitudes relationnelles de ces enfants doit être interprétée aussi bien en référence à l'établissement de relations avec des substituts maternels adaptés qu'avec des pairs d'âge. Il est très probable que ces effets sont aussi manifestes parce qu'il s'agit d'enfants jeunes, ayant subi des déprivations importantes et que les indices pris en compte pour analyser la nature des interactions sont assez grossiers pour ne plus faire apparaître de différences entre les modalités interactionnelles des deux groupes : le fait que les sujets aient la même fréquence d'interactions ne veut pas dire qu'elles soient de même nature.

Les antécédents de la mère relatifs à son lien d'attachement à l'égard de ses propres parents

À la suite de travaux montrant quelle peut être la diversité des représentations des modes d'interactions parents-enfants, Crowell et Feldman (1988) cherchent à vérifier l'hypothèse selon laquelle les représentations maternelles des interactions parents-enfants affectent la qualité des réponses de la mère aux signaux émis par l'enfant. Plus précisément encore, ces auteurs ont pour objectif de montrer qu'il y a une relation entre la manière dont les mères perçoivent leurs relations passées avec leurs propres parents et le lien d'attachement qu'elles établissent avec leur enfant. L'analyse des réponses aux entretiens conduits avec les mères à propos de ces relations a permis de les classer en trois catégories : mères « sécurisées », mères « détachées » et mères toujours préoccupées par les difficultés relationnelles vécues avec leurs parents.

64 dyades mère-enfant sont ainsi observées (l'âge moyen des enfants est de 3 ans) au cours d'un épisode de jeu réalisé en laboratoire ; il peut être constaté que les mères « sécurisées » par rapport à la relation à leurs parents sont celles qui aident le plus efficacement leur enfant à réaliser une tâche : en particulier, en lui fournissant des indications claires et adaptées et des encouragements affectueux. Les mères « détachées » sont moins directives (sans doute en raison de leur propre apprentissage précoce de l'autonomie qu'elles semblent valoriser chez leur enfant) et aussi beaucoup moins chaleureuses. Les mères « préoccupées » se comportent de façon inadaptée, ne donnant pas à l'enfant des indications claires et cohérentes et se montrant ambivalentes à son égard : parfois bienveillantes, parfois autoritaires et réprimandant leur enfant.

Les observations des comportements des enfants vis-à-vis de leur mère permettent de constater que plus la mère est sécurisée, plus son enfant l'utilise comme base de sécurité et plus il manifeste de comportements positifs envers elle, et cela à l'inverse des mères « préoccupées ». De plus, il faut remarquer que les enfants de 15 des mères classées dans la catégorie « préoccupées par rapport à leur propre attachement » présentent des troubles du comportement de type « opposition systématique » « agressivité », « anxiété », « troubles psychosomatiques » et « retards de développement ».

Outre les résultats obtenus, ce travail mérite d'être signalé dans la mesure où il représente une première forme de synthèse entre les travaux portant sur la qualité de l'attachement et les pratiques éducatives parentales : l'attachement du parent à sa propre mère permettrait de comprendre certaines des différences individuelles dans les conduites de maternage et de paternage.

Attachement à la mère et conduites sociales dans le groupe des pairs à l'âge préscolaire

• *Attachement sécurisant et compétences sociales dans l'établissement et le maintien de la relation avec les pairs d'âge.* La plupart des travaux cherchant à étudier les relations entre lien d'attachement et compétences sociales de l'enfant établissent la qualité de ce lien à partir d'une situation plus ou moins directement inspirée de la *strange situation* d'Ainsworth. Pour diminuer la longueur des études longitudinales, les évaluations sont le plus souvent conduites à l'âge de 18 mois et les enfants sont ensuite observés à l'âge de 2 ans, mais le plus souvent dans la période 3-4 ans et au-delà.

Les premières études ainsi réalisées montrent que des enfants normalement attachés ont plus d'interactions avec leur mère sur le mode de la coopération (Main, 1973), sont plus performants et font preuve de plus de contrôle et de persévérance dans des tâches de résolution de problème à deux ans (Matas *et al.*,1978) et à cinq ans (Arend *et al.*,1979). Ils sont décrits aussi comme plus compétents avec leurs pairs dans un assez grand nombre de travaux qui vont être analysés plus en détails.

Liberman (1977) étudiant une population d'enfants de 3 ans dans une situation de jeu avec un pair inconnu d'eux (de même âge, de même sexe et évalué par son enseignant comme interagissant positivement avec ses pairs) peut constater que l'attachement sécurisant est en corrélation positive avec tous les comportements relatifs à la capacité d'initier et de maintenir l'interaction, de répondre aux incitations du partenaire et de faire prendre en compte ses demandes par le partenaire. De plus, les enfants bien sécurisés extériorisent moins d'états émotionnels négatifs envers le pair que ceux qui sont perturbés dans leur attachement à la mère.

On peut alors se demandert si l'attachement sécurisant est la cause de cette compétence, qui se traduirait par un ensemble de comportements positifs à l'égard des pairs ou si la mère qui favorise un attachement sécurisant chez son enfant n'est pas également celle qui permet à l'enfant d'apprendre à se comporter de façon adaptée avec autrui, en lui fournissant une figure d'identification et des modèles de comportement. Il est possible aussi que cette même mère aide l'enfant à construire des schémas (connaissances et savoirs) et scripts (savoir-faire) relatifs aux interactions sociales qui lui permettent de réguler ses manières d'être au cours des interactions sociales. Cette mère « sensible aux besoins de son enfant » est peut-être aussi parmi celles qui favorisent et encouragent les relations avec les pairs d'âge. Le rôle des pratiques éducatives sera exposé dans la deuxième partie de ce chapitre mais certains travaux peuvent déjà être présentés car ils mettent en relation les compétences de la mère à établir un lien d'attachement sécurisant et ses compétences à développer chez son enfant certaines des aptitudes exercées dans les interactions sociales.

Liberman conclut en faveur du rôle premier de l'attachement dans la mesure où toutes les compétences non verbales observées chez les enfants normalement attachés à leur mère existent même si la mère n'est pas de celles qui favorisent les contacts de leur enfant avec des pairs d'âge. La variable « contacts fréquents avec des pairs d'âge favorisés et entretenus par la mère » ne peut être mis en relation qu'avec les aptitudes verbales mises en jeu dans les interactions entre pairs.

Un certain nombre d'études concernent la réciprocité des interactions entre pairs, selon la qualité de l'attachement de l'enfant à sa mère : Waters, Wippman et Sroufe (1979) montrent que les enfants sécurisés sont l'objet de plus de sollicitations positives dans la mesure où ils sont davantage recherchés par les autres comme partenaires. Jacobson et While (1986) constatent qu'à l'âge de 3 ans, les sujets bien sécurisés reçoivent plus de sollicitations positives au cours d'une séance de jeu de la part d'un pair inconnu, de même sexe et appartenant au groupe des enfants à attachement normal.

Sroufe et Waters (1977) mettent en évidence que les enfants d'âge préscolaire bien sécurisés ont en retour des conduites de leader (initiatives et régulations dans la réalisation de jeux collectifs) et moins de conduites d'hésitation et de retrait quand ils sont l'objet d'une sollicitation de la part d'un pair. De façon globale, les enfants sécurisés sont évalués par leurs enseignants comme étant ceux ayant plus de compétences sociales vis-à-vis de leurs pairs (La Frenière, 1983).

Sans entrer davantage dans le détail de ces travaux, on peut considérer qu'il y a accord entre les auteurs sur la relation qu'ils constatent entre la qualité du lien d'attachement et les caractéristiques de l'établissement et du maintien de la relation avec leurs pairs pendant la période qui va de 18 mois à 5 ans.

• *Difficultés dans l'établissement du lien d'attachement et conduites d'interaction avec les pairs.* S'il semble relativement facile d'identifier les conduites positives qui viennent d'être évoquées et que certains enfants manifestent au cours des interactions sociales, les travaux sont moins précis en ce qui concerne les conduites des enfants dont l'attachement a été décrit comme excessif et ambivalent et ceux qui sont « évitants ». En effet, les grilles d'observation construites par les auteurs travaillant dans ce domaine privilégient la notation des compétences de l'enfant qui sait prêter un jouet, faire une demande à l'autre, imiter ce que l'autre vient de faire, etc. Le problème est de savoir si l'incompétence des enfants ayant un lien d'attachement plus fragile à leur mère est révélée uniquement par l'absence de comportements positifs ou si ces enfants manifestent aussi des comportements négatifs qui ne sont peut-être pas pris en compte dans les grilles d'observation.

Jacobson et Wille (1986), qui soulignent bien que leur travail est parmi les premiers à s'intéresser aux effets de l'attachement excessif et ambivalent sur les relations avec les pairs à l'âge préscolaire, ont pu noter que les « évitants » n'apparaissent pas comme ayant des conduites d'isolement mais sont aussi actifs que les enfants sécurisés pour prendre des initiatives au cours d'une interaction : ils ne se contentent pas d'observer et répondent s'ils sont sollicités. Cependant, ces enfants obtiennent moins de réponses à leurs initiatives de la part des pairs. Selon les résultats obtenus par Pastor (1981), ces sujets évitants sont également ceux que les pairs prennent le plus souvent comme cibles de leurs agressions.

Les enfants ambivalents fournissent des réponses inappropriées aux demandes des pairs et par leurs interventions inadaptées provoquent des refus de la part de leurs partenaires. La Frenière (1983) montre également que les enfants ambivalents sont ceux qui ont le moins d'influence sur leurs pairs et avec lesquels la fréquence des interactions est la plus faible.

L'étude de La Frenière et Sroufe (1985) a pour objectif de décrire aussi bien les conduites positives que négatives dans les interactions avec les pairs, en fonction des antécédents du sujet du point de vue de l'attachement. Les auteurs formulent un certain nombre d'hypothèses concernant les modalités de la relation avec les pairs. En effet, l'histoire des enfants évitants permet de supposer qu'ils ont appris que leur mère était rejetante dans la mesure où elle ne parvenait pas à prendre en compte ni à satisfaire de façon adaptée l'ensemble de leurs besoins. De ce fait, ils sont très distants et indépendants dans leur relation avec leurs pairs (Ainsworth *et al.*,1978 ; Matas, Arend et Sroufe, 1978 ; Egeland et Sroufe, 1981 ; Sroufe et Fleeson, 1986).

Les enfants dépendants et anxieux sont supposés se comporter à l'égard des pairs comme à l'égard de la mère, c'est-à-dire revendiquant une aide et une attention que bien peu de leurs partenaires peuvent chercher à satisfaire, en raison des aspects excessifs de leurs demandes. De plus, ces sujets étant toujours préoccupés de la satisfaction de leurs besoins affectifs et relationnels développeraient fort peu d'habiletés quant à la maîtrise de leur environnement et seraient particulièrement peu performants dans les habiletés mises en œuvre dans les jeux par manque d'aptitudes à maîtriser les tâches et environnements nouveaux (Ainsworth *et al.*,1978 ; Sroufe et Waters, 1977 ; Sroufe, 1983).

La Frénière et Sroufe cherchent à vérifier ces hypothèses, par l'observation des conduites suivantes en classe, en cour de récréation et pendant les activités sportives :

– conduites affiliatives : accueil et invitation ;

– conduites de *leadership* : organisation des tâches et directives données à autrui ;

– affirmation verbale de ses droits : ordre ou interdiction ;

– affirmation physique de ses droits : prendre une position, prendre ou garder un objet ;

– expression d'un état émotionnel positif : sourire, rire etc. ;

– expression d'un état émotionnel négatif : pleurer, donner des manifestations de colère, crier etc.

L'application de cette grille d'observation à des enfants ayant entre 4 et 5 ans et dont la qualité du lien d'attachement a été évaluée à l'âge de 12 et 18 mois fait apparaître que les « revendiquants » sont ceux qui ont le moins de conduites affiliatives et de conduites de *leadership* alors que les sujets évitants ne se différencient pas des autres sur ces deux dimensions. En revanche, l'évaluation du statut sociométrique réalisée auprès des camarades de classe des enfants ne fait pas apparaître de différences entre les groupes d'enfants : ils sont dans les deux cas jugés comme étant les moins populaires de la classe, et tout particulièrement dans le cas des filles. Ce résultat différent pour la fille et le garçon conduit les auteurs à s'interroger sur ce qui peut permettre de l'expliquer.

Il apparaît qu'un grand nombre des enfants qui ont une mauvaise qualité d'attachement à la mère présentent d'autres difficultés si la mère élève seule l'enfant.

Selon les auteurs la mère, dans le cas d'une situation monoparentale, resterait plus attentive aux besoins d'un garçon que d'une fille. L'absence de père serait alors plus préjudiciable à la fille qu'au garçon. D'autre part les auteurs rappellent les travaux de Lewis *et al.* (1984) : la relation entre les difficultés d'établissement du lien d'attachement et l'établissement des relations sociales avec les pairs seraient plus manifestes si d'autres facteurs défavorables s'associent au faible degré de sensibilité de la mère aux besoins de son enfant. Ce serait le cas d'événements stressants survenus pendant la petite enfance de l'enfant : deuil, séparation, déménagement, chômage de l'un des parents ou des deux, etc.

L'étude de Bretherton (1985) réalisée à partir de l'observation de 96 enfants âgés de 4,6 ans à 5 ans (la qualité de l'attachement a été évaluée à 12 et 18 mois) montre que 27 d'entre eux révèlent des troubles du comportement que l'on peut caractériser de la façon suivante :

– conduites de passage à l'acte (onze garçons, six filles) sur le mode de l'impulsivité, du non-respect des règles et consignes, d'agressivité verbale et physique à l'égard d'autrui ;

– conduites de retrait social (trois garçons, quatre filles) ;

– troubles de l'attention (trois garçons).

Il faut remarquer que 14 des 16 sujets qui sont catégorisés dans le groupe C à 12 et 18 mois, selon la classification d'Ainsworth (attachement anxieux) sont parmi les enfants à problèmes dans leur sixième année. Les onze autres enfants à problèmes proviennent du groupe dit « mixte » c'est-à-dire classés une fois comme ayant un attachement anxieux et une autre fois comme ayant un attachement sécurisant.

Ces résultats sont tout à fait intéressants : l'on voit bien que l'attachement anxieux est l'un des prédicteurs possibles de difficultés dans les conduites relationnelles mais qu'il n'est pas le seul. Les auteurs qui disposent d'un ensemble très complet d'observations, à propos des mères et des enfants pendant les cinq premières années de la vie de l'enfant, montrent que les mères des enfants normalement attachés — évalués ensuite comme ayant des problèmes d'adaptation sociale — ne se comportent pas de façon appropriée à partir des 2 ans de l'enfant. Elles ne savent pas l'aider et le guider, en particulier dans des tâches nouvelles où d'autres mères savent aider l'enfant à découvrir une solution, en lui rappelant le but poursuivi, et en structurant la tâche par étapes.

De façon plus globale, il apparaît que plus ces enfants à problèmes grandissent, moins leurs mères ont d'interactions avec eux, comparativement aux enfants qui continuent à être bien adaptés. Il semblerait donc que certaines mères qui ont été capables de répondre de façon adaptée aux besoins de leur bébé n'aient pas les capacités à le faire face à l'enfant plus âgé. Au contraire, certaines des mères des enfants à attachement anxieux semblent avoir évolué de façon favorable : elles sont confiantes dans leurs capacités à aider leur enfant face à une situation problématique et procèdent de façon efficace, respectant ses initiatives, lui fournissant des indications relatives à ses essais, n'étant pas agressives face à ses essais et erreurs, etc.

La conclusion de Bretherton est que si des enfants à attachement sécurisant développent des comportements à problèmes ultérieurement c'est parce qu'ils subissent un ensemble de soins et d'interventions maternels inappropriés aux étapes suivantes du développement. Par ailleurs, si des enfants à attachement anxieux se mettent à bien fonctionner à l'âge préscolaire, leurs mères auront commencé à répondre de façon plus adaptée à leurs besoins aux étapes suivantes de leur développement.

• *Attachement et qualité de la communication émotionnelle.* Quant au problème des antécédents des enfants présentant des troubles de l'adaptation sociale, il semble important de souligner que l'absence de sensibilité de la mère aux besoins de son enfant et ses difficultés à y répondre de façon adaptée — qu'il s'agisse de besoins en relation avec la fonction de protection que la mère assure à l'égard du bébé ou des besoins relatifs à la maîtrise de son environnement par l'enfant plus âgé — est l'une des caractéristiques que l'on retrouve chez les enfants agressifs à l'égard de leurs pairs ou ayant des conduites de retrait social. La compétence sociale des enfants ayant un lien d'attachement sécurisant ne se limite pas aux capacités à établir et entretenir des relations avec les pairs mais s'étend aussi aux modes de communication avec autrui et plus particulièrement au registre de la communication émotionnelle.

En effet, savoir manifester au cours d'une interaction sociale des états émotionnels positifs est une compétence sociale dans la mesure où une conduite de manifestation d'enthousiasme contrôlé ou de satisfaction ou même un simple sourire peut avoir pour rôle d'inciter autrui à participer à l'activité en cours ou de faire savoir à autrui que l'on répond favorablement à sa demande (Sroufe et Fleeson, 1986).

Sont enregistrés au magnétoscope les comportements d'enfants au cours d'interactions avec leurs pairs, dans des activités dirigées et en cour de récréation, et sont décomptés le nombre d'états émotionnels différents manifestés au cours des échanges : positifs, négatifs ou neutres en prenant comme critère d'évaluation l'expression faciale et le ton de la voix. Deux scores sont retenus pour évaluer le comportement des enfants : la différence du nombre d'interactions positives et des interactions négatives et la fréquence des interactions positives par rapport à l'ensemble des interactions observées chez un sujet.

Les enfants dont l'attachement est sécurisant montrent plus d'états émotionnels positifs par rapport aux enfants à attachement anxieux. De plus, ils manifestent de très rares états négatifs alors que ce type de comportements est fréquent chez les anxieux.

La qualité de l'attachement semble ainsi favorable à la qualité des expressions émotionnelles et à leur contrôle à l'âge préscolaire. De plus, il faut savoir que pour les enfants préférés de leurs pairs, il y a une corrélation positive significative entre le statut sociométrique et les réactions émotionnelles positives. De même, chez les enfants rejetés on note une corrélation comparable avec les réactions émotionnelles négatives.

Il apparaîtrait donc une filiation entre la qualité de l'attachement, le statut sociométrique et l'expression des états émotionnels. Les résultats obtenus à la suite de l'observation de dyades d'amis composées soit de deux enfants à attachement

LA DÉTERMINATION DU STATUT SOCIOMÉTRIQUE

La sociométrie de Moreno (1954) a pour objet l'étude des groupes ayant une réalité fonctionnelle. La méthode consiste à demander à chaque membre du groupe avec qui il souhaiterait et avec qui il ne souhaiterait pas réaliser telle ou telle activité. Le nombre de choix et de rejets émis pour chaque sujet permet de définir son statut sociométrique dans le groupe. Au moins trois sous-groupes peuvent être ainsi différenciés : les préférés qui reçoivent beaucoup de choix et peu de rejets, les ignorés ou isolés qui reçoivent peu de choix et peu de rejets, et les rejetés qui reçoivent peu de choix et beaucoup de rejets. De nombreux aménagements dans le mode de recueil des données et leur traitement ont été proposés en ce qui concerne l'application de la méthode à l'enfant (en particulier, Newcomb et Bukowsi, 1983) D'autres sous-groupes peuvent être identifiés comme celui des controversés et des intermédiaires. Les chercheurs travaillant dans le domaine du développement social comparent très souvent les deux groupes contrastés que sont les préférés (supposés compétents sur le plan des interactions sociales) et les rejetés supposés incompétents. Il sera procédé à cette comparaison systématique au chapitre 3 de cet ouvrage.

Ce livre ne peut comporter des indications trop précises concernant les différentes méthodes utilisées pour établir le statut sociométrique mais outre la technique classique de Moreno où le sujet nomme les pairs avec lesquels il souhaite ou ne souhaite pas réaliser une activité (technique dite de nominations), sont utilisés certains aménagements de cette technique : par exemple, la prise en compte simultanée du score de préférence sociale (exprimé par la différence entre le nombre de choix et de rejets pour un sujet) et le score d'impact social (somme des choix et des rejets). Une autre méthode consiste à faire évaluer chaque enfant du groupe par ses pairs sur une échelle en 5 points, l'évaluateur devant indiquer l'intensité selon laquelle il aime jouer et travailler avec chacun de ces camarades. Chaque sujet obtient un score moyen d'évaluation pour les deux types d'activité. Cette méthode d'évaluation est le plus souvent combinée avec une technique de nominations directes, l'évaluateur devant dire qui, dans la classe, a beaucoup d'amis, est aimé de tous, commence les disputes, se moque des autres et les critique, est souvent seul dans son coin, boude, etc. Ainsi peuvent être déterminés dans le groupe (le plus souvent, le groupe classe) les préférés qui obtiennent un score élevé à l'échelle d'évaluation et à qui des comportements positifs sont très souvent attribués et les rejetés qui ont un score faible et de nombreuses attributions de comportements négatifs.

sécurisant soit d'un enfant à attachement sécurisant et d'un enfant à attachement anxieux, vont dans le même sens : s'il y a autant de conflits dans les deux types de dyades, leur mode de résolution du conflit n'est pas le même. En effet, il y a plus de négociations et de résolutions sans agression de l'un des partenaires par l'autre, dans les dyades où les deux enfants ont eu un attachement sécurisant (Park et Waters, 1989).

On peut supposer que l'enfant attaché de façon sécurisante à sa mère, abordant son environnement et autrui avec confiance, exprime cet état psychologique à travers des expressions allant de la détente jusqu'à la satisfaction. L'enfant anxieux, lui, face aux situations nouvelles, s'exprimerait sur le mode du déplaisir, de l'hostilité ou de la colère en particulier. Les réponses des pairs aux incitations et demandes seraient modulées en fonction de l'état psychologique décelable chez le partenaire : un état positif inciterait à répondre plus favorablement qu'un état négatif et un sujet à l'aise dans ses relations avec autrui serait beaucoup plus souvent sollicité par ses pairs (Putallaz et Gottman, 1981).

Au contraire, l'enfant qui a subi des frustrations et des agressions parentales dans sa petite enfance aurait tendance à éviter les relations avec autrui (ceci se traduisant par des conduites de retrait social) ou à les aborder avec déplaisir, se mettant même parfois en position d'agresser autrui pour ne pas être agressé par lui.

Ainsi, l'attachement représente une base nécessaire pour que l'enfant puisse de façon relativement autonome faire face à des situations nouvelles, en particulier en ce qui concerne le développement social, et se donne l'occasion et les moyens d'entrer de façon précoce en contact avec ses pairs. L'attachement à la mère serait donc, suivant sa qualité, un des moteurs essentiels du développement des compétences sociales mises en jeu dans les relations avec les pairs (Howes, 1987).

Attachement et adaptation sociale à l'âge scolaire

Les travaux concernant l'âge scolaire sont peu nombreux. On peut facilement en comprendre la raison quand on sait que le développement social des enfants ayant des difficultés dans leur lien d'attachement à la mère n'a commencé à préoccuper de façon systématique les chercheurs que dans les années 80. De plus, on sait depuis plus longtemps que le statut des sujets ayant des difficultés d'insertion dans le groupe des pairs a une stabilité certaine au cours du développement, en particulier pour ce qui est des enfants rejetés par leurs pairs : parmi eux se trouvent des enfants à attachement insécurisant.

Cependant, en 1984, Lewis *et al.* posent le problème du devenir, au-delà de l'âge préscolaire des enfants ayant des difficultés à établir un lien d'attachement sécurisant avec leur mère ou un substitut maternel : il s'agit de savoir si des enfants insécurisés par rapport à la relation maternelle à un an présentent des symptômes du registre de la psychopathologique à six ans. Il ne s'agit donc pas dans cette étude d'évaluer des compétences ou déficits sociaux en relation avec la qualité du lien d'attachement comme cela a été fait dans la quasi-totalité des recherches qui viennent d'être présentées mais de mettre en évidence d'éventuels dysfonctionnements de la personnalité.

Pour conduire cette analyse, 113 enfants sont examinés à 1 an au cours d'une situation expérimentale s'apparentant à la *strange situation* d'Ainsworth, et à 6 ans, les enfants sont évalués avec le *Child Behavior Profile* (CPB) mis au point par Achenbach (1978). Cette échelle destinée à repérer les comportements-problèmes des enfants est remplie par la mère.

La typologie des sujets, à l'âge de 1 an, suivant la qualité de leur attachement s'établit de la façon suivante :

– 25 enfants évitants (15 garçons et 12 filles) ;

– 76 enfants sécurisés (36 garçons et 40 filles) ;
– 10 sujets ambivalents (5 garçons et 5 filles).

Les auteurs considèrent que la répartition des sujets dans chaque catégorie, à savoir respectivement 24 %, 67 % et 9 % sont tout à fait proches des répartitions que l'on trouve dans la classe moyenne américaine : en effet, la synthèse des travaux sur ce problème fait apparaître en moyenne que 70 % des enfants sont normalement attachés, que 20 % ont un attachement ambivalent et que 10 % se montrent excessivement indépendants.

Les résultats montrent qu'il n'y a pas de relation entre la qualité de l'attachement et la présence de comportements-problèmes dans le groupe des filles mais que cette relation existe pour un certain nombre de garçons excessivement attachés ou indépendants mais aussi pour quelques sujets dont l'attachement semblait normal. En effet, 5 sujets évitants, 3 ambivalents et 2 normalement attachés ont un taux de comportements-problèmes supérieur à la norme de l'échelle : dans le registre des conduites schizoïdes, dépressives, de retrait social, des difficultés de communication, et des troubles psychosomatiques.

En fait, l'étude de l'ensemble des antécédents des sujets fait apparaître que, pour qu'il y ait une relation entre attachement défectueux et comportements pathologiques, il faut que le sujet ait été soumis à d'autres événements stressants tels que le décès d'un des parents, la séparation des parents ou un déménagement. D'autres variables jouent aussi le rôle de facteurs aggravants : en particulier le fait que l'enfant n'ait pas été désiré et le rang dans la fratrie, la place de cadet semblant de ce point de vue peu enviable. Il faut noter qu'en revanche, des enfants à attachement sécurisé ayant connu le même type d'événements perturbants ne présentent pas de comportements pathologiques.

Une autre approche confirme que le lien d'attachement établi dans la petite enfance permet de comprendre le fonctionnement psychologique de l'enfant à l'âge scolaire : celle qui consiste à analyser le degré de confiance en soi et en leurs compétences sociales des enfants qui, à l'âge de 6 ans, se montrent, après un épisode de séparation d'avec leur mère, sécurisés ou insécurisés. À cet âge, l'insécurité peut prendre deux des formes décrites chez l'enfant de un an : évitement ou ambivalence mais peut donner lieu aussi à une insécurité contrôlée, c'est-à-dire que l'enfant réclame l'attention et le réconfort de la mère qu'il refuse ensuite de façon très systématique.

Cassidy (1988) met en relation la qualité de l'attachement et les auto-évaluations de l'enfant : les enfants bien attachés ont une opinion positive d'eux mêmes et attribuent à autrui des jugements positifs à leur sujet. Ils sont réalistes dans leur auto-évaluation et s'attribuent également des caractéristiques négatives sans que cela entame la confiance qu'ils ont en eux-mêmes ou en autrui. Ils se décrivent aussi comme étant bien acceptés de leurs pairs. En revanche, les enfants insécurisés se décrivent selon des évaluations positives quand le mode de questionnement direct incite à la mise en œuvre de mécanismes de défense face à la dévalorisation de soi ou au contraire à une dévalorisation quand le questionnement est plus indirect et que les réponses sont plus indépendantes des mécanismes de défense.

APPRENTISSAGES DES MODALITÉS D'INTERACTION AVEC AUTRUI DANS LA FAMILLE

Pratiques éducatives parentales et apprentissages sociaux

Si la bonne qualité du lien d'attachement apparaît comme la condition de l'établissement d'une relation positive avec les pairs, le problème des pratiques éducatives est à poser en termes d'apprentissages.

Finnie et Russel (1988) différencient bien les influences parentales indirectes, telles que la sécurité du lien d'attachement — condition à l'établissement de relations positives avec les pairs — et les influences parentales directes, les apprentissages aux interactions sociales guidées et dirigées par les parents et le plus souvent la mère. Le problème des pratiques éducatives correspond alors en fait à deux questions conjointes qui sont parfois difficiles à dissocier en l'état actuel des recherches : comment les parents se comportent-ils à l'égard de leur enfant et des autres personnes et que lui apprennent-ils en se comportant de la sorte : en d'autres termes, quels modèles fournissent-ils à l'enfant? Quelles sont les incitations directes que les parents exercent à l'égard de l'enfant lui apprendre à se comporter de façon adaptée dans les relations sociales?

On peut faire l'hypothèse que les pratiques éducatives parentales sont un des médiateurs essentiels de l'apprentissage de conduites déviantes ou bien adaptées. Elles s'acquièrent par le biais des processus d'identification, par le jeu de l'imitation et de l'observation des modèles que les parents fournissent à l'enfant ou en fonction des incitations et renforcements qui lui sont directement distribués par les personnes de son entourage. La famille peut être alors considérée comme un lieu d'apprentissages où l'enfant apprend en particulier comment entrer en contact avec autrui, comment maintenir le contact et comment résoudre les situations de conflit social (Patterson *et al.*, 1989).

Dans une telle perspective, il s'agit alors de montrer qu'il existe un lien entre les attitudes éducatives favorables ou défavorables et l'adaptation de l'enfant aux situations relationnelles, sans que l'on soit pour l'instant capable d'analyser les processus d'apprentissage qui les sous-tendent. En effet, dans le plus grand nombre de cas, les auteurs signalent une liaison entre les pratiques éducatives et par exemple, le statut sociométrique, bon ou mauvais, de l'enfant.

La revue de questions effectuée par Putallaz (1987) au sujet des pratiques éducatives montre que la méthodologie la plus souvent employée est celle du questionnement des parents sur leur manière de se comporter à l'égard de leur enfant et non pas l'observation des comportements effectifs des parents. D'après les recherches citées par cet auteur, des différences importantes sont signalées entre les parents des enfants préférés ou non par leurs pairs : les deuxièmes déclarent avoir recours aux châtiments physiques et à des punitions concernant la suppression d'un objet ou la privation d'une activité. Ils semblent avoir recours à toutes les formes de punitions y compris agressives. De plus, ces parents sont évalués comme moins sociables par les membres de leur voisinage.

Il y aurait également une relation entre le statut sociométrique de l'enfant et la manière dont ses parents l'évaluent : un statut de préféré et un statut d'intermédiaire va de pair avec une conception positive de l'enfant de la part de ses parents et un statut de rejeté avec des évaluations négatives. De tels résultats qui impliquent donc pour l'enfant une relation entre comportements parentaux et aptitudes à interagir positivement avec ses pairs légitiment les recherches consacrées à l'observation directe et systématique des attitudes parentales à l'égard de l'enfant.

Les apprentissages à communiquer avec autrui dans le registre émotionnel et verbal

Mac Donald et Parke (1984) observent les épisodes de jeu libre réalisés séparément avec le père et la mère d'enfants de 3-4 ans soit bien adaptés au groupe des pairs, soit rejetés par eux. Cette étude met en évidence l'importance des contacts physiques entre le père et l'enfant au cours du jeu et celles des interactions verbales avec la mère. Lamb (1981) constate qu'il s'agit là de deux variables caractérisant les différences d'attitudes du père et de la mère. Ces deux variables sont en corrélation positive avec le statut sociométrique des préférés, et cela en particulier pour les garçons. Au contraire, un père trop directif et intervenant n'a pas un garçon ou une fille populaire alors que la directivité maternelle est en corrélation positive avec la popularité des filles.

Dans une deuxième étude, Mac Donald (1987) réalise le même type de travail auprès de garçons de 3 à 5 ans. Les garçons sont retenus car il s'agit d'observer les jeux avec contacts physiques dont on sait qu'ils sont beaucoup plus fréquents chez le garçon que chez la fille. Les résultats montrent que les parents des enfants qui sont mal intégrés dans le groupe des pairs sont plus intervenants au cours des interactions avec leur enfant : ils lui donnent plus de directives, plus d'indications et lui posent plus de questions. Les enfants populaires sont ceux qui connaissent plus d'épisodes de jeux avec interactions physiques avec le père qui, en même temps, leur prodigue plus de manifestations d'affection.

Selon les auteurs, l'enfant préféré apprendrait dans les interactions spécifiques qu'il a avec ses parents, apprendrait un ensemble de schémas et scripts relatifs à la communication avec autrui. Il apprendrait que les signaux affectifs liés au plaisir-déplaisir manifesté en particulier dans les jeux organisés autour des contacts physiques ont une valeur de signaux pour autrui et il apprendrait comment ces signaux lui permettent d'avoir une action sur autrui dans la mesure où autrui y répond. Il s'agirait donc de l'apprentissage d'habiletés en relation avec le codage et décodage des états émotifs.

Le modèle suggéré là semble très proche de la thèse de Wallon (1942) à propos de la communication émotionnelle au cours de la première année de la vie : l'enfant apprend à communiquer avec les personnes de son entourage par ses expressions émotionnelles. La communication sera d'autant plus riche et diversifiée chez un enfant que les personnes de son entourage auront répondu aux états de malaise de l'enfant en prenant en compte la diversité de ses besoins.

Il se pourrait que l'enfant qui est en relation avec des parents très intervenants n'ait guère l'occasion d'apprendre à communiquer avec autrui sur le registre émotionnel ou sur le plan verbal. Il est probable que la directivité soit plus positive chez la fille car la conformité aux attentes sociales, encouragée de façon systématique chez elle, ferait qu'elle aurait appris à se comporter en fonction des directives reçues par autrui (Block, 1983.Vouillot, 1986).

Pour ce qui est de la surstimulation dont sont l'objet les enfants rejetés de la part de leurs parents, on peut penser qu'elle est inappropriée puisque les parents interviennent auprès de leurs enfants de façon tellement directive qu'ils ne prennent pas en compte les signaux émis par l'enfant. Mac Donald (1987) remarque que ces parents ne sont pas attentifs au fait que les manipulations dont l'enfant est l'objet lui deviennent désagréables alors que ses mimiques, verbalisations, ton de la voix se modifient. Dans un certain nombre de cas, ces enfants surstimulés ou stimulés de façon inadéquate réagissent par des conduites de retrait social.

En ce qui concerne la qualité des échanges verbaux, l'étude de Putallaz (1987) apporte des précisions supplémentaires : en effet, l'auteur compare le comportement des mères des enfants rejetés et des enfants préférés de 6 à 7 ans dans trois situations : au cours d'une interaction avec leur enfant, au cours d'une interaction avec une autre mère (pendant ce temps les enfants des deux mères qui ne se connaissent pas sont observés) et au cours d'une situation où leur enfant se trouve confronté à l'autre mère avec son enfant. Ces observations font apparaître que les mères des enfants bien adaptés ont un type de communication avec leur enfant et l'autre mère, qui se caractérise de la manière suivante : plus d'informations sont données et reçues, leurs sentiments et opinions sont exprimées ainsi que ceux d'autrui. De plus, elles formulent des évaluations positives à propos de leur enfant. Il peut alors être envisagé que si l'enfant se comporte à l'égard de ses pairs comme le fait sa mère à son égard, il a de fortes chances d'être bien accepté par eux. L'enfant qui a peu d'échanges verbaux et qui subit un bon nombre de jugements de valeur négatifs est un candidat au rejet.

Le travail de Finnie et Russel (1988) a pour objectif d'évaluer l'aide que les mères, selon leur statut social, sont susceptibles d'apporter à l'enfant pour entrer en contact avec deux pairs inconnus de lui. Il s'agit là d'étudier non plus les modèles d'interactions sociales auxquels l'enfant est exposé mais les effets directs des interventions parentales au cours des interactions de l'enfant avec un pair d'âge.

Le comportement maternel est observé dans une situation où des enfants d'âge moyen 4;8 sont placés par deux, face à un matériel de jeu (blocs de bois et puzzle déjà commencé) : la mère de l'enfant cible (un préféré ou un rejeté) est invitée à intervenir en aidant son enfant à se faire accepter après que les deux enfants ont spontanément commencé à jouer. Cette procédure permet d'évaluer le degré de l'intervention maternelle et la nature de ses interventions.

Des différences importantes apparaissent entre les deux catégories de mères étudiées lors des premières minutes de l'observation du jeu avec les blocs de bois, mais non pendant la suite de l'observation, où les enfants achèvent le puzzle. De façon globale, il apparaît que les mères des enfants bien intégrés dans le groupe des pairs ont des comportements qui ont été identifiés dans les travaux antérieurs comme favorables à l'intégration dans le groupe : elles prennent en compte les règles que se sont données les enfants pour jouer ou cherchent à leur faire préciser ces règles de façon à ce que leur enfant les accepte sans les modifier. Au contraire, les mères mal intégrées ne prennent pas en compte la tâche en cours de réalisation, se comportent de façon autoritaire pour faire admettre leur enfant et posent des questions perturbantes aux deux autres enfants car sans rapport avec l'activité du groupe.

Pour cette même population d'enfants, Finnie et Russel interrogent les mères à partir de situations hypothétiques pour savoir quelles représentations elles ont des conduites de leur enfant au cours des interactions sociales (par exemple, comment votre enfant se fait-il des amis?) et quels types d'intervention elles estiment avoir face aux conduites de l'enfant (par exemple, que faites vous si vous constatez que votre enfant s'est emparé du jouet d'un autre?). Des différences importantes apparaissent en ce qui concerne les auto-évaluations des mères à propos de leurs interventions auprès de l'enfant. Les mères d'enfant à bon statut sociométrique proposent des modes d'intervention qui peuvent être considérés comme adaptés : elles font en particulier des suggestions à leur enfant, du type rappel des normes et conventions sociales. En revanche, les mères d'enfants mal adaptées font beaucoup de réponses vagues et imprécises ou alors suggèrent une position d'évitement ou de retrait, pour elle ou l'enfant.

L'étayage que les mères des enfants bien adaptés fournissent à leur enfant semble effectif dans le registre sociocognitif : elles se décrivent comme aidant leur enfant à comprendre les situations sociales et en particulier, à considérer les conséquences des comportements d'autrui et des leurs, et cela à l'aide d'indications verbales, telles qu'elles ont pu être observées au cours de la première situation. Au contraire, les mères d'enfants mal adaptées n'ont pas d'interventions de ce type. Il s'agit bien là d'opposer les interventions directes positives de la mère de l'enfant bien adapté aux interventions directes négatives ou inexistantes de la mère de l'enfant mal adapté.

Apprentissages relatifs au contrôle de l'agressivité

Les enfants mal intégrés dans le groupe des pairs ne sont pas décrits seulement comme ayant des difficultés à communiquer mais ayant également des conduites agressives à l'égard d'autrui : l'agressivité est l'un des comportements qui signalent les enfants rejetés à l'attention de leurs pairs et qui justifie le rejet. On peut alors se demander si l'agressivité n'est pas une conduite socialement valorisée par leurs parents qui auraient eux-mêmes tendance à se comporter agressivement et à encourager leur enfant à le faire. Il s'agit ici de considérer l'agressivité au niveau de la pratique éducative et non pas l'agressivité, trait de personnalité à mettre en relation avec les agressions et frustrations dont l'enfant a été l'objet au cours de la formation et du développement de sa personnalité.

Petit, Dodge et Brown (1988) constatent à partir des réponses à un questionnaire relatif aux modalités éducatives et au système de valeurs auquel ont répondu des mères d'enfants âgés de 4 ou 5 ans, que les mères d'enfants rejetés qui sont très restrictives par rapport aux initiatives de l'enfant approuvent assez volontiers les comportements agressifs et, face à des situations hypothétiques, attribuent à leur enfant des intentions et des modes de résolution agressifs. On peut donc penser que l'enfant qui agresse fréquemment ses pairs le fait d'autant plus facilement que son milieu familial l'y encourage, par l'intermédiaire des attitudes maternelles.

Cette influence familiale peut être perçue au niveau des attributions d'intention à autrui en situations hypothétiques conflictuelles : les enfants rejetés, dont les mères approuvent l'agression et qui s'attendent à ce qu'ils se comportent agressivement, attribuent le plus d'hostilité et d'intentions malveillantes au sujet pouvant être jugé comme responsable de la situation conflictuelle. Cependant, il n'y a pas de différences entre préférés et rejetés sur la manière de résoudre les situations conflictuelles.

Ce résultat confirme celui obtenu par Putallaz (1987) qui constate une absence de liaison entre les capacités de l'enfant à résoudre des problèmes sociaux hypothétiques et celles de sa mère : ceci ne veut pas dire cependant que les compétences sociocognitives des mères n'influencent pas les compétences comportementales de leurs enfants. Les résultats obtenus par Petit, Dodge et Brown donnent à penser que la mère qui se comporte agressivement à l'égard de son enfant et qui surtout évalue positivement les conduites agressives a un enfant qui se comporte agressivement. Le mécanisme sous-jacent à ce type d'apprentissage est celui des acquisitions par observation de modèle (*cf.* chapitre 5) et il sera envisagé comment l'enfant est susceptible ou non de contrôler ses conduites agressives au chapitre 3.

MÉCANISMES PERMETTANT DE COMPRENDRE LES RELATIONS ENTRE LA QUALITÉ DES INTERACTIONS PARENT-ENFANT ET ENFANT-PAIR

Hartup (1989) souligne que, pour que se réalise un développement social optimal de l'enfant, deux types de relations sont nécessaires et que l'une ne peut compenser les effets de l'autre : les relations parent-enfant, relation verticale se caractérisant par l'asymétrie des compétences et des pouvoirs existant entre l'adulte et l'enfant et l'enfant et ses pairs, relations horizontales, car symétriques, c'est-à-dire marquées par la réciprocité des compétences et des attentes de l'un des partenaires par rapport à l'autre.

Hartup cite comme élément de preuve les résultats obtenus par Matas, Arend et Sroufe (1978) : des enfants de 18 mois à attachement sécurisant comparativement à des enfants ayant un lien d'attachement insécurisant participent plus souvent à des jeux symboliques, apprennent plus facilement à réaliser des tâches nouvelles, montrent plus d'aptitudes à négocier avec leur mère et réagissent moins intensément lorsqu'ils subissent une frustration. Ces différences qui caractérisent essentiellement le développement cognitif persistent à l'âge de 4 ans (Sroufe et Fleeson, 1986).

Hartup pose aussi le problème des relations amicales dans la mesure où les enfants qui n'ont pas d'amis sont des enfants présentant des troubles comportementaux dont on sait qu'ils provoquent le rejet par les pairs. Généralement ces enfants ont des parents dont les pratiques éducatives se révèlent défaillantes (Patterson et Bank, 1990). On ne peut que constater que ces enfants ont tendance à s'affilier avec des pairs qui ont les mêmes difficultés d'insertion sociale (Vitaro, Gagnon et Tramblay, 1992 ; Boivin et Poulin, 1993), ce qui les prive d'interactions fréquentes avec des pairs bien adaptés et donc d'occasions de trouver d'autres figures d'attachement et d'apprendre au contact des pairs d'autres formes de conduites sociales

Comme cela a été montré, un attachement sécurisé permet à l'enfant d'avoir des contacts plus fréquents et plus faciles avec les personnes de son entourage. On a également précisé que de la qualité de l'attachement à la mère dépend la qualité de l'exploration active de l'environnement physique et des objets qui le constitue. Selon les analyses de Hartup (1989), les mécanismes permettant de comprendre la relation qui existe entre la qualité du lien d'attachement et le fait que l'enfant ait des interactions plus ou moins nombreuses avec ses pairs sont aussi ceux qui permettent de comprendre les différences individuelles dans le développement social.

Les habilités sociales, évaluées par exemple par la capacité du sujet à se faire des amis pour les enfants à attachement sécurisant (Sroufe et Fleson, 1986), ou à avoir des relations adaptées avec les adultes : toujours à titre d'exemple, et selon les mêmes auteurs, les enfants insécurisés sont plus dépendants par rapport à l'enseignant que leurs camarades normalement attachés.

Les hypothèses faites par l'auteur sont que les relations sécurisantes sont associées avec des patterns cognitifs qui permettent de supposer l'intériorisation de mécanismes de régulation et de contrôle des conduites tant sur le plan cognitif que relationnel. Pour comprendre ces mécanismes de régulation, il faut se tourner à la fois vers l'étude des *working models* constitués dans la petite enfance et celles des caractéristiques du tempérament de chaque enfant qui ont pu déterminer en partie les réponses de son entourage à son égard. Il faut prendre aussi en compte l'ensemble des représentations et attentes des parents à l'égard de leur enfant et leurs pratiques éducatives pour comprendre comment s'établissent les modalités de fonctionnement du bébé dans les premières interactions sociales. Ensuite, au cours de son développement, l'enfant apprend au contact des parents d'autres modalités interactives, comme celles relatives à la communication émotionnelle et verbale et au contrôle de l'agressivité.

POUR EN SAVOIR PLUS

Ainsworth M.D. 1983. L'Attachement mère-enfant. *Enfance*, *1-2*, 7-18.

Bretherton, I. 1985. Attachment Theory : Retrospect and Prospect, in I. Bretherton and E. Waters (eds.), *Growing points in attachment theory and research. Monographs of the Society for Research in Child Development*, *50*, 209, 1-2.

Cyrulnik B. 1989. *Sous le signe du lien, une histoire naturelle de l'attachement*. Paris, Hachette.

Lebovici S. 1983. *Le Nourrisson, la mère et le psychanalyste : les interactions précoces*. Paris, Le Centurion.

Montagner H. 1978. *L'Enfant et la communication*. Paris, Stock.

Montagner H. 1988. *L'Attachement, les débuts de la tendresse*. Paris, Odile Jacob.

Tourette C., Guidetti M. 1994. *Introduction à la psychologie du développement*. Paris, Colin.

Zazzo R. (ed.) 1974. *L'Attachement*. Neuchâtel, Delachaux et Niestlé.

2 Développement des relations avec les pairs : contextes et fonctionnement des relations

Dans le chapitre précédent, il a été montré comment la qualité du lien d'attachement à la mère était l'une des conditions favorables à l'établissement de relations avec les pairs d'âge. Ces relations doivent maintenant être étudiées pour elles-mêmes, afin de déterminer dans quelle mesure elles évoluent avec l'âge et peuvent être considérées comme l'un des facteurs du développement sociocognitif, à travers les modes relationnels spécifiques aux différents âges.

L'étude des relations sociales entre pairs pose le problème de savoir selon quels critères, quand on observe les comportements des enfants entre eux, il est possible de parler d'interaction sociale. En effet, dans le cas de la relation asymétrique adulte-enfant, les comportements de l'adulte qui sont soit une réponse à un comportement de l'enfant soit une incitation à lui faire produire un comportement et/ou réaliser un apprentissage, servent généralement de repères pour pouvoir dire quand commence et finit l'interaction. Il est vrai que, bien souvent, il s'agit d'une simple relation : par exemple, une réponse du bébé à une intervention maternelle ne se produit pas obligatoirement et, de la même façon, la mère peut ignorer les pleurs, les regards ou les demandes de l'enfant.

Comme le soulignent les analyses de Youniss (1980), il est certain que les interactions adulte-enfant et enfant-enfant ne produisent pas des contextes situationnels équivalents car le contexte adulte-enfant et l'asymétrie des relations qu'il représente constitue pour l'enfant un ensemble de stimulations, d'incitations directes ou indirectes à apprendre et développer de nouvelles compétences. L'adulte cherche à s'ajuster aux signaux émis par l'enfant et utilise des procédures de guidage, tutelle, étayage pour l'aider à acquérir de nouvelles compétences.

Dans le contexte enfant-enfant, doivent être mises en œuvre des activités de coopération ou de négociation avec les pairs, par exemple à propos de la possession d'un objet, et alors est fait appel aux savoir-faire acquis dans le contexte adulte-enfant. Ceux-ci peuvent se révéler inappropriés, ce qui conduira éventuellement le sujet à réaliser de nouvelles adaptations en particulier, afin d'apprendre à coopérer avec ses pairs d'âge, c'est-à-dire à développer des actions en même temps ou successivement à celles de son partenaire, en vue de la réalisation d'un objectif commun. Les différences entre ces deux contextes de socialisation seront présentées au chapitre 5.

L'INTÉRÊT POUR LES PAIRS ET LE DÉBUT DES INTERACTIONS SOCIALES ENTRE PAIRS AU COURS DES TROIS PREMIÈRES ANNÉES DE LA VIE

À quel moment l'enfant commence-t-il à témoigner de son intérêt pour ses pairs et quelles sont les conduites qui semblent en donner la preuve? À ces questions, ce sont les travaux des vingt dernières années en psychologie du développement qui donnent une réponse précise, en faveur d'interactions très précoces et très organisées. Avant cette période, les problématiques restaient très influencées par les travaux portant sur les modes de communication mère-enfant.

L'acquisition de la capacité à communiquer avec la mère au cours de la période prélangagière, prototype de la communication avec les pairs

Les premières communications sont dites asymétriques car le bébé ne maîtrise pas les effets de ses émissions (pleurs, cris, émissions de phonèmes, babil, etc.) et il revient à la mère de leur donner un sens, en les interprétant. Généralement, la mère interprète de façon comparable et constante les différents indices comportementaux fournis par l'enfant qui ainsi reçoit une information sur l'effet de ses productions.

Selon Bruner (1983) la communication prélinguistique devient ensuite intentionnelle du point de vue du bébé et réciproque, dans la mesure où les messages émis et reçus le sont suivant un code commun à la mère et à l'enfant : les « formats de communication » sont des structures d'action conjointe, tout d'abord prélinguistiques puis qui seront accompagnées des productions verbales de l'enfant.

Ainsi, vers 6 mois apparaît un mode de l'échange dans une action commune avec la mère : l'enfant réclame et reçoit un objet et devient capable de le rendre et s'attend alors à le recevoir à nouveau. Les requêtes peuvent se faire vers 8-10 mois sous la forme de vocalisations qui expriment que l'enfant veut qu'on lui donne l'objet, qu'il veut le rendre ou encore qu'il veut commencer un jeu d'échanges. On retrouve dans ces échanges les prototypes prélinguistiques de ce que seront dans les structures du langage : l'agent, l'action et l'objet.

Pour Rondall (1978, p. 23) les échanges mère-enfant avant la période verbale permettent à l'enfant d'acquérir des compétences qui seront intégrées dans la communication verbale : « toutes ces activités verbo-gestuelles constituent autant d'épisodes interactifs bien délimités dans lesquels les comportements verbaux et non verbaux des partenaires s'enchaînent d'une façon qui devient finalement prévisible pour l'enfant. Cela lui permet, à terme et dans certaines limites, d'assurer les rôles non seulement « d'agent et d'agi », mais aussi de meneur et d'agent dans la relation à la mère, alternance des rôles qui est elle-même favorisée par le comportement moteur. À ces rôles d'agent et d'agi se superposent les rôles vocaux et plus tard verbaux et linguistiques de locuteur et de récepteur. »

Les procédures d'indication en sont un bon exemple : à partir de 4 mois, l'enfant est capable de porter son regard sur ce que regarde la mère. Par le biais du regard, l'enfant et la mère sont capables d'attirer l'attention de l'autre en regardant un objet que l'autre est ainsi invité à regarder. Cette procédure de « partage de l'attention» (Scaife et Bruner, 1975) évolue avec les compétences motrices de l'enfant : s'il veut un objet, il le regarde, tend la main dans sa direction et accompagne son geste de vocalisations et de regards vers la mère. Cette procédure est l'équivalent de «donne-moi ce que je vois là» et est utilisée de façon conventionnelle par l'enfant, quel que soit le contexte situationnel.

Dans quelle mesure y a-t-il transfert des compétences à communiquer avec la mère au contexte d'interactions avec les pairs?

Certains auteurs ont cherché à retrouver les mêmes formes de communication avec les pairs que celles observées avec la mère mais sont restés très dépendants de l'idée que la communication entre pairs ne se développerait qu'avec la possibilité d'échanges verbaux, et donc au cours de la troisième année.

Les travaux conduits par Mueller (1972) puis par Mueller *et al.* (1977) présentent une perspective originale dans la mesure où ils ont montré comment les enfants deviennent capables de produire entre 22 et 30 mois des messages dont les contenus sont de plus en plus appropriés au récepteur, avec parallèlement une augmentation des interactions sociales.

Selon la recherche de Mueller et Lucas (1975), l'enfant de même âge devient objet d'attention entre 1 et 2 ans par le biais des objets que le pair manipule et qui attire l'attention de son partenaire : l'attention est d'abord focalisée sur l'objet puis vers le pair. Pour ces auteurs, les enfants de 1 an ne sont pas capables de coordonner leurs actions et leurs contacts ne peuvent donner lieu à une interaction. Cependant, les échanges entre enfants se font par l'intermédiaire de l'objet qui permet le développement d'une attention conjointe et qui donne ainsi l'occasion de s'intéresser à l'autre qui manipule de façon semblable ou différente un objet connu ou nouveau.

Il est certain que, comme l'ont montré les travaux de Nadel et Baudonnière (1980, 1985), les enfants entre 2 et 3 ans, lorsqu'ils se trouvent en dyade ou triade et ont à leur disposition des objets en deux ou trois exemplaires manifestent de fréquentes conduites d'imitation immédiate de leurs pairs d'âge, ce qui fait penser que l'imitation est à la base des relations entre pairs à cette période du développement (*cf. infra*, l'imitation, base prédominante de la communication pendant la troisième année, p. 49).

Selon les observations de Bakeman et Andamson (1984), les activités conjointes et coordonnées augmentent de façon importante entre 15 et 18 mois avec la mère mais également avec les pairs. Gunnar *et al.* (1984) en observant dans quelle mesure des enfants de 18 à 30 mois sont capables de quitter la pièce où se trouve leur mère pour se rendre auprès d'un pair, constatent que ce n'est qu'à 30 mois que s'établissent entre enfants des jeux avec des interactions coordonnées.

Souligner ainsi le rôle important de l'objet comme support des échanges et interactions entre enfants ne veut pas dire qu'il n'y ait pas chez l'enfant un intérêt précoce pour le pair d'âge, dès lors que le chercheur se donne l'objectif et les moyens de l'observer. L'étude de Jacobson (1981) est de ce point de vue tout à fait démonstrative.

En effet, l'auteur a observé le même groupe d'enfants à 10, 12 et 14 mois et demi et a pu constater que si les enfants passent beaucoup de temps à manipuler les objets (ce qui va dans le sens des observations de Mueller et Lucas en 1975), il y a avec l'âge augmentation des regards dirigés vers le pair et des interactions : d'abord composées de deux actions puis de trois. Les analyses par niveau d'âge montrent qu'à 10 mois, les interactions se limitent à des regards et ne sont pas en relation avec l'objet, à 12 mois les interactions sont davantage centrées sur l'objet et durent plus longtemps et à 14 mois et demi, les interactions les plus longues sont celles qui sont centrées sur l'objet.

Un autre élément du contexte du développement des interactions entre pairs est pris en compte dans cette étude : le fait que l'interaction ait lieu avec un pair familier ou non. Il apparaît alors que les interactions sont plus nombreuses et plus longues lorsque l'enfant est en présence d'un pair non familier. Avec un pair familier, l'enfant passe plus de temps à manipuler les objets. Il apparaît donc qu'à cet âge, la présence d'un pair non familier diminue l'intérêt pour l'objet.

Ainsi, de tels travaux ont l'avantage de montrer qu'il y a des formes de communication précoces entre pairs même si le modèle de la compétence à communiquer dans une relation symétrique est analysé suivant les modalités de la communication avec l'adulte, c'est-à-dire dans le cadre d'une relation dissymétrique du point de vue des savoirs et savoir-faire mis en jeu dans la communication.

Il semble alors nécessaire de considérer les relations entre pairs et les modes communicatifs (y compris l'attention conjointe sur un même objet sous-tendant aussi bien la relation avec l'adulte que la relation avec un pair) dans ce qu'elles ont de différent et spécifique par rapport aux relations avec l'adulte. Le problème est de savoir s'il y a un intérêt du bébé pour ses pairs d'âge qu'il manifeste de façon indépendante de l'intérêt commun porté aux objets.

Les interactions entre pairs de 1 à 3 ans et la différenciation des statuts dans le groupe

Tous les travaux qui relèvent plus ou moins directement d'une perspective descriptive d'éthologie humaine cherchent à faire l'inventaire des unités comportementales de communication manifestées par les jeunes enfants dans les situations favorables à leurs interactions telles que crèches et garderies

Montagner et ses collaborateurs ont conduit dés les années 70 des observations systématiques à partir de l'âge de 5 mois jusqu'à 3 ans des mêmes enfants à la crèche. Les observations durent généralement 90 minutes et sont répétées au long d'une même journée et d'une semaine à l'autre : plus les études ont progressé, plus les comportements susceptibles d'apparaître au cours des interactions entre pairs ont été identifiés comme nombreux et ont été bien différenciés (Montagner, 1978). En effet, la grille d'observation (*cf.* p. 41, 42) comprend 90 comportements regroupées en six grandes catégories (Montagner *et al.*,1986,1887) :

– Les offrandes : tendre un objet à l'autre, en lancer un, en rapporter un, etc. Les comportements d'offrande permettent d'établir et de maintenir le contact avec un partenaire ou sont une réponse possible aux manifestations de détresse produites par l'autre. Les offrandes représentent 9,5 % des comportements observés entre 9 et 12 mois et 7 % entre 24 et 36 mois. Dans la période considérée, 37 % des comportements d'offrande s'accompagnent de vocalisations.

Grille utilisée par Montagner *et al.*

Liste des unités et petits ensembles de comportements qui ont été regroupés au sein de six catégories fonctionnelles. Le coefficient de concordance entre les chercheurs, pour l'analyse des 30 heures de films, est de 90 % environ pour l'ensemble de ces comportements.

OFFRANDES

1. Tendre un objet en position latérale, ou en arrière par rapport à l'autre.
2. Tendre un objet de face, en étant debout ou assis.
3. Tendre un objet de face, en pliant les genoux, et/ou en s'accroupissant, et/ou en penchant latéralement la tête, et/ou avec la main en supination, et/ou en vocalisant.
4. Tendre un objet de face, en laissant toucher, ou en mettant l'objet au contact de l'autre, ou en tapotant celui-ci.
5. Tendre un objet de face et le laisser partir.
6. Tendre un objet de face et le laisser tomber, ou le déposer à côté de l'autre, ou le pousser vers l'autre.
7. Rapporter un objet déposé, perdu ou pris par un autre.
8. Lancer un objet vers l'autre, après sollicitation de celui-ci ou dans un contexte non agonistique.
9. Tendre un objet et donner à un adulte.
10. Donner un autre objet que celui sollicité par l'autre, ou toucher en même temps l'objet de l'autre.
11. Apporter un objet en participant à une construction de l'autre, ou échanger un objet avec l'autre.
12. Mimer une offrande.

SOLLICITATIONS

13. Avancer la main en pronation vers l'autre, en étant latéralement ou en arrière par rapport à l'autre.
14. Avancer la main en pronation vers l'autre, en étant de face par rapport à l'autre.
15. Avancer la main en position verticale ou oblique, en face de l'autre.
16. Avancer la main en supination, en face de l'autre.
17. Avancer le bras, en se tournant vers l'autre.
18. Mêmes comportements, avec ouverture de la bouche.
19. Mêmes comportements, avec vocalisations menaçantes.
20. Mêmes comportements, avec vocalisations apaisantes.
21. Mêmes comportements, avec vocalisations pleurnichardes.
22. Toucher l'objet de l'autre, puis chercher son regard.
23. Toucher légèrement l'autre, puis chercher son regard et/ou le prendre par la main.
24. Agiter les bras et/ou les jambes, de façon saccadée, en position allongée ou assise, en étant orienté par rapport à l'autre.
25. Pointer le doigt vers l'objet de l'autre, le bras avancé sans raideur.
26. Pencher la tête sur le côté, en position allongée, le regard tourné vers l'autre.
27. Même comportement, en position debout ou assise.
28. Même comportement avec accroupissement près de l'autre.
29. Vocalisations et bruits divers, accompagnés parfois de la tête penchée.
30. Sourire en direction de l'autre.
31. Brusques changements de rythme au cours de déplacements à quatre pattes, le regard orienté vers un autre.
32. Tourner sur soi, danser, plier rythmiquement les jambes en direction des autres.
33. Comportements de sollicitation combinés à une offrande et/ou une imitation.
34. Sollicitations verbales comme : « Donne. »
35. Déplacements du regard, de l'objet tenu par l'autre aux yeux de celui-ci, et inversement.

MENACES

36. Ouverture soudaine de la bouche avec ou non une brusque avancée de la tête et du buste.
37. Ouverture soudaine de la bouche, accompagnée d'une vocalisation caractéristique (voir le texte).
38. Avancée brusque de la tête et du buste.
39. Même comportement, avec ouverture de la bouche et la vocalisation caractéristique.
40. Même comportement, avec mots et vocalisations diverses.

41. Bras levé en direction de l'autre, et plus ou moins projeté en avant.
42. Même comportement, avec la vocalisation caractéristique.
43. Même comportement, avec mots et vocalisations diverses.
44. Menace « complète » : combinaison de l'ouverture de la bouche, de l'émission de la vocalisation caractéristique, de l'avancée de la tête et du buste et du bras levé et projeté vers un autre.
45. Vocalisations caractéristiques seules, dans un contexte agonistique.
46. Mots seuls, dans un contexte agonistique.
47. Comportements précédents avec pleurs, comportements de crainte et/ou de fuite.
48. Agitation soudaine et non synchrone des différentes parties du corps.
49. Tapotements.
50. Pied lancé en direction d'un autre.
51. Objet lancé en direction d'un autre, sans atteinte de celui-ci.
52. Pointer le doigt en direction d'un autre, le bras brusquement tendu et le regard fixé sur l'autre.
53. Regard fixé sur l'autre, les dents serrées et les sourcils froncés.
54. Vocalisations caractéristiques de l'enfant qui retient un objet qu'un autre tente de prendre.
55. Début de poursuite.

AGRESSIONS

56. Taper un autre à main nue.
57. Taper avec un objet.
58. Mordre ou tenter de mordre.
59. Donner des coups amortis.
60. Tirer les cheveux.
61. Griffer, pincer, étrangler, agripper, tirer.
62. Écarter, pousser, bousculer, faire tomber.
63. Lancer un objet avec atteinte de l'autre.
64. S'appuyer, s'asseoir ou se coucher sur un autre, le chevaucher.
65. Coups de pied, lancer de sable sur un autre.

SAISIES OU TENTATIVES DE SAISIE

66. Saisie ou tentative de saisie avec la main en pronation.
67. Même comportement, avec avancée de la tête et du buste.
68. Même comportement avec ouverture de la bouche.
69. Même comportement avec des vocalisations de menace.
70. Même comportement, avec participation massive du corps.
71. Saisie avec avancée lente de la main ou en plusieurs étapes vers l'objet d'un autre.
72. Ramasser un objet appartenant à un autre, à proximité immédiate de celui-ci.
73. Tendre le doigt dans une direction quelconque, puis saisir l'objet d'un autre qui s'est approché.
74. Saisir un objet en portant une agression.

ISOLEMENTS ET PLEURS

75. Pouce ou autre doigt dans la bouche.
76. Même comportement, avec des pleurs.
77. Pleurs.
78. Se toucher la tête avec la main ou un objet, le regard baissé ou dans « le vague ».
79. S'immobiliser, baisser la tête.
80. Se balancer d'avant en arrière, en position assise ou à quatre pattes.
81. Se mettre en position couchée, sur le sol ou un objet, le ventre et le visage orientés vers le sol.
82. S'allonger avec le dos orienté vers le sol.
83. S'asseoir ou s'allonger à l'écart avec un objet.
84. Ramasser ou toucher un objet dans un contexte agonistique, puis s'éloigner.
85. Même comportement, puis mordre l'objet.
86. Porter un objet à la bouche et le sucer, à l'écart des autres.
87. Toucher ou gratter le sol, lancer un objet, sans regarder les autres.
88. S'isoler dans les bras d'une puéricultrice, en position ventro-ventrale.
89. Même situation, mais en position dorsoventrale.
90. Interrompre une interaction entre pairs. en s'éloignant d'autres pairs et en se dirigeant vers une puéricultrice.

Source : Montagner H., *L'Attachement, les débuts de la tendresse*, 1983, p. 192-193.

– Les sollicitations : avancer la main vers l'autre avec ou sans vocalisations, pointer du doigt, regarder l'objet et chercher l'autre du regard ou inversement, etc. Là aussi, ces comportements déclenchent une réponse positive de l'autre enfant qui accepte que celui qui sollicite reste à proximité. Ces comportements représentent 22 % des comportements observés entre 9 et 12 mois et 25,5 % entre 24 et 36 mois.

– Les menaces : mimiques, gestes avec ou sans vocalisations, regard dirigé vers l'autre dents serrées et sourcils froncés, etc. Ces comportements apparaissent dans les situations de conflit et correspondent à des situations de défense, en particulier après des tentatives de saisie de la part d'un pair (13 % des comportements observés entre 9 et 12 mois et 17 % entre 24 et 36 mois).

– Les agressions : taper, mordre, griffer, lancer un objet sur l'autre, etc. (11,5 % des comportements observés entre 9 et 12 mois et 18 % entre 24 et 36 mois). Ces comportements semblent survenir de façon impulsive, sans être une réponse directe au comportement de l'autre.

– Les saisies ou tentatives de saisie : comportements destinés à s'emparer de l'objet de l'autre sans avoir effectué de sollicitations (18 % des comportements observés entre 9 et 12 mois et 9 % entre 24 et 36 mois).

– Les isolements et les pleurs dont les auteurs estiment qu'ils peuvent être regroupés car apparaissant dans les mêmes contextes de conduites de retrait social alors que dans un certain nombre de cas les pleurs peuvent uniquement signifier un désir de se reposer ou un état de malaise en relation avec la condition physique de l'enfant (26 % des comportements observés entre 9 et 12 mois et 23,5 % entre 24 et 36 mois).

Ces résultats sont bien en faveur de la thèse selon laquelle le jeune enfant manifeste des conduites interactives avec ses pairs dès l'âge de 12 mois, correspondant aux trois quarts des conduites observées. Montagner (1983) estime que les conduites d'offrande et sollicitation sont une nouvelle forme de conduites d'attachement telles que Bowlby les a décrites puisqu'elles permettent d'établir et de maintenir le contact avec les pairs d'âge. Montagner souligne en particulier le fait que ces conduites sont deux à trois fois plus fréquentes entre les pairs qui ont des relations privilégiées qu'avec les autres enfants du groupe.

Selon les travaux de Rodriguez (1985) rapportés par Montagner, si l'on considère l'évolution avec l'âge de ces différentes catégories de conduites, il apparaît que le nombre et la diversité des offrandes sont à leur maximum entre 15 et 24 mois et que durant cette période 76 % d'entre elles sont acceptées si elles sont accompagnées d'une vocalisation. Entre 24 et 36 mois, les offrandes sont acceptées pour 83 % d'entre elles, qu'elles soient ou non accompagnées de vocalisations. Ce comportement est sans doute de plus en plus ritualisé dans les interactions entre enfants : l'émetteur le produit dans des circonstances où le récepteur va facilement le décoder sans qu'il y ait besoin d'attirer son attention de façon particulière, à l'aide d'une émission verbale.

Les comportements de sollicitation restent élevés dans la période du développement considéré mais il faut remarquer qu'ils se modifient dans la mesure où le comportement passe de la forme « main tendue en pronation » (paume orientée vers le bas) aux formes « main tendue en spination » (paume orientée vers le haut) et le plus fréquemment «pointer du doigt». Ces comportements sont de plus en plus accompagnés avec l'âge d'une recherche active du contact de l'autre par le regard, et comme pour les offrandes, sont suivis d'effets positifs quant à l'établissement et au maintien du contact. C'est dans cette tranche d'âge que les actes de saisie et les agressions sont les plus fréquentes en raison de la persistance des agressions en réponse à l'agression d'autrui et des agressions spontanées qui sont celles qui diminuent ensuite. Les menaces restent aussi fréquentes avec l'âge car elles sont de moins en moins produites sans raison mais sont utilisées par l'enfant dans des situations de compétition ou de conflit.

L'analyse de cet ensemble de données permet à Montagner de faire un bilan de la troisième année comme étant «celle de la compétence de l'enfant à développer des interactions dans lesquelles il émet des messages qu'il contrôle, en même temps qu'il contrôle et décode les messages de ses partenaires. Les comportements sont alors à leur minimum d'ambiguïté, si on les compare aux classes d'âge précédentes, en même temps qu'ils sont de plus en plus souvent soulignés, complétés ou suppléés par la parole.» (1983 p. 225.) C'est également au cours de cette période du développement qu'apparaissent des rapports privilégiés entre deux membres du groupe dans la mesure où entre ces deux enfants, il y a plus de contacts, sourires, échanges d'objets, vocalisations qu'avec les autres membres du groupe. On peut alors parler de préférences dyadiques stables. Enfin, il est possible à l'auteur de souligner que si les objets ont un rôle important dans la régulation des interactions entre enfants, il est clair que beaucoup de contacts ont lieu sans cet intermédiaire.

Les travaux de Montagner (1978) ont également permis de définir des profils comportementaux chez des enfants de 24 à 36 mois à partir du rapport existant chez un même enfant entre activités affiliatives (offrandes, sollicitations) et activités agnostiques (agressions et saisie de l'objet de l'autre) :

– les leaders sont des enfants qui ont un taux de comportements affiliatifs supérieurs aux comportements agonistiques mais qui ont des comportements actifs lors des conflits entre pairs et savent dominer, par exemple, pour récupérer un objet;

– le rapport conduites affiliatives-conduites agonistiques des dominants agressifs est inversé par rapport au groupe précédent : ils manifestent de très fréquentes conduites agressives;

– certains enfants, selon les moments et les situations, se comportent comme des leaders ou comme des dominants agressifs : ce sont des sujets dont le statut varie;

– les dominés craintifs ont de fréquentes conduites de retrait social car ils sont souvent dominés dans les compétitions auxquelles ils participent peu;

– les dominés agressifs participent peu eux aussi aux compétitions et manifestent des conduites agressives de façon impulsive;

– les dominés ont des conduites affiliatives fréquentes mais cependant, à l'inverse des leaders ne s'imposent pas dans les compétitions;

– les enfants isolés ont très peu de conduites d'interaction avec leurs pairs et restent donc en retrait du groupe.

Il ne faut pas oublier que les observations de Montagner sont faites dans des groupes où les enfants ont des âges et donc des niveaux de développement différents et la méthode utilisée ne permet pas de différencier précisément si la typologie établie ne reflète pas en partie des effets de statut dû à l'âge. L'intérêt de ces travaux est cependant de montrer l'existence de formes d'interactions sociales différenciées chez des enfants très jeunes.

Les travaux de Strayer *et al.* (1985) présentent une analyse de la structure des relations des enfants dans le groupe à partir de l'observation des conduites affiliatives et de coopération et des relations de dominance dans les situations conflictuelles, en particulier à propos de la possession des objets.

Un enfant dominant est celui qui est capable de restreindre l'activité d'un de ses pairs alors que l'inverse n'est pas possible (situation d'asymétrie dyadique) et d'autre part si un enfant A domine un enfant B qui lui-même domine un enfant C, l'enfant A domine l'enfant C (niveau transitif linéaire). Les relations dominantes étant de plus en plus stables avec l'âge à partir de 18 mois, l'asymétrie dyadique permet d'analyser le degré d'organisation du groupe des pairs et les hiérarchies entre pairs. Les conduites agnostiques s'organisent de façon à mettre en place cette structure hiérarchique. Les auteurs expliquent la diminution avec l'âge des conflits entre pairs par le fait que l'organisation hiérarchique de plus en plus stable contribue à la résolution plus rapide des situations conflictuelles.

L'émergence de la préférence pour certains pairs et pour les pairs de même sexe

Des différences individuelles importantes peuvent également être mises en évidence selon la technique utilisée par Ross et Lollis (1989) qui consistent à observer les comportements d'un enfant cible (les sujets sont âgés de 20 à 30 mois) mis en relation avec deux partenaires de même âge et de même sexe et en différenciant les modes réactionnels habituels quel que soit le partenaire et les modes de réaction spécifique à un partenaire. Cette méthode permet de relever des préférences dyadiques stables et de constater que les interactions sont beaucoup plus fréquentes avec les partenaires avec lesquels l'enfant entretient des relations de plus en plus positives avec le temps. Les auteurs soulignent alors que la relation amicale est l'une des dimensions qui permet de comprendre l'organisation des relations entre très jeunes enfants et discutent la thèse de Strayer et Trudel (1985) selon laquelle la dominance sociale serait la dimension la plus précocement stable qui permettrait de comprendre l'organisation du groupe. La dimension « préférence pour un pair » sur un mode préfigurant la relation amicale semblerait être presque aussi précoce que les interactions entre pairs.

Fagot (1985) observe les conduites de 60 enfants de 20 à 30 mois dans le groupe des pairs, sur une période de quatre semaines, en ayant pour objectif de relever les comportements propres à chaque sexe dans les interactions. Est également noté le sexe du partenaire avec lequel l'enfant interagit. Par ailleurs, la capacité des enfants à attribuer les activités propres à chaque sexe suivant les rôles de sexe est évaluée ainsi que l'aptitude de l'enfant à identifier correctement le sexe d'un personnage en situation (présentation faite au moyen d'une image). Les enfants qui donnent 50 % de réponses correctes à cette épreuve passent 80 % de leur temps avec des pairs de même sexe et ceux qui ont un moins bon taux de réponse ne passent que 50 % du temps avec des pairs de même sexe. Ces résultats sont donc en faveur d'une ségrégation précoce des sexes et tendent à montrer que les processus de catégorisation et de différenciation des sujets et des conduites selon le sexe se développeraient en même temps que le choix privilégié d'un partenaire de même sexe, sans que l'on puisse préjuger de la cause et de l'effet.

La Frenière, Strayer et Gauthier (1984) observent que le taux des activités affiliatives (évaluées à partir des conduites d'approche, signaux, entrées en contact, et conduites dirigées vers l'autre — regards et verbalisations) augment avec l'âge au cours de la période préscolaire, entre 1 et 6 ans, et que les enfants les plus âgés montrent des préférences systématiques pour des partenaires de même sexe, les filles commençant à le faire plus tôt que les garçons. En effet, ont été observées des enfants confiés à une garderie et ont été relevées toutes les conduites affiliatives, agnostiques et prosociales.

Comme le montre la figure 1, il apparaît que les conduites affiliatives avec des pairs de même sexe augmentent avec l'âge entre 18 et 70 mois. En moyenne, à partir de 27 mois, 70 % des conduites affiliatives des filles le sont à l'égard de pairs de même sexe alors que dans la période précédente la répartition était équiprobable.

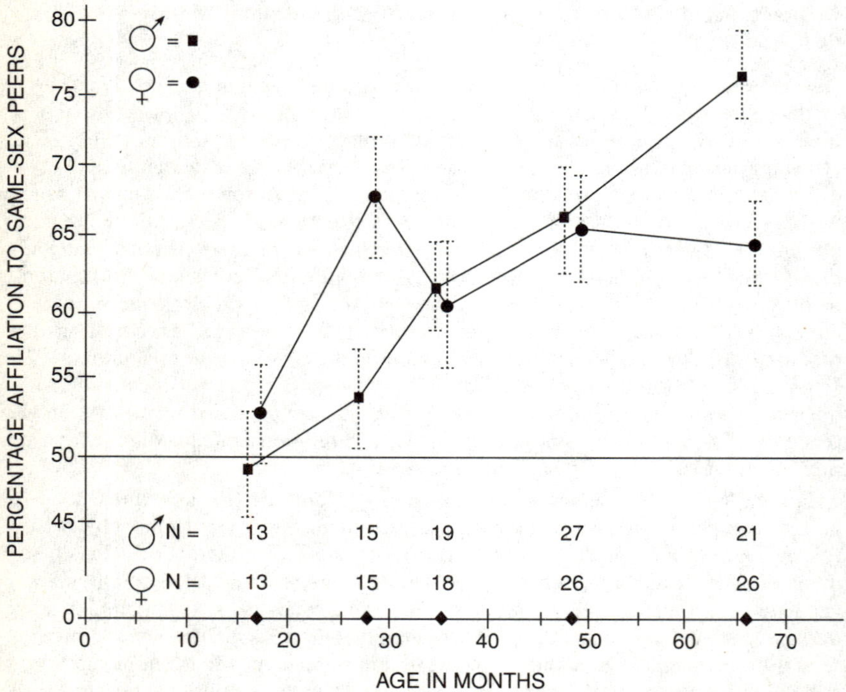

Figure 1. — *Source :* La Frenière, Strayer et Gauthier (1983).

LA DIFFÉRENCIATION PRÉCOCE DES CONDUITES SELON LE SEXE DE L'ENFANT

Depuis que nos méthodes d'observation se sont perfectionnées, on découvre chez les tout-petits une sexualisation très précoce de leurs gestes. Jusqu'au huitième mois, les différences semblent plutôt fondées sur le biologique : différences de maturation osseuse et poids relatif de la graisse. Il paraît que es garçons dorment moins, pleurent plus, et sont plus « moteurs » que les filles. Il paraît que les filles sourient, vocalisent plus et s'approprient moins d'espace. En fait, les différences entre individus sont souvent plus nettes que les différences entre sexes.

Ces travaux révèlent que les garçons préfèrent les stimulations visuelles, alors que les filles sont plus sensibles aux informations sonores. Cela explique pourquoi à l'adolescence les garçons seraient plus aptes aux manipulations visuo-spatiales, telles que les lancers d'objets ou les mathématiques, et les filles plus douées pour la communication et la parole. Il y a peut-être là un saut interprétatif assez proche du saut périlleux.

Du huitième au vingt-quatrième mois, l'accord est plus solide. Un catalogue de ces différences a été établi : les filles manifestent des phases de communication plus longues que celles des garçons, ce qui annonce peut-être la durée de leurs bavardages à venir. Dès l'âge de dix-huit mois, une fille sur deux sait établir une interaction sociale, par geste, parole ou sourire. Alors que la communication chez les garçons jusqu'au vingt-quatrième mois ne peut s'exprimer que si elle est médiatisée par un ballon, un bout de ficelle, ou tout autre objet.

Quand on comptabilise les regards dirigés vers les adultes, on constate que les filles les regardent en souriant, alors que les garçons manifestent plutôt des regards associés à des comportements de crainte. Les filles sourient de plus en plus quand elles prennent de l'âge, alors que les garçons manifestent de plus en plus des comportements de menace. Ils ouvrent la bouche en carré, montrent les dents, avancent le buste, vocalisent et lèvent le bras.

À partir du dix-huitième mois, les contacts cutanés sont plus fréquents chez les filles, alors que les coups et bousculades augmentent chez les garçons.

D'une manière générale, on a l'impression que les filles développent plutôt des réseaux d'affiliation, composés de deux à trois petites filles. Elles se touchent, se sourient, se parlent et manifestent un grand talent d'imitatrices dans leurs gestes, leurs jeux et la décoration de leur corps.

Le style de socialisation des garçons est très différent. De dix à vingt mois, ils se touchent peu, s'organisent en grands groupes de 9 à 12 enfants, hiérarchisés par les comportements de compétition et d'agressivité.

Source : Cyrulnik B., *Sous le signe du lien*, (1989), p. 160-161.

Les garçons ne commencent à montrer des conduites de préférence liées à la similitude du sexe du partenaire qu'à partir de 36 mois : à cet âge 75 % de leurs activités affiliatives le sont à l'égard d'un pair de même sexe. Il faut noter que cette attraction pour les pairs de même sexe n'augmentent pas avec l'âge chez la fille alors que la progression est linéaire chez le garçon, pour la période considérée.

Les auteurs présentent une première hypothèse explicative pour interpréter ces attitudes différentes selon le sexe : il se pourrait que les filles soient capables plus tôt que les garçons de considérer l'identité de sexe et les comportements qui s'y rapportent comme des caractéristique stables de la personnalité et différenciées selon le sexe et ainsi de rechercher le contact avec des pairs de même sexe plus précocement que les garçons. Cependant, La Frenière, Strayer et Gauthier estiment que l'hypothèse de la compatibilité comportementale est la plus recevable : la ségrégation des relations entre garçons et filles provient des différences d'activités et des intérêts des uns et des autres qui conduiraient un enfant d'un sexe donné à préférer interagir avec des pairs qui ont les mêmes comportements et attitudes que lui.

Jacklin et Maccoby (1978) soulignent en particulier que les garçons ne répondent pas de façon aussi positive aux sollicitations verbales (interdictions, demandes directes, demandes polies) aux filles que ne le font les filles à l'égard des garçons. De plus, ces interventions verbales ne permettent pas aux filles de contrôler les agressions, bousculades et taquineries dont elles peuvent être la cible de la part des garçons.

D'autres auteurs évoquent l'importance des renforcements donnés à l'enfant selon qu'il adopte ou non les conduites attendues de lui selon son sexe. Le renforcement de ces conduites seraient très précoce de la part des adultes et les pairs d'âge fourniraient également le même type de renforcement d'autant plus que selon le principe de la consonance cognitive, l'enfant serait très vite capable d'identifier en quoi il est semblable ou différent d'autrui.

Dans l'encadré présenté p. 47, Cyrunilk (1989), rapporte un ensemble de travaux permettant d'affirmer que très précocement les enfants manifestent des conduites propres à leur sexe au cours des interactions sociales.

Les observations relatives aux conduites de jeux

Les observations des équipes de recherche de Montagner et de Strayer ont comme point commun de chercher à travailler de façon exhaustive, en relevant l'ensemble des conduites susceptibles d'apparaître dans les relations entre pairs. Mais selon l'un on note une prédominance des conduites négatives sur les conduites positives et, selon l'autre, l'inverse. Ceci s'expliquerait par des méthodes de recueil des données très différentes. En effet, Montagner travaille à partir d'un total d'occurrences observées incluant les conduites de retrait social et les pleurs de toute nature, dont certains ne s'inscrivent pas dans le cadre d'une interaction, alors que Srayer lui définit plus strictement les observables. D'autres auteurs se sont limités à l'observation d'une seule catégorie de conduites : par exemple les conduites de jeux, l'émergence des conduites affiliatives, les conduites d'imitation, etc.

Stambak *et al.* (1982) constatent au cours d'observations en crèches et jardins d'enfants que les enfants de un à deux ans ont de nombreuses conduites interactives lorsqu'ils se trouvent en petits groupes et en présence des adultes chargés de leur surveillance. Les auteurs relèvent en particulier deux types d'activités de ce type :

– la reprise de l'idée de l'autre : il ne s'agit pas simplement d'imitation-copie car l'idée de l'autre peut être appliquée à un autre matériel, intégré dans un autre contexte. Sont observés l'utilisation des objets semblables dans d'autres actions ou d'autres objets dans des actions comparables ;

– le partage d'un même jeu avec un matériel commun : constitution d'une collection d'objets, jeu de fiction à deux, jeu d'échange d'objets ou de cache-cache.

Au cours de ces activités, les enfants réalisent de véritables échanges préverbaux pour faire comprendre à l'autre leur idée, clarifier leur demande, exprimer leur accord etc.,

Howes et Matheson (1992) décrivent, à partir d'observations systématiques, les différentes catégories de jeu et des compétences sociales mises en œuvre entre 1 et 3 ans, en distinguant :

– les jeux parallèles : jeux où les contacts entre pairs sont centrés sur les objets ;

– le jeu social simple : les enfants engagés dans une même activité manifestent des conduites observables de type mimiques, sourires, contacts physiques, gestes d'offrande et de demande, etc. ;

– les jeux de réciprocité de type « à toi, à moi » : l'enfant reproduit à l'intention de l'autre la même conduite que celle que l'autre vient de produire à son intention ;

– les jeux de fiction avec interactions : les activités des deux enfants sont complémentaires dans des rôles sociaux identifiables à l'observation même si les enfants ne les dénomment pas.

L'imitation, base prédominante de la communication au cours de la troisième année

L'imitation immédiate et réciproque des pairs est mode d'interaction sociale prédominante chez l'enfant entre 2 et 3 ans. Nadel et Baudonnière (1985) soulignent l'intérêt d'un dispositif particulier pour pouvoir observer les conduites d'imitation au cours de la troisième année : une dyade ou un trio d'enfants est laissé seul dans une pièce qui leur est familière à la crèche et ils y disposent de huit sortes d'objets en deux ou trois exemplaires chacun suivant le nombre d'enfants en présence. Aucune consigne n'est donnée aux sujets qui ainsi peuvent être observés par l'intermédiaire d'une caméra invisible d'eux, sans que la présence d'un adulte soit susceptible d'orienter ou de contraindre le comportement des enfants. Les conduites imitatives sont évaluées par la fréquence et la durée des ports simultanés d'objets identiques par deux enfants. Le port d'objet est ainsi un moyen commode pour observer les compétences à interagir des enfants de cet âge. Sont présentés dans le document ci-dessous le résumé de ces recherches et les principaux résultats obtenus par cette méthode.

Ainsi, l'imitation immédiate apparaît bien comme ayant pour fonction d'établir et de maintenir le contact entre enfants, par le biais d'un intérêt mutuel des deux partenaires, durant la période prélangagière.

Baudonnière (1985) a pu observer que les contacts sociaux et les ports d'objets qui les permettent sont beaucoup moins nombreux chez les enfants de 2;6 à 3 ans scolarisés à l'école maternelle que pour ceux encore à la crèche. Le groupe classe qui est

Résumé

Un ensemble de recherches basées sur le paradigme de l'objet en double exemplaire a permis de tester systématiquement l'hypothèse d'une fonction transitoire de communication exercée par l'imitation immédiate durant la période prélangagière, et constituant un langage spécifique entre enfants du même âge au cours de la troisième année. L'article présente la synthèse de ces résultats et leur cohérence par rapport aux données concernant la communication pré-verbale.

Résultats

Nos principaux résultats peuvent se résumer sous trois rubriques :

A. l'établissement du fait : l'imitation est une base prédominante de communication au cours de la 3e année;

B. mise en évidence du caractère transitoire de la fonction de communication par l'imitation : elle décline après 3 ans;

C. mise en évidence du caractère spécifique de la fonction de communication par l'imitation : elle se manifeste entre pairs d'âge;

L'imitation, base prédominante de communication au cours de la troisième année. En étudiant des trios d'enfants de 2-3 ans (Nadel et Baudonnière, 1980; 1982; Nadel, Baudonnière et Fontaine, 1983) nous avons pu mettre en évidence les points suivants :

1) Pour tous les groupes et tous les enfants, les ports d'objets identiques sont beaucoup plus nombreux que les ports solitaires d'objets (au total, 584 contre 134) et se maintiennent plus longtemps (médiane des durées : 37 s pour les ports identiques, contre 13 s pour les solitaires) : dans ses choix d'objets, l'enfant privilégie donc l'objet identique à celui du (des) partenaire (s), et il est plus enclin à en prolonger l'utilisation que lorsqu'il choisit solitairement un objet différent. Par ce moyen se trouve vérifiée une partie de l'hypothèse : l'objet identique jouit d'un statut différent de l'objet unique, et ce statut est privilégié à 2-3 ans.

2) Il y a recherche de simultanéité dans les ports identiques. Cette simultanéité se manifeste dans les faibles écarts entre les prises et les abandons d'objets identiques par les différents enfants des trios; elle a pour support des comportements d'attente ou d'aide de la part du modèle, et de précipitation de la part de l'imitateur. Elle traduit une recherche de synchronisation activement orchestrée par les différents protagonistes.

3) L'orientation sociale des activités est très majoritaire durant les ports simultanés d'objets identiques (c'est-à-dire durant les périodes de strict ajustement temporel des ports identiques) : 79 % du temps de ces ports est orienté vers le partenaire, contre 53 % dans les périodes de ports solitaires (t sign. à $p < 001$).

4) Plus précisément en ce qui concerne cette orientation sociale, durant les ports simultanés d'objets identiques, la majeure partie du temps est occupée par des activités simultanément similaires entre partenaires; autrement dit, non seulement les enfants choisissent les mêmes objets en même temps, mais ils les utilisent

simultanément de la même façon (ce cas représente 83 % du temps de ports identiques) : ainsi peut-on être assuré qu'à cet âge le port simultané d'objets identiques est un très bon descripteur d'activités imitatives à support d'objets.

5) La base d'échange par la répétition du même rôle ne construit pas une relation figée entre un modèle systématique et un imitateur : au contraire, il y a forte corrélation positive (r = +.60) entre le nombre de comportements imitatifs produits par chaque enfant, et le nombre de ses comportements qui ont servi de modèles. Cette réciprocité des statuts de modèle et d'imitateur nous garantit que nous avons bien affaire à une base d'interactions, et non à de simples réponses sociales qui seraient le fait de certains enfants face à des enfants plus prestigieux, comme le suggèrent des études sur les rapports imitatifs entre enfants plus âgés (Abramovitch et Strayer, 1977; Abramovitch et Grusec, 1978).

Au contraire, nos résultats montrent que dans une situation de communication interindividuelle intime et sans adultes, à 2-3 ans, l'identité établie par l'imitation importe davantage que le statut de modèle ou d'imitateur. En incluant les résultats de l'équipe de Thelen (1975, 1981), selon lesquels le modèle a tendance à imiter son imitateur, nous expliquons ainsi deux résultats restés sans lien dans la littérature : a) certains enfants sont plus imités que d'autres; b) certains enfants sont plus imitateurs... mais ce sont les mêmes!

Source : Nadel J., Baudonnière M., Fontaine A.-M., *Psychologie française*, 1988.

d'une taille beaucoup plus importante que celui des enfants à la crèche semblerait, à ce moment du développement, diminuer les conduites sociales plutôt que les favoriser. De plus, il ne faut pas oublier que cette conduite d'imitation immédiate tend à diminuer à partir de 3 ans pour laisser de plus en plus de place aux échanges verbaux.

L'étude du partage des significations dans les jeux de fiction entre enfants pendant la période préverbale

L'analyse des jeux de fiction à plusieurs (Verba, 1990), ces jeux de « faire semblant », de « faire comme si », qui seront décrits en détail au chapitre 5 et mis en relation avec le développement de la pensée symbolique et l'acquisition du langage, permettent en particulier la construction et le partage de significations entre enfants. En effet, dans le jeu symbolique individuel les signifiés ne sont pas explicités par l'enfant alors qu'ils le sont dans les jeux collectifs. Ils sont révélateurs des connaissances acquises par les enfants à propos du monde physique et social, permettant le partage de significations symboliques et se déroulent grâce à des phases de négociation entre enfants au cours desquelles ils manifestent des capacités d'ajustement réciproque.

Selon l'auteur, chaque acte de communication contribue à donner des informations sur le contenu de l'objet de la conversation mais également à exprimer les intentions, désirs, suggestions de chacun des partenaires. Dans de tels moments du jeu symbolique, il y a ajustement réciproque des partenaires qui, pour pouvoir construire le scénario du jeu symbolique, doivent prendre en compte le point de vue de l'autre : les partenaires ont ainsi l'occasion d'échanger les différentes informations dont ils disposent à propos de la connaissance des individus (autrui et soi) et des rôles sociaux .

L'évaluation de la compétence sociale de l'enfant

Il est intéressant de noter qu'à l'heure actuelle des tentatives d'évaluation des compétences communicatives du très jeune enfant sont réalisées afin de permettre au chercheur ou au clinicien d'évaluer le niveau de compétence atteint par un sujet. Un bon exemple en est l'Échelle d'évaluation de la compétence sociale précoce (ECPS) destinée à l'examen individuel de l'enfant de 3 mois à 3 ans (Guidetti et Tourette, 1993). On trouvera ci-dessous une présentation rapide des trois fonctions communicatives évaluées et les quatre niveaux de développement décrits à la suite de la procédure d'étalonnage de l'échelle (documents communiqués par les auteurs).

Les quatre niveaux de développement évalués par l'ECPS

Dans l'échelle initiale, après un niveau 0 appelé réflexif Seibert et Hogan avaient distingué 4 niveaux de développement du plus simple au plus complexe, correspondant aux stades de l'intelligence sensori-motrice de Piaget et recouvrant la période de 0 à 30 mois.

À la suite de l'étude statistique réalisée sur notre échantillon de 190 enfants, nous avons été amenées à ne garder que 4 niveaux et à modifier les tranches d'âge correspondant aux différents niveaux de l'ECSP.

Les caractéristiques des niveaux que nous proposons sont les suivantes :

– **Niveau 1 : niveau simple** (entre 2 et 4 mois environ).

Il marque l'apparition d'actions simples, non différenciées et le début de l'activité intentionnelle de l'enfant en interaction avec autrui.

En termes d'interaction sociale, l'enfant reconnaît les autres, leur sourit et leur porte de l'intérêt; il utilise des vocalisations et des gestes pour exprimer son désir de répéter des jeux sociaux; il initie l'interaction en touchant ou en regardant l'autre quand celui-ci ne fait pas attention à lui; il proteste quand il est dans une situation indésirable.

En ce qui concerne l'attention conjointe, l'adulte peut diriger l'attention de l'enfant simplement en lui présentant des objets dans son champ visuel. Certaines initiatives de l'enfant comportent des regards vers le partenaire en même temps qu'il agit sur l'objet, essentiellement en le manipulant.

Dans le cadre de la régulation du comportement, l'enfant se tourne en entendant la voix de l'adulte, repousse des objets qu'il ne veut pas; ses initiatives prennent essentiellement la forme de pleurs exprimant la peur ou le déplaisir.

– **Niveau 2 : niveau complexe** (entre 4 et 6 mois environ)

Il est marqué par l'apparition dans le registre comportemental de l'enfant d'actions complexes et différenciées. L'enfant commence à participer à des jeux sociaux en différenciant les personnes, mais ne coordonne pas ses actions avec les objets et avec autrui; l'adulte est perçu comme source d'interaction sociale mais pas comme moyen pour atteindre un but, puisque l'enfant se considère encore comme la seule source des événements.

L'adulte peut diriger l'attention de l'enfant en pointant du doigt mais l'enfant regarde le doigt de l'adulte et non l'objet; l'enfant peut également produire ce geste mais ne se soucie pas de savoir si l'autre regarde ce qu'il désigne. Une attention conjointe peut être établie au cours de certaines activités comme regarder un livre ensemble mais l'enfant a essentiellement un rôle de répondant.

En termes de régulation du comportement, l'enfant exprime son désaccord et peut empêcher l'action par un « non » ou une vocalisation voisine; il proteste par le regard quand on essaie de lui prendre un objet et sait exprimer ses désirs.

Étant donné la faible représentativité des enfants les plus jeunes dans notre échantillon, nous estimons préférable de ne pas indiquer à quel moment se situe le passage du niv7eau 1 au niveau 2. Ces deux niveaux sont pour le moment situés dans le premier semestre de la vie de l'enfant. Un étalonnage complémentaire en cours d'établissement devrait permettre de préciser le moment du passage du niveau 1 au niveau 2.

– Niveau 3 : niveau conventionnel

Il couvre la période de 7 à 24 mois. Ce niveau marque un bond en avant essentiel dans les compétences communicatives de l'enfant qui apprend des conventions communicatives gestuelles et vocales et comprend comment utiliser les objets pour attirer l'attention de l'autre ou utiliser autrui pour obtenir quelque chose. Sa compréhension des situations reste néanmoins très dépendante du contexte. Il coordonne ses actions avec les objets et avec autrui. Cette articulation entre les éléments physiques et sociaux de son environnement s'accompagne d'une flexibilité nouvelle dans l'activité de l'enfant lui permettant de résoudre certaines situations à problèmes.

Une distinction a été faite par Seibert et Hogan entre un niveau 3.0 gestuel et un niveau 3.5 verbal; l'enfant atteint le niveau 3.5 dès qu'il utilise des mots simples, isolés (noms d'objets, verbes d'actions) en accompagnement ou à la place des gestes, ces mots sont cependant utilisés en présence des objets. Ce niveau 3.5 marque donc un progrès verbal net dans les compétences interactives de l'enfant. Dans notre échantillon, cette distinction est encore plus marquée. Les enfants se situant au niveau 3.0 ont entre 7 et 16 mois, au niveau 3.5 entre 17 et 24 mois.

Dans ce niveau, en termes d'interaction sociale, l'enfant initie des jeux en émettant spontanément des gestes ou des vocalisations conventionnelles, produit des comportements imitatifs et se montre capable de taquiner en ne respectant pas des conventions sociales (comme par exemple taper sur la table ou jeter des jouets).

En ce qui concerne l'attention conjointe, l'enfant sait accorder son attention simultanément à celle d'autrui. Il produit et comprend parfaitement la désignation sous forme gestuelle et/ou verbale.

Pour ce qui est de la régulation du comportement, l'enfant commence à comprendre et à suivre des consignes simples à condition qu'elles soient accompagnées de gestes et produites en contexte.

– Niveau 4 : niveau symbolique

Il s'étend de 25 à 30 mois. Ce niveau résulte de l'apparition de la fonction symbolique et marque donc un progrès décisif dans l'évolution des capacités communicatives de l'enfant. Capable d'anticipation et d'initiative, il peut maintenant comprendre des mots hors contexte ou avec peu de contexte, combiner des mots pour maintenir une interaction et demander ou échanger avec autrui des informations à propos des caractéristiques de l'environnement. Ses jeux sociaux se transforment par l'incorporation de la dimension symbolique. Il peut suivre des consignes verbales indépendamment du contexte et tente en combinant des mots d'obtenir de l'adulte qu'il satisfasse ses besoins et ses désirs.

La correspondance entre niveaux et âges pour l'ECSP est donc la suivante :
- niveaux 1 et 3 simple et complexe, jusqu'à 6 mois;
- niveau 3.0, conventionnel gestuel, de 7 à 16 mois;
- niveau 3.5, conventionnel verbal, de 17 à 24 mois;
- niveau 4, symbolique de 25 à 30 mois.

Chacune des huit séries se compose d'items, qui sont en fait les comportements à évaluer dans un nombre limité de situations; ces 108 items sont ordonnés hiérarchiquement dans chacun des niveaux qui viennent d'être décrits. Si on suit le postulat d'une homogénéité relative dans le développement cognitif et social, les performances d'un enfant devraient être au même niveau dans les différentes échelles (de complexité cognitive comparable). D'où l'intérêt de l'étude du profil des performances de l'enfant : une discordance de niveau dans les différentes échelles ou séries doit attirer l'attention du psychologue et peut mettre en évidence les déficits et les aptitudes spécifiques d'un enfant donné dans l'une ou l'autre des compétences communicatives évaluées.

Source : Tourrette C. et Guidetti M., *Document communiqué par les auteurs*, 1993.

LE FONCTIONNEMENT DU GROUPE DES PAIRS PENDANT L'ENFANCE

Entre 3 et 6 ans, à l'âge préscolaire proprement dit, la fréquence et la diversité des interactions entre pairs augmentent et se développent la complexité du réseau affiliatif de chaque enfant (Strayer, Tessier et Gariepy, 1985) et la ségrégation des activités liées au sexe (La Frenière, Strayer et Gauthier, 1984). Hartup (1983 et 1988), montre que le réseau relationnel des garçons est plus important que celui des filles aussi bien dans les relations mutuelles qu'unilatérales ; les activités privilégiées par les uns et les autres sont différentes, de même les activités autour desquelles s'organisent le groupe.

Il faut en particulier remarquer la réalisation de jeux différents selon le sexe et le fait qu'avec l'âge on observe une augmentation de la taille du réseau relationnel de l'enfant. Cependant, les groupes de garçons ont plus de membres ; ceux des filles ont tendance à interagir en dyade.

On reconnaît unanimement en psychologie que les garçons et les filles se conduisent de manière différente, et que cette différenciation se construit entre autres sous l'influence de facteurs physiques (Hutt, 1978) et en cours de développement du fait que les jeunes sont attirés vers les activités des personnes de même sexe et vers les modèles de même sexe (Huston, 1983). Dweck (1981) souligne que déjà dès le plus jeune âge les garçons et les filles forment leur propre culture, en s'engageant dans des activités différentes et en côtoyant des personnes différentes.

Cette ségrégation serait de plus en plus forte et elle amènerait le développement d'habiletés spécifiques, des façons différentes de structurer le monde, d'agir et de réagir sur lui. Il s'agit là d'une perception partagée par des auteurs intéressés par le développement social (Hartup, 1979; La Frenière, Strayer et Gauthier, 1984; Serbin, 1980). Les garçons et les filles ne s'intéressent pas aux mêmes jeux et aux mêmes objets, et leurs styles d'interactions divergent. Les garçons se bousculent plus, jouent plus dehors, sont plus compétitifs et se voient plus longtemps. Les filles préfèrent les relations duelles, alors que les garçons apprécient les situations de groupe, et avec des compagnons dont les âges sont plus variés.

Les recherches de Zazzo et Julien (1962), de La Frenière et de ses collaborateurs (1984) illustrent cette ségrégation. Ainsi Zazzo et Julien (1962) observent qu'elle est presque absolue pendant les périodes d'activités chez les enfants de la maternelle. Les filles ont un plus grand nombre de contacts stables entre elles. Les garçons jouent plus facilement seuls, et les filles sont plus impliquées dans des activités avec d'autres et dans des échanges verbaux. Et La Frenière et de ses collaborateurs (1984) observent que le taux de l'activité affiliative croît linéairement avec l'âge pendant les années préscolaires, que les enfants plus vieux montrent des préférences plus fortes pour des partenaires sociaux de même sexe, et que les filles commencent à préférer les pairs de même sexe plus tôt que les garçons qui surpassent subséquemment les filles en discrimination sexuelle.

Dweck (1981) interprète ainsi la construction de cette ségrégation : « Les résultats d'une palette de travaux antérieurs, notamment Gilligan, 1979; Lever, 1978; Luria, 1980; Maccoby & Jacklin, 1974; Whiting & Edwards, 1973, conduisent au scénario suivant : durant les années d'école maternelle, les filles s'intéressent progressivement au comportement prosocial, à l'obéissance et à la diffusion des règles sociales, et cela d'une manière plutôt rigide. Comme les garçons ne se conforment pas aux normes d'obéissance, de propreté et d'ordre que les filles souhaitent promouvoir, celles-ci commencent à trouver désagréable de s'associer avec eux. On peut faire l'hypothèse d'un premier rejet par les filles, mais au fur et à mesure que les garçons développent leur propre culture, ils les rejettent avec beaucoup plus d'éclat (p. 326). »

Le scénario est alors le suivant : « Les filles privilégient des jeux en petits groupes dans des espaces limités leur permettant de mettre en jeu règles et rôles sociaux. Les garçons préfèrent les jeux en grand groupe avec plus d'activités physiques et dans des espaces plus ouverts. Ces jeux tendent à avoir un ensemble plus large de règles explicites, dans le cadre desquelles les participants travaillent ou (jouent) en ayant défini un objectif précis. Ces jeux tendent par ailleurs à donner lieu à plus de compétition. Les filles, quant à elles, tirent leur apprentissage de relations personnelles plus serrées. Elles apprennent à décrypter et à répondre aux signaux non verbaux subtils, dans un contexte de règles socialement prescrites; ce contexte étant le plus souvent implicite et difficile à reconstruire. Les garçons apprennent à agir dans un système plus large, à combiner des objectifs à long terme et à travailler activement à leur réalisation. Ils consacrent moins d'attention à émettre et recevoir des indices de communication subtils reliés aux dimensions émotionnelles des relations. »

Source : Loranger M., *in* P. Durning et R.E. Tremblay (1988), *Relations entre enfants*, p. 94-95.

L'observation des conduites des deux sexes montrent que les garçons passent plus de temps à des jeux de construction et avec des jouets mobiles (tricycles, patins à roulettes, etc.). Les jeux des garçons sont peu structurés et beaucoup de temps est passé à des activités de défoulement moteur et à des jeux de compétition. Au cours de leurs activités en groupe, les garçons font peu appel aux adultes. Les filles elles pratiquent plus les jeux d'intérieur et les jeux symboliques et marquent un intérêt plus précoce pour les jeux de règles, en ayant plus recours à l'adulte que les garçons.

Tout semble se passer comme si l'organisation du groupe des garçons et les activités qui s'y déroulent étaient les plus favorables aux processus de comparaison sociale permettant le développement de la connaissance de soi et d'autrui par différenciations successives. Chez la fille, la recherche d'un « alter ego » fournirait davantage l'occasion d'identifier des similitudes que des différences entre soi et autrui. La nature des jeux préférées par les filles irait dans le sens d'une meilleure intériorisation des normes et conventions sociales : par exemple par le biais des jeux symboliques permettant tout particulièrement l'apprentissage des caractéristiques attribuées au rôle féminin.

Pendant la période de scolarisation à l'école maternelle, l'acquisition d'un statut sociométrique par l'enfant laisse supposer que ses pairs identifient dès cet âge quels sont les comportements positifs ou négatifs dans le groupe (Vitaro *et al.,* 1988). De même, le statut de dominant témoigne de la prise en compte d'activités positives dans la régulation du groupe (Jones, 1984) : il apparaît que l'attention des membres du groupe est davantage tournée vers les « dominants », ceux dont les membres du groupe ne restreignent pas les activités et qui sont pris comme modèle à imiter.

Comme le souligne Loranger (1988) dans l'encart présenté p. 55-56, la période de la scolarisation à l'école maternelle permet d'observer des différences de plus en plus importantes entre le fonctionnement du groupe des garçons et celui des filles.

Au cours de l'enfance, à l'âge de la scolarité élémentaire, ces différences entre sexes vont en s'accentuant en même temps que se développe une ségrégation des sexes de plus en plus marquée. Par exemple, Hurtig *et al.* (1971) ont pu observer en cour de récréation, entre la maternelle et le cours préparatoire, une diminution des activités réalisées par des pairs de sexe différent et une augmentation des activités dirigées vers l'autre sexe, c'est-à-dire observations, taquineries, agressions, parades, etc. Il s'agit de relations brèves et ponctuelles qui ne donnent que rarement lieu à une interaction.

Cette distanciation de plus en plus marquée entre les deux sexes va de pair avec des jugements de plus en plus défavorables à l'égard de l'autre sexe : les filles se plaignent de l'agressivité et de la brutalité des garçons et valorisent systématiquement les qualités attribuées à leur sexe. Les garçons déplorent l'incapacité des filles à partager leurs jeux mais évoquent assez volontiers certaines qualités des filles (calme, aptitude à éviter et résoudre les conflit, etc.) et formulent des jugements négatifs à propos des pairs de même sexe qu'eux (en particulier, à propos de leurs conduites agressives).

En ce qui concerne les représentations de l'autre sexe telles que Hurtig (1978) peut les analyser à partir du contenu de textes rédigés par des enfants d'une classe de CE2, elles apparaissent exprimées sous formes de jugements de valeur négatifs justifiés par les enfants en référence au vécu de leurs interactions. La consigne donnée était « les garçons décriront le caractère des filles, les filles décriront le caractère des garçons ». Sont présentés dans l'encadré ci-dessous quelques extraits des réponses fournies (en respectant l'orthographe utilisée par l'enfant) : ont été retenues la rédaction jugée la plus négative et la moins négative pour chaque sexe.

On peut penser que ces représentations stéréotypées participent à la construction du sentiment d'identité personnelle : ce seraient des schémas permettant au sujet d'avoir des comportements cohérents avec ces représentations.

Le « sexisme ordinaire » des enfants de 8 à 9 ans

1. les rédactions des filles

a. Les garçons sont bêtes sauf mon Papa. Ils sont jaloux des filles qui elles, sont jolie. Ils l'heures manquent une case à ses garçons de malheur, à ses encapabes de garçons. Leurs caracthère est carcthère de cochon et ne pance qu'à embêté ses adorables filles.

b. Je les aiment quant ils sont gentils et qu'ils nous amusent en nous racontant des blagues, mais je ne les aiment pas quant ils nous embêtes, qu'ils nous donnent des coudes de pieds, qu'ils nous tirent les cheveux, Voilà comme ils sont méchants.

Enfin je les aiment bien quand même.

2. les rédactions des garçons

a. Le carracter des fille se sont faire des giffle. elles mordes, et elles tires les cheveux. La fille est lède parce-que je préfaire des sans maquiage, et can elles se mes du maquiage. Elles sont vraiments snob puisquelles se mes du maquiage partout. La fille a foutu rien pendant les siècle. Les garçon ont inventé toute les choses, qui éxicete. Sans les graçons les filles seront des idiotes.

b. Je trouve que les Filles sont très gentille et très utiles. À part quelques une qui sont ammerdante qui pincent et donnent des coups de pieds de toutes leurs forces. Voici les filles que je préfère dans la classe et non celles que j'aime : Véronique, Audrey, Ansavéria.

Conclusion : je trouve que pour vivre on a besoin des Filles.

En conclusion, il faut retenir de l'ensemble des travaux présentés dans ce chapitre que les interactions entre pairs sont précoces et s'organisent à partir des conduites d'observation et d'imitation de l'autre et que l'objet est le médiateur de ces interactions précoces : il permet une attention conjointe entre deux partenaires qui font également attention l'un à l'autre. L'objet est aussi à l'origine de beaucoup des conduites affiliatives et agnostiques jusqu'à l'âge scolaire. La période scolaire correspond à l'organisation de jeux collectifs de plus en plus complexes avec l'âge dont une description fine sera fournie au chapitre 4.

L'attention du lecteur ici a été particulièrement attirée sur le fait que se développent précocement des conduites affiliatives avec les pairs de même sexe et que les jeux des filles et des garçons s'organisent selon des modalités très souvent différentes, chaque sexe ayant son propre style interactif dans la relation avec les pairs. Ces observations semblent devoir conduire à un développement des analyses relatives aux processus et mécanismes sous-jacents aux expériences de socialisation différentes avec les pairs d'âge selon le sexe. Il conviendrait en particulier de mieux comprendre en quoi ils contribuent au renforcement du sentiment d'identité personnelle constitué dans les identifications de la petite enfance et à l'apprentissage des rôles dévolus à chaque sexe.

POUR EN SAVOIR PLUS

Beaudichon J. 1982. *La Communication sociale chez l'enfant*. Paris, PUF.

Hurtig M.C. 1982. L'élaboration socialisée de la différence de sexe : rôles, identité et représentations de sexe. *Enfance*, *35*, 283-301.

Durning P., Tremblay R.E. 1988. *Relations entre enfants*. Paris, Fleurus.

Nadel J. 1986. *Imitation et communication entre jeunes enfants*. Paris, PUF.

Stambak M., Sinclair H. 1990. *Les Jeux de fiction entre enfants*. Paris, PUF.

3 *Spécificité des savoirs et savoir-faire mis en œuvre dans les relations avec les pairs*

Le chapitre précédent a eu pour objectif de décrire les différentes formes que peuvent prendre les interactions avec les pairs au cours du développement. Il s'agit maintenant de chercher à préciser quelles sont les compétences (comportements ou savoir-faire) et les habiletés sociocognitives (cognitions ou savoirs relatifs aux objets et aux situations sociales) que l'enfant doit mettre en œuvre dans le groupe des pairs pour s'y intégrer de façon convenable. Il sera en particulier présenté certaines des habilités nécessaires pour comprendre et se faire comprendre d'autrui. Le statut sociométrique de l'enfant sera pris en compte comme étant l'un des indicateurs de son intégration sociale ainsi que les comportements qui provoquent la préférence et/ou le rejet de ses pairs d'âge. Il sera montré en quoi les conduites agressives sont particulièrement défavorables à l'insertion de l'enfant dans le groupe des pairs et à quelles conditions peut s'effectuer un contrôle cognitif de ces conduites.

LES APTITUDES À COMPRENDRE AUTRUI EN SITUATION SOCIALE

Intelligence sociale, prise de rôle, et empathie

• *Définitions de ces notions.* Le courant d'étude relatif à l'intelligence sociale s'est développé dans les années 70. Shantz (1975) définit l'intelligence sociale comme étant la capacité à prendre en compte les caractéristiques d'autrui, la compréhension des relations sociales et la connaissance des règles du fonctionnement des groupes. Chandler (1977) centre ses analyses sur la perception d'autrui et plus précisément encore sur les processus de prise de rôle et ceux liés à l'empathie.

Beaudichon et Winnykamen dans une revue de question consacrée aux interactions dans les situations sociales définissent la prise de rôle comme étant « le processus qui conduit à identifier le point de vue d'autrui en abandonnant provisoirement le sien et en faisant donc (« faire » signifie ici éprouver, voir, savoir) comme si on était l'autre : la distance entre le sujet et la cible étant momentanément abolie sur le point de vue à comprendre, les deux distances sont censées se superposer, sans fusionner toutefois car le sujet garde sa propre perspective en mémoire, tout en l'inhibant. » (1981, p. 130.) La prise de rôle est alors conçue comme l'un des processus de régulation des échanges sociaux permettant au sujet de produire une conduite en relation avec ce qu'il a été capable de percevoir d'autrui et donc en partie adaptée à cette perception d'autrui.

L'empathie est un autre des processus permettant la réalisation d'interactions sociales et elle est généralement associée à la prise de rôle car elle en constitue l'un des aspects. En effet l'empathie qui peut être définie comme la capacité pour un sujet à connaître et à éprouver par une sorte de contagion affective ce que autrui pense, ressent, désire, souhaite, etc. même si ses pensées, émotions, sentiments, motivations et désirs sont différents des siens. Elle correspondrait à une « contagion affective » du sujet par les états psychologiques de l'autre. Le problème est alors de savoir à quelles connaissances le sujet est susceptible de parvenir une fois qu'il a éprouvé un état émotionnel en partie semblable à celui de l'autre. Comme le souligne Oléron (1981, p. 72), l'empathie comporte une composante cognitive à propos de laquelle, il est légitime de se demander si elle est « une modalité (ou une base) originale et autonome de connaissance » et de se poser la question : « La composante affective est-elle seulement la conséquence d'une prise de connaissance établie indépendamment (la lecture d'indices perceptifs, eux-mêmes éclairés, grâce à l'expérience ou des informations plus ou moins explicites) ? »

Cette question a le mérite de poser la question des composantes cognitives et sociales de l'empathie et non pas de focaliser l'analyse des chercheurs sur ses seules composantes affectives.

• *Prise de rôle, empathie et connaissance des états émotionnels d'autrui.* Les travaux des auteurs qui se sont donnés pour tâche d'étudier les capacités de prise de rôle et d'empathie de l'enfant l'ont fait le plus souvent en formulant l'hypothèse générale selon laquelle les capacités de décentration d'un enfant par rapport à une situation sociale, et en particulier son aptitude à prendre en compte le point de vue d'autrui, en le différenciant du sien, pouvaient être considérés comme l'un des médiateurs cognitifs de l'adaptation sociale. Par exemple, l'empathie peut contribuer à diminuer les conduites agressives du sujet à l'égard d'autrui car il pourrait ainsi mieux se représenter les conséquences de ses actes sur autrui et chercher à en réduire les effets négatifs.

Certains des résultats obtenus font penser que les enfants ayant des difficultés relationnelles avec leurs pairs ont certains déficits dans le domaine de la prise de rôle. Par exemple, Rothenberg (1970) conduit une étude auprès d'enfants d'environ 8 ans (classe 3) et 10 ans (classe 5) et leur donne pour tâche d'identifier, à partir d'histoires enregistrées au magnétophone et mettant en présence deux adultes, les états émotionnels de ces adultes et les causes du changement de ces états. (Dans le système scolaire américain, la classe 1 est l'équivalent du CP, la classe 5 du CM2, et ainsi de suite jusqu'à la classe terminale.)

L'étude a pour objectif de déterminer quelles variables peuvent être en relation avec la « sensibilité sociale » des sujets définie par l'auteur comme étant « la capacité à percevoir correctement et à comprendre le comportement, les sentiments et les motivations des autres individus » (1970, p. 335). L'adaptation sociale des enfants est évaluée par leurs pairs et leur enseignant puis est étudiée la corrélation entre la qualité de l'adaptation sociale de l'enfant et son aptitude à comprendre les états émotifs d'autrui.

Il apparaît que les enfants mal adaptés sont moins performants que les bien adaptés en ce qui concerne les émotions à caractère négatif (colère, tristesse et anxiété) mais non pas en ce qui concerne le bonheur, émotion à connotation positive. L'auteur souligne bien que s'il y a incompétence, elle se limite à certains des aspects du comportement à évaluer et que la nature de la tâche d'évaluation peut provoquer chez les sujets ayant des difficultés d'adaptation sociale, le déclenchement de réactions émotionnelles venant interférer avec les capacités cognitives.

De même, Peery (1979) trouve que des enfants préférés par leurs pairs obtiennent un score plus élevé que des enfants mal insérés dans le groupe à la tâche d'identification des états émotionnels de Borke (1971). La tâche de Borke souvent considérée comme test d'évaluation des connaissances interpersonnelles consiste à présenter aux enfants de courtes histoires à l'aide d'images de type bandes dessinées et à propos desquelles le sujet doit indiquer ce que ressent l'enfant, héros de l'histoire. La moitié des histoires présente une situation qui provoque le déclenchement de l'état émotionnel du héros et l'autre moitié décrit le sujet agissant envers un autre enfant et étant alors le déclencheur de l'état émotionnel d'autrui. Le sujet fournit sa réponse en sélectionnant un visage correspondant à l'état émotionnel attribué parmi quatre possibles représentant une expression de bonheur, de tristesse, de colère, et de peur.

Spence (1987) appliquant la tâche de Borke à des enfants de trois à cinq ans trouve des corrélations positives entre les évaluations faites par les pairs et le niveau de performance des enfants préférés. Mais en revanche, il n'y a pas de corrélation, ni positive ni négative, entre les aptitudes à décoder les états émotionnels et les évaluations négatives relatives aux enfants rejetés par leurs pairs. Il est intéressant de noter aussi que l'aptitude à décoder les états émotionnels est en corrélation avec le Q.I. chez les préférés et non chez les rejetés.

Cet ensemble de résultats tend à faire apparaître davantage d'habilités propres à la population des préférés : ces habiletés peuvent être mises en relation avec d'autres variables que leur statut sociométrique — par exemple leur niveau de développement intellectuel — mais ne font pas apparaître d'incompétences significatives chez les rejetés.

Ces données peuvent être rapprochés de celles obtenues par Feshbach et Feshbach (1969) à propos des conduites empathiques : l'hypothèse de ces auteurs est que les enfants qui ont un haut niveau d'empathie manifestent moins de conduites agressives que ceux qui ont un faible niveau. Cette évaluation des capacités empathiques a été réalisée à partir du décodage d'états émotifs (les mêmes que dans l'éude précédente mais cette fois les acteurs mis en jeu étaient des enfants). Il apparaît que les garçons de 7 ans les plus empathiques sont ceux qui ont le moins de conduites agressives alors que la relation inverse a été trouvée chez les plus jeunes de 4 et 5 ans : plus l'enfant est empathique, plus il est agressif. En revanche, aucune corrélation significative n'est relevée chez les filles.

Devant de tels résultats, les auteurs s'interrogent sur le rôle que peuvent jouer les variables âge et sexe sur les conduites empathiques. Il leur semble probable que chez les jeunes garçons, l'empathie peut faciliter le déclenchement des conduites agressives, et cela d'autant plus que le sujet évaluateur peut s'identifier à la victime d'une agression ou d'une frustration. Au contraire, chez les sujets plus âgés ayant été soumis aux pratiques éducatives tendant à réprimer l'expression de leur agressivité, l'empathie pourrait jouer un rôle d'inhibiteur ou de régulateur des conduites agressives (Feshbach, 1969).

Le fait qu'il n'y ait pas chez les filles de relation entre empathie et conduites adaptées pourrait être une preuve indirecte du rôle joué par les expériences sociales différentes des deux sexes. En effet, on sait que les filles ont beaucoup moins de conduites agressives que les garçons et qu'elles ne réagissent pas de la même façon qu'eux aux situations conflictuelles. Miller *et al.* (1986) à partir de l'observation systématique des relations entre enfants de 5 et 7 ans en cour de récréation (ont été filmées toutes les interactions conflictuelles) ont montré des différences importantes selon le sexe : les garçons entrent plus souvent en conflit avec leurs pairs que les filles et ils tentent plus souvent qu'elles d'utiliser les menaces et la force physique pour sortir du conflit alors que les filles ont des conduites de persuasion et de négociation, en particulier dans les conflits entre filles.

La prise de rôle (Kurdeck, 1978) doit être considérée comme une forme bien particulière d'activité sociale puisqu'elle permet la mise en œuvre de capacités de décentration qui évite le déclenchement de conduites agressives mais la prise de rôle peut également conduire le sujet à réagir avec une sorte d'hypersensibilité à la frustration et à l'agression, en particulier chez l'enfant jeune. Il est alors possible de penser que dans certains cas elle facilite plus le déclenchement de conduites de réactions négatives à l'égard de l'agresseur qu'elle ne provoque leur inhibition, en particulier dans le cas des enfants ayant des difficultés d'adaptation sociale. Les interprétations fournies sont en ce sens comparables à celles données à propos de l'empathie.

De plus, les effets de cette hypersensibilité des enfants ayant des difficultés d'adaptation sociale pourraient être augmentés par des biais d'attribution à propos des intentions d'autrui : en effet, en cas de manque d'information ou de situation ambiguë, ils perçoivent les intentions d'autrui comme beaucoup plus malveillantes que ne le font des enfants bien adaptés. L'étude de Dodge (1980) le montrant clairement a été confirmée ultérieurement par de nombreux travaux.

• *Compétences sociales, nature et diversité des expériences sociales.* Devant les résultats qui viennent d'être rapportés et en raison des difficultés rencontrées à les interpréter, les auteurs en sont venus à faire évoluer leur problématique. En effet, les premiers travaux réalisés ont permis de prendre conscience que les différences constatées entre les sujets pouvaient s'expliquer davantage en référence à leur mode de fonctionnement dans le groupe des pairs et aux différents modes d'interactions avec eux que par des déficits sociocognitifs majeurs : par exemple, les interactions et le fonctionnement différents des filles et des garçons ou ceux des rejetés-agressifs et des préférés.

Il est apparu alors qu'il était nécessaire de procéder à une analyse de la nature des tâches pour pouvoir différencier ce qui était du registre de l'habileté cognitive de prise du rôle et de celui de l'expérience des situations d'interaction sociale permettant au sujet d'attribuer avec plus ou moins de facilité une signification aux situations qui lui sont présentées et d'en décoder les indices pertinents. Par exemple, Edelstein *et al.* (1984) analysent les aptitudes qui doivent être mises en jeu pour décoder les états émotionnels d'autres enfants ou d'adultes.

Les auteurs déterminent ainsi que six types d'habiletés doivent être mises en jeu pour parvenir à identifier correctement l'état émotionnel et sa cause déclenchante :

– comprendre la situation à partir d'images présentées (1);

– décoder les représentations figuratives des émotions (2);

– comprendre une relation simple de cause à effet entre un événement et un état émotionnel (3);

– conserver à l'histoire une signification globale à travers la succession des événements (4);

– comprendre que l'état émotionnel résulte de causes psychologiques complexes et multiples (5);

– comprendre que certaines connaissances seulement sont pertinentes pour la compréhension de l'état émotif parmi toutes celles dont dispose le sujet par rapport à la situation (6).

Les auteurs attirent l'attention sur le fait que l'enfant qui doit établir un lien de cause à effet entre un événement et l'état émotionnel qu'il peut déclencher réagit généralement en fonction de ce que Kurdeck (1978) a appelé la *projective role-taking* et qui est définie comme étant l'ensemble des attentes que le sujet est susceptible de formuler en fonction de ses propres habitudes de fonctionnement.

Gnepp (1989) à la suite de ces travaux relatifs à la connaissance des états émotifs par l'enfant et l'adolescent pose clairement le problème : les inférences à propos des états émotionnels d'autrui dépendent de l'expérience sociale du sujet qui lui a permis d'être confronté à une gamme plus ou moins large de situations déclenchantes d'états émotionnels, eux-mêmes plus ou moins différenciés, aussi bien pour lui-même que pour autrui. Elles dépendent aussi de ses habilités cognitives qui lui permettent de coordonner l'ensemble des informations disponibles pour lui tant au niveau de la situation que des partenaires en interaction. Pour comprendre le déclenchement d'un état émotionnel, le sujet doit en particulier différencier quelles sont les causes propres à la situation et les causes propres au sujet lui-même.

Dans cette problématique relative du rôle de l'expérience sociale, Le Mare et Rubin (1987) montrent que des enfants qui ont des expérience sociales limitées sont ceux qui sont le moins compétents à prendre le point de vue d'autrui. En effet, les auteurs observent les comportements d'interactions avec leurs pairs de sujets au jardin d'enfants (âge moyen : 5;10). Peuvent être ainsi analysées la fréquence de la participation des sujets à des jeux collectifs (jeux symboliques et jeux sociaux) et les activités de jeux solitaires ou parallèles. Ont été relevées aussi les périodes où l'enfant semblait inoccupé, avait une position d'observateur ou participait simplement à une conversation. Il a été ainsi possible de déterminer les sujets isolés, ceux ayant de fréquentes interactions et les sujets de statut intermédiaire.

Pour déterminer le statut sociométrique des sujets de la classe 3, est utilisée la procédure de l'obtention d'un score de réputation sociale déterminé à partir de l'évaluation des pairs. Il est ainsi possible de catégoriser les sujets dans les mêmes trois sous-groupes que les sujets du jardin d'enfants. On comprend que les auteurs retiennent la variable «isolement» plutôt que la variable «rejet» car l'isolement permet de considérer que le sujet a un plus petit nombre d'interactions avec ses pairs que des sujets « moyens » ou « sociaux ». La variable « rejet » représente plus un dysfonctionnement de la relation qu'un déficit de relations.

Dans leurs analyses, les auteurs s'intéressent essentiellement aux aptitudes consistant à évaluer les causes complexes d'un état psychologique et à celles relevant de la sélection des informations pertinentes. En effet, pour eux les habiletés relatives aux processus de prise d'information sont de l'ordre du cognitif (prise en compte des éléments d'information disponibles) alors que celles demandant des coordinations complexes sont de l'ordre du sociocognitif car elles relèvent d'habiletés qui se sont construites dans les interactions avec autrui. Il s'agit donc de l'évaluation des habiletés 5 et 6 résultant de l'analyse de la tâche réalisée par Eldstein *et al.* et qui ont été présentés ci-dessus.

Une des hypothèses des auteurs est que l'âge auquel des différences devraient apparaître entre les sujets ayant de nombreuses interactions sociales et ceux en ayant moins, serait supérieur à 6 ans en raison de la nécessité de coordonner le point de vue du héros de l'histoire et celui du spectateur et de coordonner aussi les faits présentés avec des connaissances acquises antérieurement par le sujet. Il s'agit là d'une hypothèse directement inspirée des travaux piagétiens relatifs à la coordination des perspectives.

Une autre hypothèse se réfère aux perspectives néo-piagétiennes relatives au rôle des interactions sociales dans le développement cognitif. Les auteurs s'appuient tout d'abord sur les travaux de Hollos et Cowan (1973) portant sur une population d'enfants norvégiens, puis sur ceux de Hollos (1975) portant sur une population d'enfants hongrois qui montrent qu'un seuil minimum d'interactions avec les pairs doit être atteint pour qu'il y ait développement des aptitudes à la prise de rôle. Cependant ces travaux montrent qu'au dessus de ce seuil, la fréquence des interactions n'a plus d'incidence sur le niveau de performance de l'enfant. En comparant des enfants provenant de milieux où la quantité des échanges sociaux étaient particulièrement faible et les échanges verbaux particulièrement limités, ces auteurs constatent en particulier qu'il n'y a pas de différences entre ces enfants sur le plan des opérations logiques alors qu'il y en a quant à leurs aptitudes à la prise de rôle. Il s'agit d'enfants de familles rurales vivant dans des zones d'habitat dispersé comparés à des enfants dont les familles vivent dans des zones d'habitat regroupé.

Comme le souligne Perret-Clermont (1979) analysant ces travaux, un niveau minimal d'expériences sociales est nécessaire au développement logique de l'enfant. Mais pour certaines habilités spécifiques, il apparaîtrait que des expériences sociales beaucoup plus diversifiées soient utiles. Un résultat important allant dans ce sens est obtenu par Le Mare et Rubin (1987) : des enfants « isolés » de 8 à 9 ans (classe 3) ont en moyenne, et de façon significative, de plus faibles performances de prise de rôle que les sujets « sociables » et « intermédiaires » qui ne présentent pas de différence entre eux. En revanche, il n'y a pas de différence, selon la fréquence des interactions sociales pour les sujets du jardin d'enfants.

La conclusion des auteurs est qu'il y a un seuil minimum d'interactions avec les pairs au dessous duquel les enfants souffrent dans le registre du développement sociocognitif — ceci explique la différence entre enfants isolés et sociables et intermédiaires — mais au-dessus duquel il n'y a pas de gains supérieurs possibles et qui explique l'absence de différence entre les enfants ayant beaucoup ou un nombre intermédiaire de relations avec leurs pairs. Ces résultats permettent également de considérer que la fréquence et la nature des relations entre pairs serait un facteur du développement sociocognitif d'autant plus important que l'enfant est plus âgé.

Gnepp (1989) travaille sur cet ensemble d'hypothèses concernant le rôle des interactions sociales, en cherchant à évaluer quels sont les effets des capacités à mémoriser de l'enfant et de la qualité de ses relations sociales avec ses pairs, quant à la connaissance des états émotifs d'autrui. Le but de son étude est de montrer que pour inférer les réactions d'autrui devant une situation susceptible de déclencher un état émotionnel, le sujet doit avoir développé à la fois des capacités cognitives (relatives en particulier à la mémorisation structurée des éléments d'une situation) et avoir vécu des expériences sociales lui ayant permis de constituer un ensemble de connaissances à propos de lui-même et autrui.

Son travail comprend deux opérations de recherche : la première consiste à analyser les effets de l'âge sur les capacités d'inférence relatives aux états émotionnels d'autrui. Il apparaît que des enfants de 6 ans ont des difficultés à ne pas constamment faire interférer de façon négative leur expérience personnelle de type anecdotique avec les données objectives de la situation qui leur est présentée. Les enfants de 8 ans eux n'ont plus ce type de difficultés mais n'arrivent pas à enchaîner correctement l'ensemble des faits qui permettent de comprendre le déclenchement de l'émotion. Cette capacité se développe entre 8 et 11 ans.

Dans la deuxième recherche, l'auteur étudie dans le groupe des enfants de 8 ans quelles sont leurs capacités à mémoriser le plus grand nombre possible d'informations avec un test de mémoire à long terme. D'autre part est établi le score d'impact social des enfants dans leur classe. Il apparaît que la capacité à faire des inférences à propos des états émotionnels d'autrui est davantage en corrélation avec le statut sociométrique des sujets qu'avec leur capacité à stocker de façon organisée des informations. Comme dans les résultats obtenus par Le Mare et Rubin, ce sont les sujets préférés par leurs pairs, et donc supposés avoir les expériences sociales les plus nombreuses et les plus diversifiées qui réalisent le mieux les tâches d'inférence sociale.

LA COMMUNICATION VERBALE ET LA RÉGULATION DES ACTIVITÉS DU GROUPE DES PAIRS : LES CAPACITÉS À SE FAIRE COMPRENDRE D'AUTRUI

Si l'on cherche à analyser quelles sont les habiletés à communiquer que l'enfant doit mettre en œuvre pour se faire comprendre d'autrui et de ses pairs en particulier, trois d'entre elles semblent avoir un rôle déterminant au niveau de la communication, aussi bien verbale que non verbale :

– la capacité à initier (ou réinitier en cas de première tentative infructueuse) l'acte de communication en tant qu'émetteur et à attirer l'attention du récepteur auquel l'enfant veut s'adresser ;

– la capacité à émettre un message clair pour autrui, c'est-à-dire décodable par autrui et adapté aux caractéristiques d'autrui. Cela demande que l'enfant contrôle la production de son message verbal en fonction des caractéristiques d'autrui ;

– la capacité à répondre de façon contingente et adaptée aux demandes du récepteur.

À notre connaissance, peu de choses sont connues à propos des capacités des jeunes enfants à communiquer sur le plan verbal avec leurs pairs en milieu naturel : par exemple au cours du déroulement des jeux à la crèche ou dans la cour de récréation. Mais, les travaux concernant la production de conduites de communication en situation expérimentale sont nombreux, concernant en particulier les aptitudes mises en œuvre dans les tâches de régulations d'action (par exemple, résoudre à deux un problème) et de communication référentielle. Dans une tâche de communication référentielle, un enfant reçoit la consigne de faire identifier à son partenaire quel est le référent dont il parle (un mot dans une liste de mots dont le sens est proche, un objet parmi d'autres, etc.).

Comme le souligne Beaudichon (1982) : « L'analyse des recherches consacrées à la communication chez l'enfant avait conduit à un constat d'opposition complète entre les conclusions provenant de l'observation des conduites en des conditions proches de celles habituellement vécues par l'enfant et les conclusions issues de l'observation des conduites en des conditions inhabituelles et contraignantes. » (p. 297.) L'ouvrage auquel le lecteur peut utilement se référer présente une synthèse de ces travaux et analyse les mécanismes mis en jeu dans la communication sociale chez l'enfant à partir de 5 ans et conclut en faveur de la thèse de la compétence précoce à communiquer et des capacités à adapter son message en fonction des réactions de l'interlocuteur : cette capacité est celle qui permet à l'enfant d'avoir une conduite socialement adaptée tout en se comportant dans un premier temps de façon égocentrique.

Pour apprécier l'ensemble des travaux présentés ici, il ne faut pas oublier qu'avant 7 ans, les jeunes enfants n'ont pas les représentations convenables du processus de communication verbale référentielle (Robinson, Silberman et Claar, 1985). Ils ne savent pas que le locuteur doit formuler le message en l'évaluant du seul point de vue du récepteur et non en référence à ce qu'il veut dire, que le sens du message doit être également formulé du point de vue du récepteur et qu'en cas de message ambigu, il faut transmettre des informations supplémentaires. En tant qu'auditeur, les enfants interprètent le message à partir de leurs attentes et de leurs idées sur le monde. Ainsi, avant 7 ans, aussi bien l'émetteur que le récepteur s'attendent à ce que l'acte de communication soit suivi du résultat souhaité. Mais, comme le montre Beaudichon, si le message n'est pas suivi des effets attendus, l'enfant même jeune est capable de modifier certains éléments de son message verbal.

Il faut également savoir qu'il y a d'importantes différences individuelles dans les capacités à émettre un message adapté à l'interlocuteur dans une tâche de communication référentielle : par exemple, ces capacités sont plus importantes chez des enfants populaires qu'impopulaires entre 8 à 10 ans (Gottman *et al.* 1975), de même que la capacité à fournir une réponse contingente à la demande de l'émetteur (Gottman, 1983) chez des enfants de 3 à 9 ans. Dans ces recherches, l'habilité évaluée en laboratoire apparaît bien comme prédictive des compétences sociales avec les pairs en milieu naturel.

Les travaux de Hazen et Black (1989), qui mettent en relation habilités à communiquer et statut sociométrique, soulignent que les enfants préférés par leurs pairs sont décrits comme ayant des conduites d'entrée dans le groupe appropriées : ils sont capables de fournir des commentaires pertinents par rapport au déroulement de l'activité et leurs commentaires sont contingents aux différentes étapes du déroulement de cette activité.

De même, l'observation des conduites au cours des interactions avec les pairs fait apparaître que les préférés utilisent plus de formes verbales sur le mode de la suggestion, généralement à la forme interrogative alors que les rejetés eux usent et abusent de la forme impérative, n'hésitant pas à interrompre le déroulement de l'activité et/ou les verbalisations d'un autre enfant.

Hazen et Black observent les interactions d'enfants d'âge préscolaire (préférés, rejetés et ignorés) entre 43 et 66 mois, d'âge moyen 4;4, dans des triades de même sexe, en situation de jeu libre. Sont observées les différences significatives entre les préférés et les rejetés, dans le sens où les préférés sont davantage capables d'initier les interactions, de répondre à l'émetteur et de se faire admettre dans le jeu :

– le préféré s'adresse de façon directe à l'un de ses partenaires et il est capable de s'adresser alternativement aux deux et de façon adaptée à chacun. Pour cela, il utilise des procédures pour attirer l'attention de celui à qui il s'adresse, soit verbalement (l'appeler par son prénom, lui demander d'écouter etc.), soit gestuellement (regarder l'autre, le toucher, etc.) ;

– le préféré est capable de produire verbalement un certain nombre de questions et de commentaires, soit utiles pour le faire accepter dans le groupe, soit utiles au déroulement de l'action en cours. Si une première intervention n'est pas suivie d'effet, il renouvelle sa demande ;

– le préféré fournit également plus de réponses contingentes aux demandes de ses partenaires.

Les résultats font donc apparaître que les déficits de communication sont beaucoup moins importants chez les enfants dont l'impact social est faible dans leur classe que chez les rejetés.

Ainsi, cette recherche confirme que les compétences à communiquer avec les pairs d'âge sont très précoces et donnent lieu à l'observation d'importantes différences individuelles, en particulier en ce qui concerne les habiletés verbales.

IMPORTANCE DU RÉSEAU RELATIONNEL SPÉCIFIQUE À CHAQUE ENFANT : COMPÉTENCES SOCIALES ET HABILETÉS LIÉES AU STATUT SOCIOMÉTRIQUE

Les comportements qui sont à l'origine de la préférence et du rejet par les pairs et ceux qui en sont la conséquence

Le chercheur qui veut répertorier les comportements des enfants préférés ou rejetés par leurs pairs est confronté à un problème complexe, non pas celui d'identifier les comportements propres à ces deux sous-groupes, qui sont suffisamment manifestes, fréquents et constants pour être décrits avec toute la précision utile (Asher et Coie, 1990) mais celui de répondre à cette double question : 1) quels sont les comportements que l'on observe chez les préférés et les rejetés qui les signalent à l'attention de leurs camarades et qui sont à l'origine de leur statut sociométrique? 2) quels sont les comportements qui correspondraient à des attitudes réactionnelles consécutives à leur statut dans le groupe des pairs?

Cette question est très souvent posée en ce qui concerne le rejeté : ses comportements d'agressivité, son hyperactivité, ses interventions inappropriées par rapport à l'activité en cours de réalisation dans le groupe des pairs, ses stratégies inadaptées pour établir le contact ou encore ses conduites de retrait et de repli sont-ils à l'origine de sa tenue à l'écart du groupe ou certains de ces comportements apparaissent-ils seulement quand l'enfant est identifié par les autres comme peu apte à entretenir de bonnes relations sociales? Il se pourrait également que certains de ces comportements, comme les conduites agressives, soient plus fréquents et plus intenses quand les autres enfants ne répondent pas aux demandes de leur camarade.

Il est possible de faire l'inventaire des conduites propres aux enfants des deux groupes contrastés que sont les préférés et les rejetés, tout en tentant de répondre à cette question importante quant à la compréhension de leur mode de fonctionnement social. Il s'agira ainsi de dépasser, comme le souligne Asher (1983), les études qui se sont longtemps limitées à l'étude des corrélations entre le statut sociométrique et les comportements, en cherchant à préciser dans quelle mesure les incompétences sociales des enfants rejetés sont les causes et les conséquences de leur inadaptation sociale et les compétences des préférés de leur adaptation.

L'acquisition de son statut sociométrique par l'enfant dans un groupe de pairs inconnus de lui : travaux expérimentaux

Trois recherches, présentées par Asher en 1983, dans le numéro de *Child Developpment* consacré aux compétences sociales propres à chaque statut sociométrique, ont l'originalité et la spécificité d'observer l'enfant lors de sa mise en contact avec un groupe de pairs non connus de lui, afin d'analyser comment s'acquiert chaque statut sociométrique. Le fait que les sujets qui constituent les groupes expérimentaux ne se connaissent pas introduit donc une différence très importante d'avec la majorité des travaux qui étudient les évaluations à propos de pairs connus, celles des camarades d'une même classe.

La méthode utilisée par Coie et Kupersmidt (1983) consiste à étudier le fonctionnement de 10 groupes de 4 garçons dont les âges s'échelonnent entre 9 et 11 ans. Ces groupes sont constitués sur la base du statut sociométrique évalué dans la classe de chaque enfant, à l'aide d'une technique de nominations. Chaque groupe comprend un préféré, un rejeté, un négligé et un enfant de niveau intermédiaire.

La moitié des groupes sont constitués d'enfants qui se connaissent et l'autre moitié d'enfants qui ne se sont jamais rencontrés auparavant et qui n'ont pas la possibilité d'établir de relations personnelles pendant la durée de l'expérience — six semaines — à raison d'une séance de quarante minutes par semaine. En effet, chaque enfant est pris en charge et ramené à son domicile par un collaborateur de l'équipe de recherche. Lors des trajets, celui-ci peut recueillir les évaluations des enfants à propos des membres du groupe et ses appréciations sur le fonctionnement du groupe. Ce questionnement permet de définir, à la fin de chaque séance, et pour chaque membre du groupe, son statut sociométrique dans le nouveau groupe d'appartenance et de recueillir les évaluations et justifications faites à ce sujet par les autres membres du groupe.

Chaque séance consiste pour moitié en une tâche imposée qui réclame la participation des membres du groupe et, pour l'autre moitié, en organisation libre du temps. L'ensemble des comportements des sujets sont enregistrés au magnétoscope. Les observations sont dépouillées selon un intervalle de temps de 10 secondes par des codeurs qui ne connaissaient pas le statut sociométrique des garçons.

Les comportements codés permettent d'établir la fréquence des conduites sociales et leur nature : conduites d'interaction, jeu parallèle, activité solitaire appropriée par rapport à la tâche en cours et activité solitaire inappropriée, verbalisation permettant de maintenir le contact et destinée à réguler la tâche en cours de réalisation, agression verbale ou physique, comportement parasite et appropriation d'objet, initiative pour établir l'interaction, réaction positive ou négative à la demande d'un pair, etc.

Pour les deux groupes : les rejetés et les sujets se connaissant, la corrélation entre statut sociométrique dans la classe du sujet et statut sociométrique dans le groupe expérimental est significative dès la fin de la deuxième séance et pour le groupe des non-familiers, elle le devient après la troisième séance. À partir de cette troisième séance la corrélation est de plus en plus élevée jusqu'à la sixième séance, où elle atteint +.74. Il apparaît donc que le statut sociométrique des rejetés n'est pas lié aux caractéristiques du groupe d'appartenance mais doit être mis en relation avec les caractéristiques personnelles du sujet rejeté, indépendamment des circonstances dans lesquelles se produit le rejet et des caractéristiques des pairs. En revanche, la comparaison des rejetés avec le groupe des ignorés fait apparaître que ces derniers sont mieux perçus dans le groupe des non-familiers que dans leur classe : il semble donc que leur isolement soit davantage le fait des circonstances que ne l'est le statut des rejetés.

En ce qui concerne les représentations que les pairs fournissent des enfants rejetés, il faut noter que, dans les premières séances, ils sont perçus comme étant hyperactifs, attirant de cette façon l'attention des autres membres du groupe, en particulier en parlant trop et de façon inappropriée. Dans les dernières séances, les rejetés sont davantage signalés par leurs camarades comme ayant des jeux solitaires et des activités sans rapport avec l'activité commune et parfois même empêchant qu'elle n'aboutisse. Coie et Kupersmidt interprètent ces conduites de repli sur soi comme étant la conséquence du rejet alors que les interventions inappropriées seraient à l'origine du rejet.

Cette analyse repose en particulier sur les observations des comportements des rejetés au cours du déroulement de l'expérience et qui font apparaître que la catégorie « jeux inappropriés solitaires » prend de plus en plus d'importance au fur et à mesure des séances. L'observation des comportements des rejetés fait également apparaître de fréquentes agressions physiques et verbales, les rejetés étant très souvent à l'origine des disputes survenant entre les membres du groupe. Ces résultats confirment les travaux antérieurs qui ont mis en évidence les conduites agressives des enfants rejetés.

Les enfants préférés ne sont pas perçus comme leaders dans le groupe des non-familiers alors qu'ils le sont dans le groupe des familiers. Il semblerait donc que le statut de préféré soit plus long à acquérir que celui de rejeté. Il faut noter que justement l'une des caractéristiques des préférés est de pas imposer leur leadership mais de se contenter de faire des suggestions utiles au bon fonctionnement du groupe : ils rappellent les règles du jeu, proposent des moyens pour faire face aux obstacles et parvenir au but, redonnent des directives quand cela est nécessaire. De façon générale, ils sont les représentants des règles et des normes permettant au groupe de fonctionner.

Dodge (1983) suit une démarche tout à fait comparable à celle de Coie et Kupersmidt dans la mesure où son travail a également pour but d'analyser les variables qui permettent de comprendre l'acquisition des différents statuts sociométriques dans le groupe des pairs. Mais, plusieurs des procédures utilisées par Dodge sont différentes de celles de Coie et Kuperdsmidt. En effet, Dodge constitue les groupes expérimentaux au hasard, sans que soit connu le statut sociométrique de chacun des 8 garçons, formant les 6 groupes d'étude : il s'agit de sujets âgés de 7 à 8 ans, mis en contact pendant 8 séances d'une durée d'une heure, au rythme d'une tous les deux jours.

Chaque séance comprend un jeu de groupe imposé et une période de jeu libre. Là aussi les comportements des enfants donnent lieu à des observations systématiques. À la fin de l'expérience, les sujets doivent nommer les deux préférés et les deux moins aimés de leur groupe et évaluer, à l'aide d'une échelle, leur attitude de préférence et de rejet, par rapport à chaque membre du groupe. Est recueilli, au moment où se déroule l'expérience, le statut sociométrique de chaque sujet dans sa classe.

Il apparaît tout d'abord que les enfants ont le même statut sociométrique dans le groupe expérimental que dans leur classe. Les résultats confirment donc ceux de Coie et Kupersmidt en ce qui concerne la stabilité du statut sociométrique, quel que soit le groupe d'appartenance et l'évolution des comportements des enfants de plus en plus manifestes et fréquents au cours du déroulement de l'expérience. Ils apportent davantage de précisions en raison de la plus grande finesse de la grille d'observation. Les comportements propres aux préférés se caractérisent par des conduites d'aide, de coopération, de régulation de la tâche avec des demandes progressives et différées. Les rejetés, outre leurs agressions verbales et physiques, parlent d'eux de façon jugée inopportune, interrompent de façon immotivée les activités en cours, font des demandes et des suggestions directes et ont des jeux solitaires inappropriés par rapport à la tâche en cours : ces comportements sont habituellement ceux d'enfants plus jeunes.

La recherche de Putallaz (1983) pose ce même problème de la stabilité du statut sociométrique, quel que soit le groupe d'appartenance, mais en introduisant la perspective de l'étude de la valeur pronostic d'une évaluation sociométrique réalisée dans un groupe de pairs non connus du sujet. Il s'agit de savoir si le comportement de l'enfant, tel qu'il a été observé dans une situation expérimentale, permet de prédire quel sera son statut sociométrique dans sa classe.

Les sujets étudiés sont des enfants dont le comportement a été observé en situation expérimentale au cours de l'été précédant leur entrée dans la classe 1.

Les groupes expérimentaux sont constitués d'un sujet cible et de deux compères, qui ont reçu auparavant des informations très précises sur la manière dont ils devaient se comporter dans trois situations différentes : refus d'aider le pair qui le lui demande, conflit à propos de l'utilisation d'un jouet et exclusion de leur complice du groupe de jeu. Ont été observés de façon systématique les réactions et modes d'intervention du sujet cible dans ces trois situations. De plus, les enregistrements sont repassés à chaque sujet à qui il est demandé de fournir des précisions sur la perception qu'il avait eue des comportements de ses deux partenaires, sur les intentions qu'il leur avait prêtées et sur la façon dont il justifiait ses propres interventions.

Le statut sociométrique dans la classe a été évalué quatre mois après la passation de la situation expérimentale, à l'aide d'une échelle d'évaluation remplie par chacun des élèves de même sexe que l'enfant cible. Deux résultats intéressants sont obtenus : la manière dont les enfants interviennent verbalement au cours de la situation expérimentale permet de prédire quel sera leur statut sociométrique dans leur classe. En effet, les rejetés ne cherchent pas à intervenir pour régler le conflit mais, au contraire, font un ensemble de commentaires tendant à le cristalliser et à réactiver les oppositions des deux autres partenaires. L'attitude des enfants préférés se caractérise le plus souvent par la neutralité. De plus, les rejetés perçoivent de façon moins exacte que les préférés la nature du conflit existant entre les deux compères.

Différences d'attitudes des pairs en fonction du statut sociométrique de leur partenaire

Un enfant préféré et un enfant rejeté ont des comportements spécifiques, identifiés par leurs camarades et qui permettent de comprendre comment chacun acquiert son statut sociométrique. Il faut alors poursuivre l'analyse, en se demandant comment les enfants du groupe se comportent à l'égard de chacun de leur pair de statut sociométrique différent. En effet, de nombreux travaux montrent qu'à l'intérieur de groupes constitués, les enfants ne répondent pas de la même façon à l'égard de ceux qu'ils préfèrent et qu'ils rejettent.

Ladd, Price et Hart (1988) testent en particulier l'hypothèse selon laquelle les enfants rejetés manifestent d'autant plus de conduites de retrait, d'opposition et d'agressivité que se systématise le rejet de leurs pairs à leur égard dans un groupe. Pour cela, les auteurs ont sélectionné un groupe d'enfants âgés de 3 ;6 à 4 ;6. Les relations de ces enfants avec leurs pairs sont observées en cour de récréation trois fois dans l'année : à la rentrée, à la fin du premier trimestre et à la fin du second. Le statut sociométrique est établi à ces trois mêmes périodes. Ce sont les sujets ayant des conduites de coopération les plus fréquentes avec leurs pairs en début d'année qui obtiennent les plus fortes améliorations de leur statut sociométrique et qui sont les mieux évalués à la fin de l'année : un gain significatif dans le degré d'acceptation par les pairs est relevé. Chez ces sujets, durant toute l'année scolaire, les auteurs ont observé, en relevant les interactions positives avec un pair, une grande stabilité de la fréquence des conduites de coopération, c'est-à-dire des activités ou des verbalisations ou l'enfant cible fait preuve de neutralité et de bienveillance à l'égard de l'autre.

Au contraire, une fréquence importante des comportements de dispute et d'agression sont prédictifs d'une diminution du score de préférence sociale, et cela dès le milieu de l'année scolaire. Cependant, les auteurs notent que pour certains des enfants rejetés par leurs pairs, il y a une diminution des conduites négatives, sans que cela améliore leur statut sociométrique. Les auteurs interprètent cette donnée en soulignant que les comportements d'agression (évalués par le déclenchement des disputes) ont des effets qui persistent même lorsque l'enfant modifie son comportement au long de l'année scolaire.

Il semblerait également que cette diminution des comportements négatifs des rejetés ne soit pas simplement une des conséquences du retrait social consécutif au rejet, tel qu'il a pu être observé en situation expérimentale, mais qu'au cours de l'année scolaire, les rejetés non seulement manifestent moins de conduites de sollicitation relatives au déclenchement d'une interaction mais aussi moins de conduites réactionnelles de type «perturbation» et «agression» et donc plus d'activités solitaires.

La manière dont les auteurs traitent les résultats leur fait conclure qu'il n'y a pas plus de conduites déviantes (disputes, inactivités et activités solitaires) chez les rejetés au fur et à mesure du déroulement de l'observation mais il semblerait nécessaire de considérer de façon indépendante les disputes pour lesquelles on n'attend pas d'évolution en cours d'année (ou peut-être une diminution) et les activités solitaires et l'inactivité qui pourraient augmenter.

Les attributions faites par les enfants à propos des pairs rejetés

• *Agression et retrait social.* Les travaux de Younger *et al.* (1987) tentent d'analyser la place que les enfants donnent aux conduites agressives par rapport aux conduites de retrait social pour justifier le rejet. Ils situent leurs travaux en continuité avec les premières recherches, ayant montré combien l'agression semblait être l'attribut pertinent le plus souvent pris en compte. Les investigations de ces auteurs ont été conduites à l'aide de l'échelle *Pupil Evaluation Inventory* qui comprend :

– 20 items relatifs aux troubles de la conduite : conduites déviantes et agressives, par exemple, «ne tient pas en place», «perturbe les autres», «est prétentieux», «commence les disputes», «dit aux autres ce qu'ils doivent faire», «se moque des autres», «ennuie les autres», «fait le fou facilement», «se comporte comme un bébé», etc. ;

– 9 items relatifs au retrait social : timidité, anxiété et activités en dehors du groupe, etc. ;

– 5 items relatifs aux comportements des préférés.

Les évaluateurs doivent désigner au maximum quatre de leurs camarades de classe qui leur semblent correspondre au comportement décrit par chacun des items. L'échelle a été appliquée à des enfants de 6 à 7 ans (classe 1), de 9 à 10 ans (classe 4) et de 11 à 13 ans (classe 7). Le traitement statistique des résultats permet d'analyser le degré de cohésion et de différenciation des trois facteurs de comportements évalués par l'échelle, et cela en fonction de l'âge des évaluateurs.

Il apparaît que les items des facteurs « agression » et « préférence » ont une forte cohésion aux trois niveaux de développement, alors que les items du facteur « retrait social » ne donnent lieu à une cohésion entre eux et ne sont bien différenciés de ceux des autres facteurs qu'au niveau de la classe 7. Ces résultats font donc penser que les enfants jeunes prennent bien en compte les conduites les plus directement observables des rejetés mais qu'ils ne sont sensibles que plus tard aux conduites de retrait social et que cette sensibilité va en augmentant avec l'âge.

De plus, les auteurs recueillent les évaluations des comportements des mêmes sujets faites par leur enseignant, à propos des formes d'interaction avec les pairs. Il est constaté que l'organisation des réponses des enseignants est très proche de celle des enfants de la classe 7, et qu'elles diffèrent de celles des enfants plus jeunes dans la mesure où les enseignants accordent un poids relatif comparable au facteurs « agression » et au facteur « retrait social ». Comme il n'y a pas de différence selon l'âge pour les enfants évalués par les adultes on peut penser que les différences avec l'âge relevées chez les enfants s'expliquent bien par des différences de développement des évaluateurs et non par les modifications avec l'âge du comportement des évalués.

Ceci semble confirmé par le fait que les sujets qui doivent évaluer aussi des comportements de pairs plus jeunes et plus âgés qu'eux le font selon les mêmes critères différenciés selon l'âge. Les enfants, selon leur niveau de développement, n'évaluent pas de la même façon le comportement d'autrui : la connaissance d'autrui des enfants les plus jeunes se réfèrent aux conduites les plus manifestes et les plus directement observables que sont les conduites agressives ; les enfants plus âgés, à l'instar des adultes, prennent en compte l'isolement et le repli sur soi.

Younger *et al.* (1986) appliquent la même échelle d'évaluation, non pas à propos de pairs connus mais de pairs hypothétiques, pour lesquels est fournie une description de certains de leurs comportements (en particulier, agression, retrait ou comportements positifs du point de vue des interactions). Le sujet doit ensuite dire si le pair hypothétique est susceptible de manifester tel ou tel comportement évalué par le *Pupil Evaluation Inventory*. Les résultats obtenus font apparaître les mêmes différences qu'en ce qui concerne l'évaluation de pairs connus, c'est-à-dire que les enfants attribuent d'autant plus de conduites agressives qu'ils sont jeunes, le retrait social étant plus rarement et plus tardivement attribué.

Younger et Boyko (1987) poursuivent leur travaux à propos de l'organisation des représentations des conduites d'agression et de retrait social chez les pairs en analysant les schémas que les enfants organisent et structurent à propos de ces deux catégories de comportements aux attributs multiples. Selon eux : « les récents travaux de recherche en psychologie sociale cognitive suggèrent que la perception sociale est guidée par des structures cognitives ou schéma sociaux qui dirigent notre attention vers les comportements ou caractéristiques d'autrui, influencent la catégorisation et l'encodage d'une telle information au cours des processus de mémorisation et détermine la capacité avec laquelle une telle information sociale est rappelée. » (1987, p. 1095.) Les auteurs centrent ainsi leur étude sur les processus de mémorisation et de rappel à propos des comportements de pairs hypothétiques supposés présenter des conduites agressives et de retrait social, l'hypothèse étant que les performances de rappel seront meilleures à propos des conduites agressives que dans le cas des conduites de retrait social.

Cette hypothèse est vérifiée dans une population d'enfants âgés de 6 à 13 ans. Il n'y a pas de différence avec l'âge en ce qui concerne le rappel des conduites agressives mais le rappel des conduites liées au retrait social fait apparaître une amélioration significative de la performance à partir de la classe 5. Entre 10 et 11 ans, les performances relatives au retrait deviennent meilleures que celles relatives à l'agression, sans doute parce que les schémas sociaux qui sont en train de se mettre en place focalisent l'attention du sujet sur les conduites de retrait social : pour les préadolescents, ces conduites prennent valeur de conduites déviantes, ce qui n'est pas le cas chez les enfants plus jeunes.

Dans leur travail de 1989, Younger et Picinni reprennent la même problématique relative aux scripts sociaux et à l'encodage de l'information relative aux conduites agressives et de retrait social, mais en cherchant à préciser la relation existante entre les mécanismes de mémorisation et le jugement de valeur que les sujets portent sur ces conduites. Il est en particulier demandé aux enfants non seulement de mémoriser les conduites hypothétiques de pairs agressifs ou en retrait social mais aussi de dire s'ils aimeraient ou non les avoir pour amis.

Les réponses de sujets d'âge moyen 6;4, 8;4, 10;5, et 12.;5 confirment les résultats des études précédentes, en montrant de meilleures performances pour le rappel des conduites agressives que de retrait, qui elles sont seulement prises en compte à partir de 10 ans. Tandis que les conduites agressives motivent le rejet des pairs à tous les niveaux de développement, les conduites de retrait ne conduisent à cela qu'aux âges les plus avancés, c'est-à-dire quand les sujets commencent à prendre en compte l'isolement et les conduites qui l'accompagnent.

• *Les attributions de conduites négatives autres que celles relatives à l'agressivité et au retrait social.* Lors de l'analyse des travaux qui vont être présentés, il sera intéressant de constater que de multiples aspects du comportement et même de la personnalité des enfants rejetés sont pris en compte par leurs pairs qui ne décrivent pas seulement les conduites agressives et de retrait social. Il apparaîtra, en particulier, que les enfants ne décrivent pas de la même façon leurs pairs lorsqu'ils le font librement ou en questions fermées. En effet le questionnement ouvert semble permettre davantage la référence aux traits de personnalité alors que le questionnement fermé favorise davantage les attributions relatives à l'agressivité et à la perturbation. Quand un enfant est autorisé à juger le comportement d'autrui comme déviant, il use de la possibilité qui lui est offerte. Mais, sans suggestion directe, il répugne probablement à « rapporter », ce qui fait que sa description d'autrui est beaucoup moins fine et précise en questionnement ouvert que fermé.

Rogosch et Newcomb (1989) étudient les caractéristiques attribuées à leurs pairs suivant leur statut sociométrique et comment le statut sociométrique peut être mis en relation avec la capacité à percevoir les caractéristiques d'autrui. Une des hypothèses des auteurs est que les évaluateurs différencient d'autant mieux les comportements propres à chaque statut sociométrique qu'ils sont plus âgés, se référant pour cela aux travaux relatifs au développement de la connaissance d'autrui, en particulier aux résultats de Rholes et Ruble (1984), selon lesquels les enfants les plus âgés prennent mieux en compte et, de façon plus constante, les traits de personnalité de ceux qu'ils évaluent.

Une autre de leur hypothèse est que les enfants rejetés ont une moins bonne connaissance d'autrui que les autres enfants, en raison des conditions négatives des interactions qu'ils ont avec eux, et de la plus grande rareté d'interactions avec des pairs d'autres statuts. Pour justifier cette hypothèse, les auteurs évoquent aussi les moins bonnes capacités de prise de rôle des enfants rejetés et leurs biais d'attribution et déficits dans la perception des intentions d'autrui lorsque celles-ci sont ambiguës.

Les sujets de trois groupes d'âge moyen 7;8, 11; et 10;11 décrivent six garçons et six filles de leur classe au cours d'un entretien où l'interviewer n'intervient que pour relancer la description. Les réponses des sujets ont été décodées suivant 38 catégories soumises à une analyse discriminante. En ce qui concerne les représentations des rejetés : un facteur de premier ordre rend compte de leur position marginale par rapport au groupe : ce facteur correspond en effet aux catégories « ne pas être aimé des autres », « être exclu par les autres », « être controversé ». D'autres variables sont en corrélation avec ce facteur et concernent des traits de personnalité des rejetés « ne pas respecter les règles du groupe » (tricher, mentir, voler les affaires des autres, parler à tort et à travers, etc.), « se comporter en enfant gâté » (bouder, être mauvais perdant, critiquer les autres, se conduire comme un enfant plus jeune, etc.). L'inadaptation scolaire est aussi en corrélation avec ces variables. Il est donc intéressant de noter que la cohérence des réponses des enfants montrent qu'ils évaluent les rejetés sur bien d'autres critères que les conduites agressives.

Cette donnée est également apparue dans une recherche exploratoire, conduite dans une classe de CM2 (Cartron et Mihlet, 1986). À chaque enfant de cette classe il est demandé de répondre à une question ouverte et générale relative à la préférence, au rejet, et à l'ignorance des pairs. Ces questions sont posées après la passation d'une technique sociométrique de nominations et par exemple, il est demandé à propos de la préférence : « Pourquoi crois-tu que dans une classe, il y a des enfants souvent choisis par leurs copains? Comment se comportent-ils selon toi? »

Puis, à partir d'une liste de 27 items, les enfants doivent dire si chacun d'eux leur semble caractériser le comportement des préférés, des rejetés et des ignorés. Au questionnaire ouvert, les enfants français donnent le plus souvent l'attribution « méchant » à propos des rejetés de même qu'ils qualifient fréquemment les préférés de « gentils ». Il est certain que le terme méchant est le terme qu'emploient volontiers les enfants pour signifier « agressifs ». Cet emploi est approprié si l'on se réfère à la définition donnée par *Le Petit Robert* : Méchant : « qui fait délibérément du mal ou cherche à en faire, le plus souvent de façon ouverte et agressive. »

Les rejetés sont décrits également par leurs camarades comme générant les conflits, étant égoïstes, tricheurs, rapporteurs et critiquant les autres.

Les résultats font apparaître que les attributions faites à partir d'une liste de 27 items sont plus nombreuses que dans le cas de réponses spontanées. Le choix majoritaire aussi bien chez les garçons que chez les filles de l'item « est bavard » montre bien que les pairs sont sensibles aux conduites verbales inappropriées. Cet item a probablement été entendu par les évaluateurs comme « parle à tort et à travers ». En deuxième position viennent les conduites verbales agressives et *ex-aequo* une attribution relative à l'absence de participation positive aux jeux. Les comportements relatifs à l'agression sont évoqués aussi par le biais « se bagarre » et « critique et se moque » et ceux en relation avec les attitudes négatives dans les jeux par « triche » et « cherche à gagner ». Les autres évaluations sont davantage en relation avec les conduites de retrait social (et en particulier le fait de « bouder », c'est-à-dire de s'exclure volontairement du groupe à la suite d'une frustration) ou au non respect de certaines conventions sociales particulièrement importantes chez les enfants comme « tenir ses promesses » et « ne pas tricher ». Cependant, les citations sont plus fréquentes pour les conduites du registre « agressivité » que du registre « retrait social ».

Malgré le petit nombre de sujets interrogés, ces résultats ont l'avantage de dresser un portrait relativement précis de l'enfant rejeté vu par ses pairs. Ils permettent en particulier de constater qu'ils concordent avec les travaux américains qui viennent d'être présentés et que l'enfant français ne semble pas avoir des critères de rejet différents de ceux de son homologue américain.

Reymond-Rivier (1965) analyse les raisons des choix et des rejets dans une population de 454 enfants âgés de 6 à 14 ans : application d'une technique de nominations puis, au cours d'entretiens individuels, d'un questionnaire standardisé à propos des traits de caractère, des comportements dans les jeux, de l'apparence et des qualités physiques, des attitudes en tant qu'élève, goûts et motivations. Les sujets ont du évaluer ainsi les comportements des deux élèves les plus souvent choisis et des deux les plus souvent rejetés de leur classe. L'avantage de ce travail est d'être placé dans une perspective développementale en cherchant à montrer quelle est l'organisation avec l'âge des jugements portés sur les préférés et les isolés.

Trois grandes étapes sont ainsi distinguées dans l'organisation des représentations : de 6 à 9 ans, l'accent est davantage mis par les enfants sur les caractéristiques extérieures que sur les traits de caractère et aptitudes sociales. Les critères les plus pris en compte pour justifier le rejet ou la préférence sont l'adresse ou la force physique utiles à l'organisation des jeux d'exercice, l'apparence physique et vestimentaire, et la réussite scolaire. Les qualités sociales se résument le plus souvent à appréciation globale : « est gentil » ou « est méchant ».

De 10 à 12 ans les motivations concernent avant tout le comportement de l'individu par rapport au groupe : le leader n'est pas celui qui « commande » mais celui qui aide au bon fonctionnement du groupe, en particulier en aidant à la résolution des conflits. Sont rejetés les leaders de type autoritaire qui cherchent à imposer leurs propres perspectives au groupe.

À partir de 12-13 ans les motivations sont beaucoup plus différenciées car les évaluateurs prennent en compte les aspects les plus individuels du caractère et de la personnalité mises en jeu dans les relations d'individu à individu et plus seulement d'individu au groupe.

Le contrôle cognitif des conduites agressives

• *Cadre général de la théorie de l'apprentissage social et du contrôle cognitif des conduites.* La théorie de l'apprentissage social privilégie l'étude des modalités selon lesquelles le sujet réalise des apprentissages en fonction des comportements des personnes de son entourage avec lesquelles il entretient des relations spécifiques : pairs ou adultes, figures éventuelles d'identification, pourvoyeurs de gratifications ou de renforcements négatifs à l'égard du sujet, modèles à imiter en raison de leurs incitations directes à le faire ou en fonction des observations des bénéfices obtenus par le modèle lui-même et dont le sujet a pu observer les effets.

Les travaux de Bandura sont pertinents pour l'étude des conduites agressives car se situant dans la problématique : certains sujets apprennent et ne maintiennent les conduites agressives dans leur répertoire comportemental en fonction des résultats qu'ils en attendent. Les premiers travaux de Bandura lui permettent de développer l'idée selon laquelle les sujets déterminent leur choix d'action en fonction des conséquences supposées de leurs actions et qu'en ce qui concerne les conduites agressives, les enfants les manifestent d'autant plus volontiers qu'ils en attendent un résultat positif (Bandura, 1979).

Progressivement la théorie de l'apprentissage social s'est intéressé de façon systématique aux problèmes de contrôle cognitif des conduites et en particulier à deux médiateurs cognitifs qui sont :

– les évaluations faites par le sujet des conséquences de ses actes et qui font que confronté à une situation il développe des attentes spécifiques quant aux conséquences éventuelles de son mode de réaction ;

– le sentiment d'efficacité personnelle qui permet au sujet d'évaluer ses capacités par rapport à la tâche à réaliser.

Bandura (1986) développe la thèse selon laquelle les renforcements fournis au sujet par les personnes de son entourage lui fournissent des indices de la valeur de ses actions. Ces indices de signification ont valeur de renforcements et contribuent donc à la réalisation d'apprentissages mais ils permettent aussi au sujet de construire un ensemble de connaissances relatives aux conséquences de ses actes. En fonction de tels acquis, un sujet confronté à une tâche donnée choisira de fournir tel type de réponse plutôt que tel autre en fonction de la valorisation ou de la dévalorisation des conduites possibles, apprises dans des situations antérieures : soit que lui-même ait déjà produit ce comportement, soit qu'il ait été produit par une personne observée par le sujet qui a pu ainsi constater aussi les réactions suscitées par la conduite d'autrui.

En ce qui concerne le sentiment d'efficacité personnelle, il s'agit de l'ensemble de connaissances que le sujet a acquis, toujours au cours de ses expériences antérieures, de ses capacités à exécuter et à contrôler une tâche, en fonction des moyens dont il peut disposer et qu'il est capable d'utiliser pour y parvenir. Le sentiment d'efficacité personnelle est donc l'ensemble des jugements portés par les individus sur leurs propres compétences.

Dans sa perspective, Bandura (1981) accorde une place importante à l'autorenforcement qui suppose la régulation de ses actions par le sujet en fonction de ses attentes aussi bien en ce qui concerne son efficacité personnelle que les conséquences de ses actes. Au cours de la réalisation d'une tâche, et après celle-ci, le sujet s'auto-évalue et évalue s'il a atteint les objectifs qu'il s'était fixés. Il évalue aussi dans quelles mesure il satisfait aux attentes d'autrui. L'ensemble de ces évaluations semblent avoir des incidences sur la manière dont le sujet fait évoluer sa motivation par rapport à la tâche.

• *L'étude des représentations des conduites agressives par l'enfant évalué agressif par ses pairs.* En référence au modèle de Bandura qui invite à étudier les connaissances que le sujet a de son efficacité personnelle et des conséquences de ses actes, certains auteurs se sont tout particulièrement intéressés au problème des médiateurs cognitifs du contrôle des conduites agressives chez l'enfant (Perry, Perry et Ramussen, 1986; Perry, Perry et Weiss, 1989; Boldizar, Perry et Perry, 1989).

Pour ce faire, les auteurs comparent les représentations des conduites agressives qu'ont des enfants qui sont considérés par leurs pairs comme se comportant agressivement avec celles des enfants considérés comme présentant une agressivité normale. Perry *et al.* (1986) étudient une population d'enfants répartis dans les classes 4, 5, 6 et 7 et dont les âges moyens vont de 9;8 à 12;7. La moitié des sujets sont ceux qui ont reçu le plus d'attributions d'agressivité de la part de leurs pairs et l'autre moitié ceux qui en ont reçu le moins. À cette population d'enfants a été appliqué un questionnaire d'auto-évaluation destiné à déterminer quel est leur sentiment d'efficacité personnelle face aux conduites agressives (recours à ces conduites ou inhibition de telles conduites), aux conduites de persuasion verbale et aux conduites prosociales. Un deuxième questionnaire est appliqué à ces enfants dans le but d'évaluer quels résultats ils espèrent obtenir à la suite d'un comportement agressif. Les sujets peuvent se prononcer en faveur ou défaveur de six conséquences et résultats attendus d'un comportement agressif :

– obtention d'un résultat tangible par la satisfaction du désir du sujet;

– obtention de l'approbation de l'adulte;

– obtention de l'approbation d'un pair;

– limitation de l'agression que le sujet a subie avant de produire en retour un acte agressif;

– faire souffrir autrui;

– autorenforcement : le sujet est satisfait d'avoir produit un acte agressif conforme à ce qu'il attend de lui-même.

Les sujets répondent à ce questionnaire de 48 items, pour la moitié des items en s'imaginant eux-mêmes en relation avec des camarades de classe agressifs, et pour l'autre moitié avec des camarades non agressifs.

D'importantes différences entre les deux groupes d'enfants comparés tendent à faire penser que la signification de l'agression a bien été apprise au cours des expériences vécues par l'enfant. En effet, les enfants agressifs estiment plus que les non agressifs avoir recours à l'agression et les garçons plus que les filles. Les enfants agressifs estiment avoir plus de difficultés à inhiber l'agression, et là encore la différence est en faveur des garçons. En revanche, il n'y a pas de différence entre les deux groupes étudiés en ce qui concerne les capacités de persuasion verbale et les comportements prosociaux. Il faut seulement signaler que les filles s'attribuent plus de comportements prosociaux que les garçons.

En ce qui concernent les résultats attendus à la suite d'une agression, il apparaît que les enfants agressifs ont plus confiance que les non agressifs dans les résultats qu'ils sont susceptibles d'obtenir à la suite d'une agression (et les garçons plus que les filles) et en particulier, que l'agression permet de diminuer l'intensité des dommages dont ils sont l'objet de la part d'autrui. Il n'y a pas de différence sur les autres aspects évalués entre agressifs et non agressifs. Au contraire, les filles s'attendent à ce que l'agression limite les actes d'autrui dont elles sont les victimes et ait des conséquences dommageables pour autrui qui, selon elles, désapprouve leur comportement agressif. Les garçons s'attendent à être approuvés par l'adulte et leurs pairs.

En ce qui concerne les deux situations d'évaluation — face à des cibles agressives ou non —, il apparaît que les enfants agressifs pensent que l'agression sera moins efficace dans le cas d'une cible agressive que non agressive. Les enfants agressifs pensent que leur agression sera aussi peu efficace dans les deux cas, sans qu'il y ait de différence suivant la cible considérée.

Ces résultats appellent de nombreuses remarques relativement aux différences des connaissances à propos de l'agression observées chez les sujets non agressifs et agressifs et chez les garçons et les filles.

Pour les auteurs de cette recherche, le fait que l'enfant prenne en compte les effets positifs de l'agression permet de comprendre pourquoi il maintient l'agression dans son registre comportemental, en particulier quand il estime que l'agression peut lui permettre d'éviter des frustrations et des agressions infligées par autrui. Les auteurs sont bien conscients qu'ils n'ont fait qu'étudier des corrélations entre les conduites agressives et les connaissances du sujet à propos de l'agression : ils se contentent de constater qu'il est impossible de savoir si affirmer que l'agression est facile à produire et qu'elle a des effets positifs, est la cause ou la conséquence du comportement agressif (1986).

En ce qui concerne les conduites agressives, on peut faire l'hypothèse raisonnable que l'enfant les a déjà expérimentées et vécues dans ses toutes premières relations sociales, à l'égard de sa mère pourvoyeuse ou non d'un ensemble de gratifications. L'étude des modalités de l'établissement de la relation à autrui conduite dans le premier chapitre de cet ouvrage permet de constater que ces enfants ambivalents ou rejetants à l'égard d'une mère peu sensible à leurs besoins sont ceux qui manifestent des conduites agressives à l'égard des adultes et de leurs pairs. Il semblerait donc que les enfants agressifs fonctionnent d'abord sur le mode de l'agressivité au cours des relations interindividuelles de l'enfance. Ensuite seulement, les sujets peuvent généraliser au plan intra-individuel la nature de leurs expériences sociales et développer des savoirs à propos des effets de l'agression. Les auteurs soulignent que les connaissances sociales différentes des sujets sont bien fonction de leurs expériences sociales spécifiques : les enfants agressifs et les enfants non agressifs n'ont pas les mêmes connaissances sociales à propos de l'agression car ils ont vécu des expériences sociales très différentes.

Il semble là encore que les différences constatées entre garçons et filles en ce qui concerne les effets attendus de l'agression révèlent au niveau de leurs savoirs ce que l'on sait de leurs compétences, les uns et les autres n'ayant pas subi les mêmes renforcements de la part de leur entourage dans le cas d'une conduite agressive. Il semble nécessaire de nuancer la position de Perry *et al.* (1986) qui interprètent ces différences par le fait que les filles auraient mieux intériorisé la réprobation sociale vis-à-vis de l'agression que les garçons. Pourquoi ne pas plutôt considérer que les filles ont été tout d'abord incitées par les pratiques éducatives de leur entourage à inhiber leurs conduites agressives alors que celles des garçons sont tolérées ou encouragées et que, pour cette raison, les filles plus que les garçons désapprouvent davantage le recours à l'agression d'autrui ?

Une confirmation de ces hypothèses explicatives semble devoir être apportée par les nouveaux résultats publiés par Perry *et al.* (1989) qui ont beaucoup évolué dans la formulation de leur problématique concernant les différences entre garçons et filles en soulignant que, selon la perspective de la théorie de l'apprentissage social, les attentes relatives aux conséquences et résultats des actions « reflètent l'intégration et la représentation mentale que l'enfant a d'une large variété de situations d'apprentissage social » (1989, p. 312). Les auteurs poursuivent en analysant alors les différences d'expériences sociales qui peuvent permettre de comprendre dans quelle mesure les représentations sociales sont différentes chez le garçon et la fille. Ils formulent alors l'hypothèse générale selon laquelle les garçons, plus que les filles, s'attendent à obtenir des effets positifs lorsqu'ils se comportent agressivement, en particulier en ce qui concerne l'approbation d'autrui.

La procédure expérimentale est la même que celle utilisée par les auteurs en 1986 avec une seule exception : pour la moitié des items de l'échelle d'évaluations des effets attendus de l'agression, les sujets ont à répondre à propos des garçons de leur classe et pour l'autre moitié à propos des filles. L'âge moyen de la population des sujets constituant la population d'étude est de 10;6 ans. Il apparaît alors que certaines différences constatées sont dues au sexe de l'enfant évalué et d'autres au sexe de l'enfant cible de l'agression.

Les différences liées au sexe de l'évaluateur peuvent être résumées de la façon suivante : les filles se sentent plus culpabilisées que les garçons de se conduire agressivement. Les garçons sont confortés dans l'opinion qu'ils ont d'eux-mêmes et s'attendent à être davantage approuvés par leurs parents. En ce qui concerne le sexe de l'agressé, les résultats font apparaître que l'agression est considérée comme ayant moins de conséquences négatives et déclenchant moins de désapprobation sociale pour un garçon que pour une fille.

Les auteurs pensent avoir ainsi montré en quoi les attentes des enfants reflétaient les pratiques éducatives auxquelles ils ont été soumis et rappellent que les attentes des enfants doivent être perçues comme un des déterminants de leurs conduites agressives.

Pour conclure : qu'est ce qu'un enfant compétent socialement dans les relations avec ses pairs et à quelles conditions l'est-il ?

Ainsi, au cours des trois premiers chapitres de cet ouvrage ont été présentées certaines des conditions essentielles à un fonctionnement social adapté au cours des interactions avec les pairs d'âge. L'enfant compétent est celui qui ayant bénéficié d'un lien d'attachement suffisamment sécurisant avec la mère ou un substitut continue à rechercher auprès d'autrui protection et sécurité. Il le fait en particulier auprès de pairs d'âge avec lesquelles il entretient précocement des relations privilégiées sur un mode préfigurant la relation amicale, celle-ci devenant stable dès l'âge scolaire.

La compétence sociale de l'enfant apparaît alors dans ses habilités à établir et maintenir le contact avec l'autre, à solliciter autrui mais également à répondre aux sollicitations de l'autre : dans sa petite enfance l'enfant compétent a appris à émettre des signaux en direction d'autrui, à négocier ses propres désirs avec ceux d'autrui. La relation à la mère lui a appris qu'autrui ne peut pas toujours apporter satisfaction à ses besoins et désirs mais également que les besoins et désirs d'autrui doivent être pris en compte et sont une limitation aux siens, et que la situation d'interaction sociale implique négociation entre ses désirs propres et ceux d'autrui.

L'enfant compétent est également motivé à interagir avec autrui pour coopérer ou entrer en compétition avec autrui : les interactions entre enfants s'organisent autour des différentes modalités de jeux propres aux différents moments du développement. Certains enfants apparaissent capables, beaucoup plus que d'autres, de contribuer à l'organisation et au déroulement de ces activités communes et de communiquer dans ce contexte, c'est-à-dire à comprendre autrui et à se faire comprendre d'autrui.

L'enfant préféré de ses pairs est celui qui participe activement à la régulation des interactions : il fournit des idées de jeu, en rappelle les règles et normes sociales, fait des suggestions de stratégies utiles et trouve des moyens de résolution des problèmes rencontrés, que ce soit dans le registre cognitif ou social ; il prend en compte les demandes et points de vue de ses partenaires et aide aux négociations.

Cet enfant n'impose pas son leadership, n'intervient que si cela est nécessaire au déroulement des interactions et à l'aboutissement de l'activité en cours. Les comportements de l'enfant mal intégré dans le groupe des pairs se caractérisent par des conduites parasites par rapport au déroulement des activités, liées souvent à une hyperactivité mal contrôlée, à de nombreuses agressions verbales ou physiques qui seront à l'origine de son rejet.

Certaines des compétences que l'enfant est susceptible de révéler dans les interactions avec les pairs d'âge dépendent des apprentissages réalisées au contact des parents : tout d'abord par les modèles qu'ils fournissent à l'enfant en interagissant avec lui ou avec d'autres personnes. Les parents contribuent également à faire apprendre à l'enfant des conduites adaptées ou non : par les incitations, les explicitations, les directives fournies et les renforcements qu'ils jugent utiles de donner à l'enfant.

De ce point de vue, l'étude des conduites agressives est particulièrement démonstrative : l'enfant peut avoir recours à l'agression parce que ses parents l'utilisent fréquemment à son égard ou à l'égard d'autrui ; l'enfant peut être également encouragé et incité à le faire ; par exemple, les garçons le sont plus souvent que les filles. L'enfant construit alors un ensemble de savoirs à propos des comportements, attitudes, rôles qui lui apparaissent comme valorisées socialement et souhaitables de produire et adopter.

Les médiateurs cognitifs des conduites peuvent être définis comme l'ensemble des connaissances que le sujet a appris de ses capacités à exécuter et contrôler une action et aussi de l'ensemble des connaissances à propos des conséquences de ses actes. Il faut souligner que ces représentations sociales sont construites par l'enfant au cours des différentes expériences sociales vécues et que de ce point de vue les contextes de socialisation, et donc les apprentissages réalisées sont très différents d'un enfant à l'autre, aussi bien sur le plan quantitatif que qualitatif. Dans cette perspective, la somme des expériences sociales interpersonnelles contribue au développement des habiletés sociocognitives. Les analyses de Vigotski (1978) soulignent comment l'enfant développe dans un premier temps les habilités interactives grâce à l'aide et à la médiation d'autrui et les connaissances qui y sont associées. Il apprend en particulier le langage qui lui permet de réguler progressivement ses propres activités : l'autorégulation témoigne de processus intrapsychiques qui résultent de régulations qui sont d'abord interpsychiques

Il a été montré par exemple que les enfants préférés ou rejetés par leurs pairs n'ont pas été l'objet des mêmes pratiques éducatives et que de ce fait ils ne produisent pas les mêmes comportements au cours des interactions : leur statut sociométrique provient du fait qu'ils n'ont pas des interactions semblables avec leurs pairs et a également pour conséquence que les expériences sociales ultérieures à celle de leur petite enfance sont également très différentes.

Il faut savoir que certains travaux récents dans le domaine de la compétence sociale s'intéressent au traitement de l'information que l'enfant est capable d'effectuer dans une situation sociale, en fonction de la spécificité de ses expériences sociales antérieures. Les habilités sociocognitives sont définies alors comme étant relatives à l'ensemble des processus de traitement de l'information en situation sociale : détection pour autrui et soi-même, de ses intentions, motivations et objectifs, capacités à proposer des stratégies de résolution du problème social, aptitudes à négocier, etc. (Dodge et Richard, 1985. Strayer *et al.*, 1989.)

Et enfin, de ces trois premiers chapitres et de la description qu'ils font de la genèse et du développement des relations sociales, il semble utile de retenir l'ensemble des faits qui montrent que les contextes dans lesquels se déroulent la socialisation des garçons et des filles sont différents : les modalités des interactions sont précocement différenciées selon le sexe et ce ne sont pas toujours les mêmes compétences sociales que les uns et les autres mettent en œuvre avec les pairs d'âge. B. Zazzo (1993) dans l'ouvrage *Féminin et masculin à l'école et ailleurs* a très bien montré comment devaient s'analyser l'adaptation scolaire du garçon et de la fille en termes de différences selon le sexe : l'ouvrage est très bien informé et éclairant en ce qui concerne le contexte de socialisation liés aux apprentissages scolaires mais apporte peu d'informations sur les autres contexte, sur l'« ailleurs ».

Il faut y voir là le signe qu'à l'heure actuelle, si les recherches strictement comparatives sont relativement nombreuses et diversifiées en ce qui concerne les différences de pratiques éducatives parentales selon le sexe, elles sont assez peu diffusées. En ce qui concerne les relations avec les pairs au cours de la petite enfance et de l'enfance, il y a peu de travaux ayant directement pour objet la psychologie différentielle des sexes. Il y a là un champ d'études à développer qui permettrait de mieux comprendre les conditions de la constitution de sentiment d'identité personnelle et l'apprentissage des rôles liés au sexe.

POUR EN SAVOIR PLUS

Asher S.R., Coie J.D. 1990. *Peer Rejection in Childhood.* Cambridge, Cambridge University Press.

Bandura A. 1986. *Social Foundations of Thought and Actions : a Social Cognitive Theory.* Englewood Cliffs, N.J., Prentice Hall.

Boldizar J.P., Perry D.G., Perry L.C. 1989. Outcome values and aggression. *Child Development*, *60*, 571-579.

Beaudichon, J., Winnykamen, F. 1981. Adaptation aux interactions et aux situations sociales. *In :* P. Oléron (ed.) *Savoirs et savoir-faire psychologiques*. Bruxelles, Mardaga, 127-173.

Peery D.G., Peery J.C., Weiss R.J. 1989. Sex differences in the consequences that children anticipate for aggression. *Developmental Psychology*, *25*, *2*, 312-319.

Tap P. 1985. *Masculin et féminin chez l'enfant*. Toulouse, Privat.

Zazzo B. 1993. *Féminin et masculin à l'école et ailleurs*. Paris, PUF.

4 *Le Jeu*

« Le jeu devrait être considéré comme l'activité la plus sérieuse des enfants. »
Montaigne

« L'homme qui ne joue pas a perdu pour toujours l'enfant qui était en lui. »
Pablo Neruda

QU'EST-CE QUE LE JEU?

Les définitions proposées pour le jeu, depuis des décennies, renvoient à des théories psychologiques différentes. Une énumération exhaustive de ces définitions serait fastidieuse, et d'ailleurs inutile. On peut consulter sur ce point le texte de Wallon (1948, repris dans SDCIE, 1993). On s'attachera ici à souligner les points communs à la plupart d'entre elles, pour en relever ensuite quelques spécificités, particulièrement importantes en psychologie du développement.

Caractéristiques communes

La plupart des auteurs sont d'accord sur les considérations suivantes : a) L'activité de jeu est *commune à tous les humains, quel que soit leur âge, et aux animaux,* à tout le moins aux mammifères supérieurs; b) Une certaine liberté est inhérente à l'activité ludique : *le jeu ne peut être contraint,* sous peine de perdre son caractère de jeu. C'est sur ce point qu'il diffère des conduites soumises aux contraintes de la réalité, immédiate ou distanciée; c) *N'importe quelle activité* peut donner lieu à des jeux, qu'elle relève des domaines psychomoteur, cognitif, sociorelationnel, qu'elle s'exerce de façon solitaire ou à plusieurs, qu'elle utilise ou non des objets, d'usage courant dans la vie quotidienne ou spécifiquement destinés à l'usage de jouets. Les mêmes activités peuvent aussi ne pas accéder au statut de jeu, si le sujet ne les accepte pas comme telles; d) Le jeu porte en lui-même sa *finalité,* c'est-à-dire qu'il ne saurait être soumis à des fins utilitaires qui lui soient extérieures. C'est en cela qu'il se différencie du travail, rétribué ou non; e) L'accord est total aussi quant au *plaisir* éprouvé par le joueur dans le jeu.

Points de divergence

Les points de divergence concernent plus directement les définitions du jeu, que les auteurs font dépendre de ses fonctions. Wallon (1948) fait observer que celles-ci sont nécessairement différentes, selon qu'il s'agit du jeu chez l'enfant, ou chez l'adulte. Chez l'adulte, le jeu peut constituer un délassement, et s'opposer ainsi au travail; on l'a considéré aussi comme une compensation, permettant l'exercice de fonctions que le travail ne mobilise pas. Mais le jeu peut demander l'investissement d'efforts parfois considérables, ce qui va à l'encontre du premier point de vue. Dans l'ordre du délassement, ce qui s'oppose le mieux aux fatigues du travail, ce n'est pas le jeu, mais le repos. Il est difficile aussi d'admettre, même chez l'adulte, que l'activité impliquée dans le jeu soit nécessairement d'un autre ordre que celle du travail. Le jeu d'échecs, par exemple, intéresse probablement plus d'intellectuels que de travailleurs de force. Pour Janet, l'activité réaliste *ou pratique,* qui suppose une adaptation de la conduite aux circonstances, afin d'atteindre un but conforme à une nécessité, constitue la fonction du réel. Elle s'oppose à l'activité ludique, qui, n'ayant d'autre but qu'elle-même, n'est pas soumise aux tensions psychiques. La distinction entre fonction du réel et activité ludique ne peut s'appliquer à l'enfant d'âge préscolaire, chez qui le jeu constitue l'essentiel des activités.

Les classifications des jeux

Parmi les diverses classifications des jeux, on retiendra celle de Caillois (1958), classiquement citée. Bien que destinée principalement aux jeux adultes, on voit, par les exemples mêmes que l'auteur propose, qu'elle s'applique aussi aux jeux des enfants. Pour cet auteur les jeux peuvent se regrouper en quatre catégories. Les jeux d'agôn (compétition) supposent la compétition entre les joueurs, mais ne font pas, en principe, intervenir le hasard. Le hasard tient, au contraire, une grande place dans les jeux d'aléa. Les jeux regroupés dans la catégorie *mimicry* (simulacre) supposent le « faire semblant » ou « faire comme si », en particulier dans les imitations et les jeux de rôles. Enfin, les jeux d'Ilinx reposent sur les sensations psychophysiologiques qu'ils procurent (vertiges, secousses, etc.), sensations qui font éprouver à la fois du plaisir, et une certaine crainte, qui n'est d'ailleurs pas étrangère au plaisir ressenti. Dans chacune de ces catégories les jeux sont ordonnés approximativement selon leur degré d'organisation et de complexité. Selon Caillois l'élément social, relationnel, est présent dans toutes les catégories. Les jeux solitaires sont cependant pris en considération, mais constituent une catégorie disjointe.

Il faut noter que ces considérations découlent, pour l'essentiel, de l'analyse du jeu chez l'adulte, même si certaines, on l'a vu, s'appliquent aussi au jeu de l'enfant. L'étude du jeu chez l'enfant et l'adolescent amène à s'interroger sur ses spécificités, et par là même, sur les rapports entre jeu et développement.

Quelques définitions, pour conclure :

Action de se livrer à un divertissement, à une récréation (ce qui est le sens propre du latin *jocus*, d'où vient jeu) (Littré).

Activité commune à l'homme et à certains mammifères supérieurs : elle est finalité sans fin, plaisir de fonctionner à distance du travail (Doron et Jalley, 1991).

Toute activité physique ou mentale spontanée, trouvant sa satisfaction et son but en elle-même. Jouer c'est vivre pour le plaisir de vivre (Mauriras-Bousquet, 1994).

EXEMPLES DE CLASSEMENT DES JEUX SELON CAILLOIS

Voici quelques exemples des jeux classés selon les catégories de Caillois. On pourra tenter d'y intégrer d'autres jeux, et constater ainsi à la fois le caractère pratique d'une telle classification, l'ambiguïté de certaines activités ludiques complexes, et celle des catégories proposées, qui ne sont pas toujours exclusives.

Jeux non sociaux :
Vacarme, agitation .... Mots croisés.
Compétition :
Courses, luttes (sans règles) .... Compétitions sportives.
Hasard :
Pile ou Face, Comptines .... Loteries, tombola.
Simulacre :
poupée, panoplies .... Jeux de rôles, théâtre.
Vertige :
Manèges, balançoire, valse .... Escalade, toboggan, voltige.

Où classer les jeux qui, à partir d'une distribution aléatoire, organisent des compétitions (ex. le bridge, les dominos, etc.)? les compétitions de jeux de vertige? etc.

LE JEU CHEZ L'ENFANT

Le jeu de l'enfant présente deux caractéristiques fondamentales, repérées par tous les psychologues du développement. La place très importante que le jeu occupe dans l'ensemble du temps de veille des enfants, particulièrement avant l'âge de l'obligation scolaire, constitue l'une d'elles. La seconde caractéristique est relative aux aspects chronologiques. En effet différents types de jeux apparaissent, corrélativement aux étapes du développement. On présentera d'abord la position des principaux développementalistes qui se sont exprimés sur le jeu. On s'interrogera ensuite sur quelques points d'intérêt particulier, tels que les relations entre le jeu et le sport, le jeu et les activités scolaires, entre autres.

La position de Wallon

Wallon reprend à son compte la classification des jeux en fonction de leur apparition chronologique décrite par Buhler, puis la complète, et en propose une mise en perspective théorique.

Selon Buhler on voit apparaître successivement quatre catégories de jeux, classifiés en fonction de leur contenu et de leurs fonctions.

Les jeux fonctionnels correspondent à l'exercice d'une fonction, sans autre finalité que cet exercice. Dans la première enfance ces jeux correspondent aux réactions circulaires, qui résultent du plaisir ou de la joie que l'enfant manifeste à répéter ou à diversifier certains effets par lesquels il semble vérifier l'existence

JEUX D'ALTERNANCE CHEZ WALLON (JALLEY, 1991)

« Jeux d'alternance. Catégorie de jeux décrite par H. Wallon, et consistant dans l'alternance des rôles de patient et d'agent. Leur développement occupe le cours de la troisième année, dans la période qui précède l'affirmation de l'identité personnelle, marquée par la crise de 3 ans. Les variétés en sont multiples : donner et recevoir une tape, se cacher et chercher, se sauver et rattraper. La situation y est décomposée en deux phases active et passive, et l'enfant y tient tour à tour le rôle d'auteur et celui de victime. Ces jeux permettent à l'enfant de faire l'apprentissage de la réciprocité des rôles, de la complémentarité des rapports entre partenaires. La pratique de l'alternance prépare l'affirmation du moi personnel, en introduisant au sein du sujet la bipartition entre deux pôles, condition de la prise de conscience de soi. Une variété particulière des jeux de réciprocité est constituée par les monologues dialogués où l'enfant prête sa voix à deux interlocuteurs avec une intonation différente » (Jalley, *in* Doron et Parot, 1991, p. 389).

d'une fonction ou l'explorer dans toute son étendue. Avec l'âge d'autres fonctions apparaissent, qui seront exercées pour le seul plaisir de cet exercice, les jeux fonctionnels ne sont nullement l'apanage de la première enfance.

Dans les jeux de fiction, qui constituent la seconde catégorie, l'enfant se livre à des simulacres, ou « faire semblant », de certaines activités, les siennes propres ou celles de personnages familiers (par exemple, faire manger une poupée, ou faire semblant de manger soi-même). « Il y a là une simple reproduction, mais sous forme intentionnellement fictive et schématique d'activités qui sont les occupations normales de l'enfant lui-même ou des personnes de son entourage » (1948).

Les jeux d'acquisition, troisième catégorie, sont des jeux de compréhension et des jeux d'exécution, au cours desquels, loin de répéter, même fictivement, ce qu'il connaît déjà, l'enfant cherche son plaisir dans le dépassement de ces capacités, dans l'acquisition de savoir-faire nouveaux.

La dernière catégorie, celle des jeux de fabrication, regroupe toutes les activités de jeu où l'enfant agit sur les objets pour les modifier, les transformer, les construire ou les détruire.

À ces catégories Wallon ajoute celle des jeux d'alternance, caractéristiques de la première enfance, qui sont à mettre en rapport avec les jeux fonctionnels. La fonction mise en œuvre dans le jeu est ici celle de l'alternance, de l'exercice de la prise successive du rôle d'agent et de patient. On trouvera dans l'encadré ci-dessus une analyse de Jalley (1991) de ces jeux d'alternance d'après Wallon.

Il est clair que les jeux fonctionnels apparaissent plus précocement que les autres, mais il faut souligner qu'ils persistent avec l'émergence de nouvelles fonctions, à toutes les étapes de l'enfance. On pourrait dire de même des autres catégories de jeux que, selon le contenu auquel le jeu s'applique, il peut se produire aux différents âges de l'enfance, voire de la vie. Le cas est aisé à illustrer à partir des jeux de fiction : que l'on joue à nourrir sa poupée, que l'on joue à imiter caricaturalement les gestes et paroles d'un adulte, ou que l'on « joue » un scénario à plusieurs protagonistes, on n'a pas le même âge, mais il s'agit toujours de jeux de fiction.

Une telle classification, bien qu'utile, ne saurait suffire à expliquer ce qu'est le jeu, et quelle est sa place dans le développement. Faut-il, comme le suggère Claparède, considérer le jeu comme l'émergence d'exercices qui permettent une préparation à ce que seront, plus tard, les activités de l'enfant? Dans une certaine mesure, sans doute, cela est vrai mais l'hypothèse est incomplète. Pour Wallon on ne peut donner du jeu une définition statique. On doit considérer le jeu comme évoluant et oscillant entre différentes limites.

• *Gratuité de l'exercice ou intégration comme moyen utilitaire.* Le jeu est d'abord, en effet, l'exercice d'une fonction qui vient d'apparaître, exercice fonctionnel à caractère désintéressé, sans autre but que son propre fonctionnement. Toute fonction commence par exister pour elle-même avant de s'intégrer dans l'activité du sujet. Pour être utile (par opposition à l'activité de jeu) une activité doit pouvoir être utilisable comme moyen pour l'atteinte d'un objectif utilitaire. De tels instruments supposent l'intégration : « Pour qu'une activité puisse être adaptée, il est nécessaire que puissent s'intégrer entre elles des fonctions qui peuvent appartenir à des zones différentes de notre activité, mais qui devront alors constituer une sorte d'unité nouvelle. » (*Id.*, p. 925.) Le jeu chez l'enfant pourrait alors se définir comme une activité qui s'exerce pour elle-même d'autant plus librement qu'elle est moins étroitement intégrée à des fonctions où à des fins qui la dépassent.

• *Spontanéité du jeu et apparition de règles.* Le jeu comporte des règles, à l'évidence à partir d'un certain âge, mais précocement sous des formes frustes. L'opposition entre la spontanéité du jeu et l'apparition des règles peut se justifier par le fait que « la règle » dans le jeu diffère des règles de la nécessité pratique. C'est une règle inhérente au jeu lui-même, et non imposée pour des nécessités pratiques. De plus la règle introduit la dimension sociale du jeu.

• *Règle et tricherie.* La règle entraîne la transgression, donc la tricherie. La tricherie est extrêmement fréquente dans le jeu de l'enfant : « Nous nous trouvons ici entre deux limites : règle d'une part, loyauté, désir d'établir entre soi et autrui la mesure de ses forces, atteindre au niveau le plus élevé de ses performances, et, d'autre part, la tricherie, qui devrait être la ruine du jeu… Il y a dispute et rupture du jeu. » (*Id.* p. 927.) La tricherie peut cependant être par elle-même un plaisir, une sorte d'émulation dans l'astuce. Ce qui en dehors du domaine du jeu serait faute, susceptible d'être châtiée, a un autre sens dans le jeu. « Pour certains le plaisir de tricher peut devenir lui-même une performance… et il n'est pas sûr que pour les autres aussi dépister la tricherie, la soupçonner, ne soit une sorte de stimulant. » (*Id.*) Ainsi respect de la règle et tricherie sont deux limites entre lesquelles le plaisir du jeu peut se déplacer.

• *Fiction connue et reconnue.* Lorsque l'enfant produit une fiction, par exemple proposer à l'adulte de manger des friandises feintes, que figurent des cailloux sur une assiette, il sait qu'il ne s'agit pas de friandises, et il sait que l'adulte le sait aussi. Mais il apprécie que l'adulte feigne de s'y laisser prendre, bien qu'il sache qu'il s'agit d'une feinte. La fiction est constitutive du jeu.

• *Performances « gratuites » et récompenses.* Les joueurs apprécient que l'on reconnaisse les performances réalisées dans le jeu. On aime « gagner », on n'aime pas « perdre », et le plaisir est vif de voir sa victoire reconnue, au moins symboliquement. Mais les simulacres de récompenses doivent rester des simulacres, ou la performance réalisée perd son caractère de jeu : « Le jeu disparaît parce qu'il ne reste pas une activité pour elle-même… Le jour ou la recherche du succès, la recherche de cet attribut l'emporte sur l'activité fonctionnelle elle-même, le jeu est devenu un acte d'intérêt, il s'est intégré dans une activité de profit, ce n'est plus le jeu. » (*Id.* p. 228.)

En conclusion de ces réflexions, Wallon propose une définition complexe du jeu. Le jeu est une activité toujours comprise entre des pôles opposés. Certaines conditions, nécessaires à sa réalisation, peuvent devenir des obstacles. C'est le déploiement d'une activité pour elle-même, où nous cherchons à nous réaliser. La compétition fait partie du jeu, mais si elle en devient l'essentiel, le plaisir du jeu disparaît, car l'émulation devient pur classement. Un peu de hasard est alors bienvenu, pour que ce ne soit pas toujours les mêmes qui gagnent… : « Le jeu se définit surtout par rapport à l'activité sérieuse, pratique… comme un renouvellement possible… des circonstances où doit se déployer l'activité. Il doit donner le sentiment d'une activité qui reste libre, qui n'est plus subordonnée aux contraintes extérieures. Au lieu de contraintes accidentelles, il lui faut des règles. »

L'approche piagétienne du jeu

• *Introduction : Le développement de l'intelligence.* Le propos n'est pas ici d'exposer la théorie opératoire de Piaget. Le lecteur pourra se référer à quelques ouvrages consacrés à cette théorie, qu'ils soient de Piaget, ou d'auteurs qui en présentent l'analyse (Piaget 1946, Piaget et Inhelder 1966, Bideaud Houdé et Pédinielli 1993). L'objectif est ici plus restreint, puisqu'il s'agit essentiellement de la place que Piaget accorde au jeu dans le développement de l'enfant, puis, dans les chapitres suivants, de la place de quelques autres notions en rapport direct avec la socialisation. La signification et la position de ces notions dans le système piagétien ne peut se comprendre si l'on n'a pas, au préalable, une connaissance, au moins approchée, de ce système. Aussi en présentons-nous une approche succincte.

Le développement de l'intelligence, de la naissance à l'état d'équilibre que constitue l'intelligence adulte, se fait au cours de stades successifs. À chacun de ces stades correspond une structuration particulière des schèmes. Le fonctionnement est continu, bien que l'organisation des schèmes soit spécifique d'un stade, il y a donc continuité fonctionnelle et discontinuité structurelle. Chacun des stades comporte une période de préparation et une période d'achèvement, point d'équilibre de la structure du stade, à quoi succédera un déséquilibre, vers une rééquilibration, préparatoire au stade suivant. Les structures construites au sein d'un stade ne disparaissent pas, mais s'intègrent dans le stade suivant, il y a donc

Quelques notions piagétiennes (d'après Bideaud *et al.*, 1993)

L'encart ci-dessous propose quelques extraits de l'ouvrage de Bideaud Houdé et Pédinielli (1993). Les auteurs signalent d'abord le triple ancrage, épistémologique, biologique, et logico-mathématique de la théorie. Les extraits présentés concernent le second de ces ancrages.

«… l'intelligence humaine… est l'expression, au niveau cognitif, d'une tendance générale à la reconstruction interne, par variations nouvelles et intra-sélections, des acquisitions instables provoquées par l'environnement… Cet ancrage conduit à invoquer, pour décrire le développement de l'intelligence, deux fonctions biologiques fondamentales : l'adaptation et l'organisation. L'adaptation résulte d'une interaction, d'une dialectique, entre deux processus bien connus en physiologie : l'assimilation et l'accommodation. L'assimilation dénote le processus par lequel un objet du milieu est appréhendé par la structure actuelle du sujet. Inversement l'accommodation est l'activité par laquelle la structure actuelle du sujet se modifie pour s'ajuster à une modification de l'environnement. En fait, l'accommodation débouche sur une assimilation plus performante. Elle est un prétexte à l'assimilation.

L'instrument de l'assimilation est le schème ou organisation des actions qui se répète dans des circonstances semblables ou analogues. Le schème est défini comme une structure d'actions répétables… Les schèmes s'assimilent l'un l'autre, se complexifient pour devenir des instruments d'assimilation de plus en plus puissants, impliquant tout autant des savoirs que des savoir-faire… Mais qui dit schème dit ici action du sujet… La focalisation sur l'assimilation fonde et explique le privilège exorbitant accordé par Piaget à l'action du sujet, au détriment du rôle de l'environnement dans ses aspects sociaux et particulièrement langagiers…

Parler de schèmes d'action, c'est parler de l'organisation, seconde fonction biologique invoquée par Piaget… Le développement de l'intelligence sera celui des structurations successives d'actions, puis d'opérations, qui s'établissent à partir des structures initiales qui sont les schèmes réflexes du nouveau-né. Les progrès conduisent à la complexité, à la mobilité et à la réversibilité des opérations du sujet sur le réel. » (P. 35-36.)

recouvrement. Les âges d'apparition des différentes conduites spécifiques à chaque stade ne sont qu'indicatifs, mais la succession des stades est intangible.

• *Qu'est-ce que le Jeu?* Du point de vue piagétien, le développement du jeu s'intègre étroitement à celui de l'intelligence, puisqu'il est la manifestation de l'activité assimilatrice des schèmes. Le jeu revêt donc des formes différentes, en fonction du niveau de développement de l'enfant où il est observé. On reconnaît trois catégories principales de jeux, jeux d'exercice, jeux symboliques, jeux de règles, qui correspondent respectivement aux trois grandes périodes, ou stades, du développement (Piaget, 1946). À partir des descriptions proposées par Piaget du développement des activités de l'enfant on peut s'interroger sur la part que tient le jeu aux différentes étapes de ce développement.

LES STADES DE DÉVELOPPEMENT SELON PIAGET

I. Période de l'intelligence sensori-motrice, ou stade sensori-moteur :

1. Exercices réflexes (de 0 à 1 mois).
2. Réactions circulaires primaires, ou premières habitudes (1 à 4 mois).
3. Réactions circulaires secondaires, coordination vision-préhension (4 à 8 ou 9 mois).
4. Coordination des schèmes secondaires et application à des situations nouvelles (8 à 12 mois).
5. Réactions circulaires tertiaires, ou différenciation des schèmes d'action et découverte de moyens nouveaux (12 à 18 mois).
6. Début de l'intériorisation des schèmes, invention de moyens nouveaux par combinaisons mentales (18 mois à 2 ans).

II. Période, ou stade, de préparation et de mise en place des opérations concrètes.

1. Apparition de la fonction symbolique (2 à 4 ans).
2. Les représentations préopératoires, représentations statiques (4 ans à 5-6 ans).
3. Les représentations préopératoires, représentations articulées (5-6 à 7-8 ans).
4. Les opérations concrètes (7-8 à 11-12 ans).

III. Période ou stade des opérations formelles :

1. Genèse des opérations formelles (11-12 à 14 ans).
2. Les structures opératoires formelles (14 à 16 ans).

• *Période sensori-motrice.* S'il est difficile de parler de jeu à propos des exercices réflexes, on peut, peut-être dès les réactions circulaires primaires (premières habitudes), et secondaires, plus sûrement avec la coordination des schèmes secondaires, repérer un fonctionnement des schèmes en dehors d'un contexte strictement utilitaire. Qu'est-ce en effet qu'une réaction circulaire? C'est la répétition d'une action en vue d'obtenir à nouveau une stimulation sensorielle que cette action avait déjà procurée. Les réactions circulaires sont qualifiées de primaires lorsque, comme c'est le cas avec les premières habitudes, elles sont centrées sur le corps propre. Elles sont dites secondaires lorsqu'elles sont orientées vers les objets. L'exemple de la mise en place progressive de la coordination vision-préhension est propre à illustrer les premières activités du bébé, et la part du « plaisir fonctionnel » qu'elles procurent. Au-delà de la période du réflexe d'agrippement, Piaget (1936 pour la première édition) observe des réactions circulaires primaires des mains sans que la vision ne soit impliquée. Il relève ensuite une forme très primitive de coordination, qui concerne la préhension et la succion (l'enfant porte en bouche ce que sa main a saisi, mais cette dernière n'a saisi que l'objet rencontré par hasard, sans intervention de la vision). Vient ensuite une certaine coordination vision-préhension, sous la condition que l'enfant ait vu simultanément la main et l'objet. Enfin, Piaget note l'existence de véritables coordinations vision-préhension : l'enfant saisit ce qu'il voit quelle que soit la position de sa main ; il amène dans son champ visuel tout objet que la main a saisi ; si on entrave le transport de l'objet vers le champ visuel, il tourne aussitôt le regard vers la main. La véritable coordination vision-préhension marque la fin de la deuxième période, et déborde quelque peu sur la troisième, où se réalisent les réactions circulaires secondaires, comportements orientés vers les objets. La coordination vision-préhension permet désormais l'exercice de schèmes qui s'appliquent aux objets saisis. L'objet est secoué, frotté, tapé, etc. sans que l'on puisse cependant considérer qu'il y ait subordination de moyens à des fins (donc sans qu'il y ait d'intentionnalité vraie). Une telle intentionnalité est la véritable conquête du quatrième stade (de 8-9 à 11-12 mois). « L'intentionnalité apparaît clairement dans les conduites du bébé, qui sont désormais marquées par une certaine « conscience » de la direction imprimée à l'action. En témoignent la coordination des schèmes secondaires, en termes de schèmes-moyens et de schèmes-buts, et leur application à des situations nouvelles. » (Bideaud Houdé et Pédinielli, 1993, p. 235.)

Si le jeu se caractérise, comme on l'a vu, par le plaisir que son fonctionnement même procure, et par la poursuite d'une fin qui lui est inhérente, et non pas d'une fin « utilitaire », l'enfant qui tire et pousse un objet, qui s'en saisit « pour » le lâcher et s'en saisir à nouveau, qui le met sur ou dans un autre objet etc. joue, sans conteste !

C'est aussi le cas au stade suivant, le cinquième, où s'affirme et s'affine l'exploration intentionnelle des objets, et s'installe la recherche de moyens nouveaux d'action sur les objets. L'enfant qui « … répète les mouvements qui l'ont conduit au résultat intéressant… ne les répète plus tels quels, mais les gradue et les varie, de manière à découvrir les fluctuations du résultat lui-même. « L'"expérience pour voir" a donc d'emblée tendance à se développer à la conquête du milieu extérieur. » (Piaget, 1936, p. 134.) Non seulement l'enfant se livre à une activité intentionnelle et spontanée (on ne saurait la lui imposer), mais il y prend un vif intérêt et n'attend pas d'autre effet que celui de « l'expérience pour voir » elle-même. Il joue.

Vandenplas-Holper (1979) résume ainsi les jeux de la période sensori-motrice, selon la position de Piaget : « Tous les schèmes qui contribuent au développement de l'intelligence et à la construction des grandes catégories du réel peuvent être exercés de façon ludique dès qu'ils sont sortis de leur contexte adaptatif et utilitaire. L'enfant les répète par assimilation pure, pour le seul plaisir d'exercer son activité de la manière la plus complète possible. Après avoir appris à saisir, à balancer, à lancer…, l'enfant répète ces actions pour le seul "plaisir d'être cause, pour la joie de dominer ses conduites". » (P. 44.)

Nous avons vu dans ce qui précède que le jeu de l'enfant à la période sensori-motrice consiste en l'exercice fonctionnel des schèmes sensori-moteur. C'est pourquoi Piaget les qualifie de jeux d'exercice. Cela ne signifie pas que les jeux d'exercice n'existent qu'à cette période. D'une part, comme on l'a vu, les conduites caractéristiques d'un stade ne disparaissent pas, mais sont intégrées dans les stades ultérieurs. D'autre part, la simple observation des jeux des enfants, des adolescents, et du reste des adultes, montre à l'évidence l'existence de tels jeux. L'enfant qui saute à cloche-pied, l'adulte qui « s'entraîne » pour aller au-delà d'une performance physique, sans but utilitaire, pour le plaisir de « se dépasser » se livrent à des jeux d'exercice, même si, bien entendu, il ne s'agit pas des mêmes exercices.

• *Sous-stade de la pensée symbolique (2 à 4 ans) et jeux symboliques.* Vers 18 mois ou 2 ans on assiste à l'éclosion de comportements qui, pour Wallon comme pour Piaget, sont la manifestation de la pensée symbolique : l'imitation différée, le jeu symbolique, le dessin, et le langage. L'image mentale n'est pas de l'ordre des comportements observables, mais on peut déduire son existence des conduites symboliques qu'elle autorise (comment un enfant de 4 ans pourrait-il jouer au docteur, en l'absence de modèle, si le modèle n'était pas présent « en représentation »?). Nous aurons à revenir sur l'imitation. Étant donnée la centration de ce chapitre sur le jeu, la priorité est accordée ici au jeu symbolique. Il s'avère nécessaire d'évoquer ce qu'est la pensée symbolique, puisque le jeu sera considéré comme l'une de ses expressions.

Piaget considère la fonction symbolique (qu'il suggère d'appeler fonction sémiotique) comme « la capacité d'évoquer des objets ou des situations non perçus actuellement, en se servant de signes ou de symboles » (Piaget et Inhelder, 1963, p. 69). Signes et symboles servent donc à évoquer le réel, comme signifiants du réel (le signifié) auquel ils renvoient, mais dont ils se différencient.

Alors que le signal et l'indice sont déjà constitués dans la période sensori-motrice, le signe et le symbole ne le sont pas. Ce qui particularise les deux premiers (signal et indice), c'est leur existence en tant que partie de l'objet ou de la situation réels (le coup de sifflet de l'arbitre est le signal de la fin de la partie ; le bruit de la clé dans la serrure est le signal du retour du père). L'indice entretient des rapports de contiguïté spatio-temporelle avec l'objet signifié (les cendres dans un cendrier sont l'indice de la présence récente d'un fumeur).

Le symbole, au contraire, est différencié de l'objet ou de la situation qu'il « symbolise », donc représente. Il peut être « motivé » c'est-à-dire présenter une certaine ressemblance avec le signifié (la balance représente symboliquement la justice, un crâne et des tibias croisés le péril vital associé à un objet). « Les symboles, en tant que motivés, peuvent être construits par l'individu à lui seul, et les premiers symboles du jeu de l'enfant sont de bons exemples de ces créations individuelles, qui n'excluent naturellement pas les symbolismes collectifs ultérieurs. » (Piaget et Inhelder, 1966, 5e éd., 1973, p. 45.) Le signe, outre la distanciation par rapport au signifié, présente la caractéristique d'être arbitraire (les signes de l'alphabet latin, pour nous être familiers, n'en sont pas moins arbitraires, comme le sont les éléments du morse, ou ceux de l'alphabet cyrillique).

On trouve au cours de la période sensori-motrice des activités qui, bien que ne reposant pas sur des représentations, renvoient à une réalité plus complète que l'ici et maintenant perceptible. Les significations ainsi conférées le sont grâce à des indices, indifférenciés du signifié, dont ils constituent un aspect (la blancheur pour le lait), une partie (la jambe visible de l'ours caché), un antécédent temporel (le bruit de l'eau pour le bain), le résultat d'une cause (une tache). Avec le sixième sous-stade de la période sensori-motrice, et surtout dans la période suivante, apparaît un ensemble de conduites, particulièrement de jeux, «... qui implique l'évocation représentative d'un objet ou d'un événement absent et qui suppose par conséquent la construction ou l'emploi de signifiants différenciés, puisqu'ils doivent pouvoir se rapporter à des éléments non actuellement perceptibles aussi bien qu'à ceux qui sont présents» (*ib*. p. 42).

Le jeu symbolique, ou jeu de «faire semblant», revêt une importance considérable. Pour Piaget il marque l'apogée du jeu enfantin, en ce qu'il remplit mieux que tout autre la fonction essentielle du jeu, pour deux raisons. En premier lieu, l'obligation de s'adapter à un monde physique et social que l'enfant ne peut encore dominer ne lui permet pas de satisfaire ses besoins affectifs et intellectuels : «Il est donc indispensable à son [celui de l'enfant] équilibre affectif et intellectuel qu'il puisse disposer d'un secteur d'activité dont la motivation ne soit pas l'adaptation au réel mais au contraire l'assimilation du réel au moi, sans contraintes ni sanctions : tel est le jeu, qui transforme le réel par assimilation plus ou moins pure aux besoins du moi...» (*Ib*. p. 46.) La seconde raison tient également d'une nécessité de compenser les contraintes du réel. L'instrument essentiel de l'adaptation sociale est le langage auquel l'enfant doit s'adapter, dans les formes qui lui sont imposées. L'enfant a besoin d'un moyen d'expression propre, «... système de signifiants construits par lui et ployables à ses volontés : tel est le système des symboles propres au jeu symbolique, empruntés à l'imitation à titre d'instruments... imitation... simplement utilisée comme moyen évocateur : tel est le jeu symbolique... assimilation du réel au moi, comme le jeu en général, mais assimilation assurée... par un langage symbolique construit par le moi et modifiable au gré des besoins.» (*Ib*. p. 47.) Comme on le voit, alors que l'imitation constitue le pôle accommodateur du moi au réel, le jeu symbolique en constitue le pôle assimilateur, les conduites intelligentes adaptées résultant d'une combinaison d'assimilation et d'accommodation.

La chronologie de l'apparition de différents types de jeux symboliques s'avère, bien entendu, associée à celle des progrès de l'intelligence, avec cependant moins de rigueur (sans doute à cause du caractère assimilateur de ces jeux, favorable à certains recouvrements).

Entre 18 mois et 2 ans l'enfant met en œuvre dans ses conduites des schèmes déjà bien maîtrisés, mais utilisés pour le jeu de façon symbolique. C'est ainsi qu'il fait semblant de manger, qu'il prend la posture habituelle de l'endormissement etc. Le schème est donc utilisé en dehors de ses buts et contextes habituels. D'abord ce type de jeu ne concerne que l'enfant lui-même. Progressivement il y intègre un partenaire fictif (faire manger sa poupée) puis des objets disponibles qu'il substitue symboliquement à l'objet impliqué dans le jeu (un cube pour une voiture, un mouchoir pour une couverture, etc.).

Entre 3 et 4 ans les jeux symboliques deviennent plus complexes, plus variés, impliquant davantage de personnages, en de véritables scènes où s'échanges rôles et répliques dialoguées. À cet âge le jeu symbolique a pour fonction essentielle de

Type IA : Projection des schèmes symboliques sur des objets nouveaux. L'enfant attribue à autrui et aux choses l'un ou plusieurs de ses schèmes familiers (ex. l'enfant (18 mois) couche sa poupée, la couvre d'un papier, et dit « Bébé couverture... a froid »).

Type IB : Projection des schèmes d'imitation (emprunts faits à autrui) sur des objets également nouveaux (ex. l'enfant (19 à 20 mois) fait semblant de lire le journal, pointe du doigt certains endroits de la feuille de papier qu'elle tient et marmotte à voix basse... Elle fait semblant de téléphoner puis fait téléphoner sa poupée).

Type IIA : Prédominance de l'assimilation simple d'un objet à un autre. Cette assimilation est déjà présente dans l'exemple du téléphone, mais elle s'accentue et devient systématique (ex. l'enfant (2 ans à 2 ans 1/2) fait couler du gravier entre ses doigts en disant « Il pleut ». Plus tard elle prend un morceau de sucre en guise de clé et dit « Ah! je ne peux pas ouvrir la porte »).

Type IIB : Emploi de schèmes d'imitation avec assimilation du corps propre à des objets quelconques et à autrui (l'enfant (4 ans 3 mois) « debout à côté de moi, immobile, imite un espèce de son de cloche. Je la prie de cesser mais elle continue. Je lui mets alors la main sur sa bouche. Elle me repousse, indignée, mais conservant toujours le torse droit, et me dit : fais pas ça. Je suis une église (= le clocher). » (Piaget 1945, p. 133.)

Les types I et II peuvent coexister chez le même enfant entre 18 mois-2 ans et 4 ans. Ils révèlent comment le symbole se constitue dans sa généralité.

Type IIIA : Combinaison de scènes entières (l'enfant (3 à 4 ans) invente un personnage imaginaire « Ali » représenté par son oreiller. « Ali est extrêmement brusque (comme un ami valaisien réel). Il a tous ses défauts tu sais. Je garderas mon ami Ali jusqu'à ce que je serai mariée ». Certains jours, il est le mari lui-même qui aide à soigner ses deux ou trois enfants « Mon mari m'aide mais il est un peu maladroit, tu sais (allusion à son père). » (*Ibid.* p.137.)

Types IIIB et C : Combinaisons compensatrices qui corrigent le réel, soit pour le plaisir, soit pour désamorcer des situations pénibles en les revivant symboliquement (ex. l'enfant (3 ans 11 mois) a été impressionnée par la vue d'un canard plumé sur la table. Le lendemain « l'enfant est allongée sur/un/divan les bras serrés contre le corps et les jambes pliées... Tu es malade? non, je suis le canard mort. » À 4 ans 6 mois, l'enfant reçoit un coup de râteau accidentel sur la main. Son père s'excuse, en invoquant sa maladresse. Elle est d'abord fâchée, puis se calme et dit « Tu es Jacqueline et moi je suis papa. Tiens (elle me frappe les doigts). Dis moi : mais tu m'as fait mal - (je le dis) - Pardon ma petite fille je ne l'ai pas fait exprès », etc. « Bref elle se borne à intervertir les rôles en répétant exactement mes paroles ») (*ibid.* p.141).

Type IIID : Combinaisons symboliques anticipatives. Acceptation d'un ordre ou d'un conseil en anticipant symboliquement leur conséquence (ex. l'enfant (3 ans 1/2) hésite à faire un tour au jardin le soir par peur des hiboux qui hululent. Aussi dit-elle à son père que Ali (son oreiller symbolisant son mari) est sorti avec ses gros souliers à clous, ce qui a effrayé le hibou qui est parti. Piaget lui propose de frapper le gravier avec leurs souliers pour ouvrir la voie).

Au type III, 3 à 4 ans, apparaissent des combinaisons symboliques plus complexes et variées. Ces variations montrent que la motivation du jeu n'est pas l'adaptation au réel mais l'assimilation plus ou moins déformante du réel au moi. Il constitue un système de significations propre à l'enfant, construit par lui et ajusté à ses besoins. (D'après Bideaud Houdé et Pédinielli, 1993, p. 324-325.)

libérer l'enfant des contraintes de l'accommodation au réel, en assimilant le réel au moi, fonction qui est dévolue chez l'adulte à la rêverie. Comme le note Vandenplas-Holper (1979) le jeu symbolique donne à l'enfant une occasion de revivre en les transposant des situations qui se sont avérées désagréables dans la réalité ; il exerce de ce fait une fonction cathartique en permettant la réalisation de désirs et la liquidation de conflits.

On trouvera dans l'encart ci-dessus l'excellente analyse de la typologie et de la chronologie des jeux symboliques proposée par Bideaud *et al.* (1993), d'après Piaget.

• *Représentations préopératoires statiques (4 à 5-6 ans) et articulées (5-6 à 7-8 ans), et jeux symboliques.* À cette période les jeux symboliques se rapprochent du réel, la recherche de vraisemblance réduit la part d'assimilation du réel au moi, en faveur d'une meilleure adaptation au réel représenté. De plus, plusieurs partenaires collaborent dans les jeux ; les symboles perdent leur caractère individuel au profit d'une mise en commun nécessaire au jeu. Les partenaires se distribuent les rôles, mettent au point le « scénario » et la participation de chacun à sa réalisation. Les jeux symboliques prennent de plus en plus l'allure de véritables « jeux de rôles », que nous aurons à revoir à propos de l'acquisition des rôles sociaux.

On doit faire à propos des jeux symboliques une remarque identique à celle déjà soulignée à propos des jeux fonctionnels. Si les jeux symboliques connaissent leur apogée entre 2 ans et 5 ou 6 ans, cela ne signifie pas pour autant qu'ils disparaissent ensuite. Moins fréquents chez le grand enfant, l'adolescent et l'adulte, ils sont plus complexes, utilisent des systèmes de significations de plus en plus codés. On en trouve des traces dans le goût pour certaines formes de distractions. La reine Marie-Antoinette jouait à la bergère. De nos jours des adultes par ailleurs très bien insérés dans la vie urbaine, vivent leurs journées de liberté dans des camps « d'indiens », etc. Faire semblant d'être un autre est un délassement relativement fréquent…

• *Les opérations concrètes (7-8 à 11-12 ans) et l'apparition des jeux de règles.* Au troisième sous-stade de la longue période de préparation et de mise en place des opérations concrètes, lorsque l'enfant a entre 5 et 7 ans, quelquefois même à partir de 4 ans, on voit apparaître les jeux de règles. Cependant ils deviennent plus fréquents, mieux organisés, au cours de la période des opérations concrètes, à partir de 7-8 et 11-12 ans. C'est encore la forme de jeu la plus fréquente chez l'adolescent, à la période des opérations formelles.

Selon Piaget : « Il existe trois catégories principales de jeu et une quatrième qui fait la transition entre le jeu symbolique et les activités non ludiques ou adaptations "sérieuses". La forme primitive du jeu, la seule qui soit représentée au niveau sensori-moteur, mais qui se conserve en partie dans la suite, est le "jeu d'exercice", qui ne comporte aucun symbolisme ni aucune technique spécifiquement ludique, mais qui consiste à répéter pour le plaisir des activités acquises par ailleurs dans un but d'adaptation… ou par plaisir d'être cause et d'affirmer un savoir nouvellement acquis (ce que fait encore l'adulte avec une nouvelle auto ou un nouveau poste de télévision). Puis vient le jeu symbolique… qui trouve son apogée entre 2-3 et 5-6 ans. *En troisième lieu apparaissent les jeux de règles (billes, marelle etc.) qui se transmettent socialement d'enfant à enfant et augmentent donc d'importance avec le progrès de la vie sociale de l'enfant.* Enfin, à partir du jeu symbolique se développent des jeux de construction encore imprégnés au début de symbolisme ludique, mais qui tendent dans la suite à constituer de véritables adaptations (constructions mécaniques, etc.) ou solutions de problèmes et créations intelligentes. » (Piaget, 1973, p. 47, souligné par nous.)

On aura compris, à partir de cette citation, l'importance du jeu en général, et celle particulièrement du jeu de règles, en relation avec le développement cognitif et les progrès de la socialisation.

Au plan du développement cognitif, la mise au point de règles dans un jeu, ou l'utilisation de règles proposées par un partenaire ou transmises socialement comme conditions de fonctionnement d'un jeu, suppose l'accès aux opérations concrètes. L'exposé des caractéristiques du fonctionnement cognitif de l'enfant de ce niveau est hors des objectifs de cet ouvrage. L'étudiant aura intérêt à consulter Tourrette et Guidetti (1994). Rappelons cependant quelques données.

La pensée de l'enfant est d'abord égocentrique, par incapacité de se décentrer, c'est-à-dire de prendre en compte le point de vue d'autrui, pour le coordonner avec le sien. L'égocentrisme va se réduisant avec le développement. Vers 5 ans (sous-stade des représentations articulées), la pensée est encore égocentrique, c'est-à-dire prélogique, préconceptuelle et intuitive. L'intuition est une action intériorisée, fondée sur les représentations, mais encore dépendante de l'action et des perceptions. La pensée intuitive de l'enfant de cet âge ne lui permet pas de se décentrer pour examiner simultanément tous les points de vue, et par conséquent de concevoir une possible symétrie des relations qui permette la réversilité (par ex. un enfant de 5 ans déclare qu'il a un frère, mais répond négativement si on lui demande si son frère a un frère).

Vers 5-6 ans le raisonnement se modifie, par réduction de l'égocentrisme. Les progrès de la décentration permettent d'envisager simultanément différents points de vue et se situer par rapport à l'ensemble des perspectives possibles. L'enfant établit un système de relations communes et réciproques entre les choses, les personnes et lui-même. La pensée devient plus mobile, les représentations s'articulent et se coordonnent. Une telle coordination se produit au cours de régulations successives, qui se traduisent par une certaine instabilité et des hésitations, marques d'un niveau intermédiaire entre les premières intuitions et les opérations réversibles.

Vers 7-8 ans (mise en place des opérations concrètes) la pensée devient opératoire. Piaget définit l'opération comme une *action intériorisée, réversible, et qui peut se coordonner en structure d'ensemble.* La pensée représentative se caractérisait déjà aux étapes précédentes par l'intériorisation de l'action. L'élément nouveau, qui marque le passage aux opérations, est la réversibilité. La réversibilité d'une action suppose l'existence d'un invariant, c'est-à-dire d'une caractéristique qui reste identique, qui ne varie pas, à travers les transformations (par ex. la quantité d'un liquide reste invariante quelle que soit la forme du ou des récipients dans lesquels on le transvase). Lorsque l'enfant reconnaît l'existence d'un invariant permettant d'annuler l'effet d'une action par l'action inverse (par ex. écarter puis resserrer, enlever puis remettre, etc.), la pensée réalise des opérations mentales. Ces opérations sont d'abord concrètes, parce qu'elles portent sur des objets concrets, réels, manipulés par l'action ou en représentation. C'est seulement beaucoup plus tard, vers 12 ans et au-delà, que ces opérations mentales pourront porter sur des contenus abstraits (hypothèses, propositions formalisables). En ce qui concerne les opérations concrètes, la capacité opératoire dépend encore du contenu à quoi elle s'applique (par ex. l'invariance de la matière à travers les modifications de sa forme est atteinte vers 7-8 ans, celle du poids vers 9-10 ans, celle du volume vers 11-12 ans).

On conçoit que la mise en commun et l'usage des règles d'un jeu supposent la coordination des points de vue et la capacité aux opérations concrètes.

• *Les jeux de règles.* C'est dans *le jugement moral chez l'enfant* (1932) que Piaget traite des jeux de règles. Le propos essentiel de l'ouvrage est de déterminer la façon dont se développe chez l'enfant la connaissance des règles qui régissent les relations dans la société. Il ne s'agit pas de statuer sur la valeur de ces règles (sont-elles «morales»? sur quelle éthique, quel humanisme, se fondent-elles? quelle est leur universalité? quelle épistémologie des règles sociales pourrait-on évoquer? etc.). Il est clair que ces questions, quelle que soit leur importance, ne caractérisent pas le mode de pensée enfantin, même si la pensée adolescente s'y implique. Plus simplement, étant donné l'ensemble des contraintes qui soumettent une société à des règles, comment au cours du développement, l'enfant conçoit-il ces règles? comment le jugement moral et le sentiment de justice se développent-ils au cours de l'enfance et de l'adolescence? Il est intéressant de noter que l'analyse des jeux de règle (plus précisément celle du jeu de billes) est considérée comme susceptible d'éclairer la même problématique.

Remarquons que le jeu de billes se prête particulièrement bien à une étude développementale. En effet il repose sur des objets (les billes) dont on peut examiner l'usage par l'enfant très jeune, avant toute intervention de règles, même provisoires et individuelles (l'enfant peut jouer avec une ou des billes comme il jouerait avec n'importe quel autre objet). On joue encore aux billes dans la grande enfance, avec des règles complexes. Il y a bien des rapports entre le jeu de billes et le jeu de boules, qui passionne beaucoup d'adultes, et atteint souvent au statut de sport de compétition. Du reste dans les régions ou le jeu de boules est à l'honneur les grands enfants y jouent déjà, même s'ils jouent encore aux billes, le contexte matériel étant souvent déterminant.

L'analyse du jeu de billes conduit Piaget à y relever trois étapes :

– *Vers 2-3 ans* le jeu de billes ne suppose aucune règle, si ce n'est celle, toute momentanée, qui décrit l'action de l'enfant. À travers la manipulation des billes l'enfant se livre à des jeux d'exercice moteur, ou à des jeux symboliques. « 1 - Jacques (2 ans 11 mois) prend les billes et les fait tomber de haut l'une après l'autre... 2 - J. les arrange à terre dans un creux et dit "je fais un petit nid..." 3 - J. prend une bille, l'enterre, et fait un pâté dessus ; il la déterre et recommence... » (*Ibid.* p. 19, 1973.)

– *Dès 5-6 ans, jusque 9-10 ans*, la règle du jeu de billes (qui se joue à plusieurs) est commune à l'ensemble des joueurs. Cette règle est intangible, elle provient d'une instance supérieure (l'adulte en général, un adulte particulier, le représentant de l'autorité) ; elle ne saurait être modifiée sur proposition d'un enfant. « ... On demande à Leh (5 ans 6 mois) si on peut modifier la règle pour que les plus jeunes enfants (les petits) puissent gagner : Non... Ce serait pas juste. - Pourquoi? - Parce que le Bon Dieu ferait que le coup du petit ne pourrait pas arriver aux marbres (billes) et que le coup du grand arriverait. » (*Ibid.* p. 38.) « ... Geo (6 ans) dit que le jeu de billes a commencé - par du monde, par les messieurs de la commune - Comment ça? - C'est venu dans la tête à ces messieurs et ils ont fait des marbres. - On peut changer le jeu? - Je crois qu'on peut changer mais je ne sais pas comment. N'importe comment? - Non, il n'y a pas de jeu n'importe comment. - Pourquoi? - Parce que le Bon Dieu leur a pas appris (aux conseillers municipaux), etc. » (*Ibid.* p. 39.)

– Vers *10-11 ans*, la règle s'impose à tous, puisque c'est une loi, mais elle repose sur le consentement mutuel. (En somme on n'est pas obligé de participer au jeu, mais si on le fait, on en accepte les règles). ce respect est obligatoire pour tous. On peut proposer une modification, mais il faut qu'elle soit acceptée par tous les joueurs. La règle a été mise au point par des enfants, et elle peut être modifiée par eux. « Ross (11 ans) "... Pourquoi y a-t-il une règle du jeu? - Pour pas toujours se chicaner, il faut prendre des règles et puis il faut jouer comme il faut. - Comment ça a commencé ces règles? - C'est des garçons qui se sont entendus entre eux et qui les ont faites. - Pourrais-tu inventer encore une nouvelle règle? - Peut-être... (il réfléchit). On prend trois marbres et on fait tomber de haut un marbre sur celui du milieu. - On pourrait jouer comme ça? - Oh ! oui. - C'est une règle juste comme les autres? - Les gamins pourraient dire que c'est pas très juste parce que c'est de la chance. Pour qu'une règle soit bonne, il faut que ce soit de l'adresse. - Mais si tout le monde jouait comme ça, ce serait une vraie règle ou pas? - Oh ! oui, on jouerait aussi bien avec ça qu'avec les autres règles." » (*Ibid.* p. 45.)

Il est intéressant de comparer cette évolution des règles de jeux à celle du jugement moral. Contrairement à ce qui était le cas pour le jeu de billes, les enfants ne sont pas observés puis interrogés « en situation ». On leur soumet le récit d'un événement, et de ses conséquences, et on leur demande d'évaluer ces actes, en faisant varier à la fois les intentions de l'acteur (une maladresse peut être commise au cours d'un acte dont l'intention était soit bonne soit mauvaise) et les conséquences de la maladresse (le dommage causé peut être plus ou moins important).

– Jusque vers 7-8 ans on relève une attitude d'hétéronomie. La morale obéit à des lois imposées de l'extérieur, ce qui prime c'est la soumission, l'obéissance aux règles imposées par l'adulte. La gravité d'un acte est déterminée par la gravité de ses conséquences.

– À partir de 9-10 ans l'enfant se montre capable d'envisager simultanément plusieurs points de vue, ce qui est rendu possible par le développement opératoire. De plus, les capacités nouvelles, grâce en particulier à la coopération, permettent «… la comparaison mutuelle des intentions intimes et des règles adoptées par chacun [ce qui] conduit l'individu à juger objectivement des actes et des consignes d'autrui, y compris des adultes» (*ibid.* p. 327). Les normes sont acceptées, avec leurs contraintes, puisqu'elles sont collectives et réciproques. Cette acceptation fait substituer la notion de contrat mutuel à celle d'obéissance. Le jugement moral repose alors sur la conscience du bien. L'hétéronomie fait place à une relative autonomie.

JEUX DE RÔLES ET RÔLES SOCIAUX

Les jeux de rôles constituent une catégorie de jeux très diversifiés, au cours desquels les enfants s'attribuent et attribuent à leurs partenaires des «rôles» dans des situations fictives, construites à partir de données réelles ou imaginaires, mais partagées socialement, situations qu'ils «mettent en scène» (jouer «à la marchande», «au papa et à la maman», à «Batman», etc.). Ces jeux constituent une partie des jeux symboliques décrits précédemment, mais méritent d'être considérés à part. La référence à la «prise de rôle» et aux «rôles sociaux» nécessite que ces notions soient décrites, avant que de s'attacher aux jeux enfantins.

«Rôles sociaux» et «prise de rôle»

Depuis Mead (1934) et Sarbin (1950) la notion de «rôles sociaux», et celle de «prise de rôle», ont fait l'objet de nombreuses analyses. La prise de rôle s'entend actuellement en deux sens différents, mais non sans liens. Shantz (1975) la définit comme un ensemble de processus cognitifs par lesquels une personne en vient à connaître et comprendre une autre personne. Cette notion renvoie à la capacité de «se mettre à la place» d'un autre, et par conséquent d'en inférer les points de vue; la capacité de prise de rôle suppose la décentration (opposée à l'égocentrisme). Entendu en ce sens, le terme est utilisé pour désigner les positions momentanées de deux personnes, ou les relations entre deux personnes. Ainsi le rôle dans ce sens est plus spécifique, plus momentané (par ex., les rôles de locuteur ou de récepteur dans la communication), que le «rôle social». De façon différente, la notion de «rôle» au sens que lui donne la théorie des rôles renvoie à une classe de conduites définies par un ensemble de fonctions ou de traits, conduites produites par un individu lorsqu'il occupe une position socialement spécifiée de façon plus ou moins étendue (par ex. l'institutrice de maternelle). Ces conduites sont organisées compte tenu des conduites liées aux rôles réciproques (le professeur et les élèves, par ex.). La théorie des rôles détermine également ce qui est attendu des personnes qui occupent les rôles sociaux, tels que le «rôle féminin» ou tel «rôle professionnel».

Il faut souligner, avec Monteil (*in* Champy et Etévé, 1994) que le rôle est lié à la perception qu'a le sujet de sa place dans l'ensemble social, ce qui nécessite une prise en compte des interactions de rôles liées à la présence d'autrui.

Les deux notions comportent cependant des points communs, manifestés en particulier dans les jeux des enfants. Jouer « à la maîtresse », tenir ce rôle, c'est manifester à la fois une certaine connaissance des attributs de cette fonction, et la capacité de se « mettre à la place ».

Les jeux de rôles des enfants

La notion de « jeux de rôles » désigne, dans certaines formes d'interventions cliniques, et surtout dans le champ des formations d'adultes, une technique particulière, où des scénarios relatifs aux relations humaines dans des situations sociales et professionnelles sont proposés aux participants. Nous signalons leur existence pour éviter les contresens éventuels. On s'intéresse ici aux jeux des enfants, dans des contextes spontanés.

L'observation des jeux spontanés des enfants éclaire sur leurs connaissances relatives aux rôles sociaux (Garvey 1977). Ces connaissances portent sur des classes d'individus, les relations qu'ils entretiennent, leurs objectifs, les séquences d'actions qui conduisent à la réalisation de ces objectifs, ainsi que sur les émotions et attitudes qu'on peut s'attendre à rencontrer chez les personnes placées dans ces conditions. Elles se développent avec l'âge.

• *Personnages et scénarios.* Dès le début de la troisième année, et surtout après 3 ans et demi, on constate la mise en œuvre de situations sociales bien identifiées, où les rôles sont précisés. À partir de 4 ans les enfants manifestent leurs connaissances portant sur : 1) les rôles et identités attribués à des personnes présentes ou absentes (le père, le docteur…); 2) le scénario de l'action (« on dirait qu'on va dîner… ») ; 3) les référents contextuels de l'action (objets, situations, lieux…).

Les personnages sont représentés par des caractéristiques physiques (prendre une voix grave pour faire le grand-père, une voix aiguë pour le bébé). Le scénario peut renvoyer à des situations réalistement « copiées » (la scène du nourrissage d'un enfant…) ; il constitue le plus souvent la réalisation d'une scène jamais observée en fait, schème général d'un ensemble de situations du même type. L'exemple suivant est emprunté à Garvey : un garçon (4 ans) « entre » et dit à sa partenaire : « Fini le boulot, tiens voilà un million », en faisant le geste de lui tendre des billets. À l'évidence l'enfant n'a jamais observé une telle scène. Ce qui est mis en scène, c'est le rôle masculin stéréotypé : travailler au dehors et apporter son salaire. De tels exemples manifestent à la fois l'existence de rôles stéréotypés, et les connaissances des enfants à propos de ces rôles (l'observation des jeux 25 ans plus tard conduirait aux mêmes constats quant aux schématisations des connaissances, mais ces connaissances auraient-elles les mêmes contenus?). Les rôles joués sont spécifiques (faire le ménage) ou généraux (jouer au papa et à la maman, ce qui englobe un certain nombre de rôles spécifiques) ; ils peuvent porter sur des personnages « réels » stéréotypés (pompier, maîtresse…), ou fictifs (Batman…).

ÉVOLUTION DES JEUX DE RÔLES (D'APRÈS BEAUDICHON ET WINNYKAMEN, *IN* OLÉRON, 1981)

Dès deux ans les enfants adoptent des rôles qui correspondent à leur expérience réelle. On retrouve là les « jeux symboliques » décrits précédemment : « faire comme si » on dormait, par exemple. Lorsque le jeu implique deux partenaires, le plus jeune tient le rôle directement connu (faire le bébé) tandis que l'aîné tient le rôle complémentaire (la maman). Les filles jouent le rôle maternelle avec des détails réalistes; les garçons sont plus vagues dans le rôle paternel. Les enfants plus âgés, vers 4 ans, jouent volontiers des rôles qui leur sont familiers, mais où ils n'ont jamais eu de part dans la réalité (le couple parental, où des rôles complémentaires professionnels tels que le docteur et l'infirmière, etc.)

La modification des connaissances relatives aux situations sociales, et à leurs acteurs, se manifeste à travers le choix des scénarios, leur complexité, l'intégration de données générales. Même si certains rôles sont quasi universels, leurs modes d'expression sont très marqués par la culture. Par exemple, préparer la nourriture pour la famille constitue une scène universelle, dont les acteurs responsables sont très souvent (mais pas toujours) les femmes. Les façons de faire sont culturelles, et différencient assez largement certains groupes humains; partout les enfants mettent en scène le rituel de la préparation du repas, et ce qu'ils jouent correspond à des schèmes différents.

• *Les principaux facteurs de différenciation.* L'âge et le sexe constituent les principaux facteurs de différences dans les jeux de rôles. L'évolution s'observe dans le choix des rôles, et celui des scénarios. L'encart 6 présente un résumé de l'analyse de l'évolution des jeux de rôles, d'après Beaudichon et Winnykamen (1981).

LE JEU ET LE SPORT

Les critères de comparaison

Chez l'enfant d'âge scolaire, et chez l'adolescent, la question des rapports entre le jeu et le sport se pose de façon complexe. Selon les critères qui définissent le jeu, son interface avec le sport est plus ou moins précise, et ces diverses interfaces peuvent ne pas coïncider.

Le critère peut être le contenu du jeu. Qu'il s'agisse de jeux d'exercice ou de jeux de règles, nous avons souligné leur présence à tous les âges. Dans le premier cas, la recherche d'un plaisir fonctionnel, lié par exemple à un exercice d'équilibre, de course, etc., ou du plaisir de se dépasser, en améliorant ses capacités, sans autre but que ces plaisirs, s'avère conforme à la définition du jeu, et ne semble pas contradictoire avec une activité sportive, reconnue comme telle. Certains jeux de règles procèdent de la même analyse. Un jeu collectif de ballon — dans lequel les règles précisent la façon dont on peut ou non propulser le ballon, la façon dont on peut aider ses partenaires, et réciproquement compter sur leur aide, le type d'actions que l'on peut ou non lancer à l'égard de l'équipe adverse, le but du jeu, et d'autres points — reste un jeu (que les garçons appellent foot) ou devient un sport (le football) sur des critères qui ne sont pas le contenu.

Le critère peut être aussi la gratuité, le caractère désintéressé du jeu. Dans les jeux de compétition on désigne généralement un gagnant et un ou des perdants, qu'il s'agisse d'individus ou d'équipes ; l'autosatisfaction liée à la réalisation et au résultat constitue également une « récompense ». Quant aux sports, malgré la professionnalisation de certains secteurs, leur pratique est encore très largement désintéressée.

Le jeu remplit chez l'enfant une fonction développementale. Il a, entre autres valeurs qui lui sont reconnues, celle d'être un agent de socialisation, d'acquisition de savoirs et savoir-faire dans différents domaines, y compris les domaines socio-relationnels. N'est-ce pas le cas aussi du sport? Il ne semble pas nécessaire de multiplier les exemples. Les rapports du jeu et du sport, particulièrement chez l'enfant, méritent une analyse. Dans ce domaine l'apport de Durand, est particulièrement significatif. On ne s'étonnera pas de trouver ci-dessous de larges emprunts à ses travaux, comme à ceux de quelques autres.

Définitions du sport

Une large partie des activités sportives, parmi celles qui retiennent le plus l'intérêt du public comme celui des chercheurs, a trait aux *sports de compétition,* qui concernent les sportifs de haut niveau. Le sport de compétition constitue « … une occasion d'évaluer et de repousser les limites des possibilités humaines en matière de performance motrice à la suite d'un entraînement systématique… » (Durand, *in* Doron et Parot, 1991, p. 645.) Quel que soit l'intérêt de ce type de sports, il est hors de l'objectif de ce chapitre.

Au sens strict, le sport se définit de la manière suivante : « Activités codifiées et régies institutionnellement correspondant à la pratique de différentes formes de compétition motrice entre deux ou plusieurs protagonistes. » (*Ibid.*) Dans un sens plus large la compétition n'est plus une condition de l'existence du sport. Par ce terme on désigne alors « … la pratique des activités physiques de loisir, à caractère plus ou moins spontané et compétitif » (*ibid.*). Entendu en ce sens, le sport de loisir n'a pas de finalité en dehors de lui-même, en tant que recherche de sensations agréables liées au mouvement. Dans de nombreux cas il correspond aussi à la recherche d'une insertion dans un groupe de relations sociales, groupe dont les membres ont une motivation commune, et qui fonctionne sur des bases différentes de celles d'autres groupes d'insertion institutionnels (famille, travail…), et avec des contraintes moins fortes.

Étant données ces définitions et celles du jeu qui ont été proposées, le sport de loisir semble se différencier davantage du sport au sens strict qu'il ne le fait du jeu, particulièrement du jeu d'exercice moteur et de certains jeux de règles. Deux différences subsistent cependant. En premier lieu, l'institutionnalisation, une des caractéristiques des sports, même si dans les sports de loisir elle est relativement peu contraignante, marque la frontière entre le sport et le jeu (Durand, 1994). La nature des régulations spatio-temporelles différencie également les activités de jeu des activités sportives chez l'enfant. En effet le jeu moteur éclôt spontanément, sans prévision temporelle, sauf à exclure les périodes dévolues institutionnellement au travail… exclusion que l'enfant sait parfois détourner ; il peut se produire à peu près n'importe où ; s'il suppose parfois des règles, celles-ci sont souvent des conventions que l'enfant se donne à lui-même ou qui sont communes aux joueurs dans l'ici et maintenant du jeu. Le sport, même le sport de loisir chez l'enfant, suppose une organisation acceptée par l'ensemble des pratiquants, des lieux spécifiés, une planification temporelle.

Jeu et sport chez l'enfant

Durand (1987, 1994), étudie les activités sportives de l'enfant selon trois aspects, qui permettent dans une bonne mesure de comparer ces activités à celles du jeu, d'un point de vue psychologique. les travaux relatifs à deux de ces aspects (les règles, et les motivations au choix et à l'abandon d'une pratique) sont résumés ci-après.

a) Jeux et sports comportent des règles. Pour Parlebas (1981, *in* Durand, 1994), il s'agit d'un contrat ludique entre les protagonistes du jeu ou du sport, contrat dont le respect conditionne le maintien de l'activité. Dans le cas du sport, les participants sont soumis à une triple contrainte : d'une part le respect des règles, d'un point de vue légal (d'ailleurs soumis au contrôle de l'arbitre), et d'un point de vue moral ; de l'autre, la recherche d'efficacité, inhérente au sport. Les enfants «… se perçoivent… [en]… situation paradoxale et contradictoire : les règles apparaissent comme une entrave à l'atteinte des objectifs désirés» (*ibid.* p. 54). Une étude inspirée des travaux de Piaget (voir ci-dessus l'analyse du jeu de billes) permet de dégager un certain nombre de données, présentées dans l'encart suivant.

La valeur de socialisation du sport est patente, au même titre que celle du jeu. Les attitudes à l'égard des règles suivent la même évolution, de la non-reconnaissance à la reconnaissance non symétrique, puis à l'acceptation d'une même règle pour tous, quitte à s'accorder quelques utiles transgressions…

Au plan des motivations de choix et d'abandon de la participation, jeux et activités sportives de loisirs se différencient davantage.

Concernant la décision de pratiquer un sport de loisir, on doit d'abord noter sa très grande fréquence. Si tous les enfants jouent, en France deux enfants d'âge scolaire sur trois pratiquent un sport, à un moment ou à un autre. Le sport, même le sport de loisir, est institutionnalisé au niveau des pratiques, ce qui suppose des contraintes. Il existe certes des contraintes liées au contexte social bien que les clubs où les enfants peuvent pratiquer au moins un sport soient assez largement répandus. On a vu que le jeu était libre ou n'était pas. Ce n'est pas le cas pour l'activité sportive choisie. Celle-ci ne l'est pas seulement par préférence personnelle, ou sous l'influence familiale, il faut aussi accepter les contraintes qu'imposent les disponibilités locales.

De plus, si le jeu n'a de fin qu'en lui-même, les activités sportives organisées se fondent sur une double motivation. La motivation d'accomplissement, avec la recherche d'efficacité dans l'interaction, constitue bien une motivation intrinsèque du même ordre que celle du jeu. Cette motivation intrinsèque est très présente dans le choix de pratiquer un sport de loisir. Mais les sports donnent lieu à tout un système de récompenses (médailles, coupes, trophées, etc.) qui constituent des motivations extrinsèques. Les recherches sur les motivations (Durand 1987, 1994 ; Thill, 1989) montrent la complexité des rapports entre les deux types de motivation.

LES RÈGLES DES JEUX SPORTIFS (D'APRÈS DURAND, 1994)

– Vers 5-6 ans, les règles sportives sont perçues comme imposées de l'extérieur par une autorité adulte. « Sans réelle utilité, elles sont transgressées sans vergogne à seule fin de se venger d'un adversaire ou de parvenir au résultat attendu. » L'enfant n'éprouve ni remord ni culpabilité.

– Vers 8-9 ans « apparaît un intérêt intense pour la règle en réaction contre la tricherie... omniprésente... [dans]... toutes les formes d'interactions ludiques ». Les règles sont jugées indispensables et légitimes pour empêcher la tricherie, mais en même temps on peut les enfreindre au bénéfice de l'efficacité. Les enfants ont donc une attitude ambivalente. « ... L'absence de décentration caractéristique de cette période les conduit à ne pas admettre le principe de réciprocité, d'égalité de tous devant la loi. »

– Vers 11-12 ans (aux abords de l'adolescence), « Les règles sont des conventions librement acceptées, dont la transgression est simultanément admise et réprouvée. Curieusement ces infractions font l'objet d'une rationalisation secondaire et les violations sont justifiées non plus par la recherche de l'efficacité mais au nom de critères moraux... Ils revendiquent un droit à enfreindre le règlement... [pour]... rétablir l'égalité des chances face à un adversaire perçu comme tricheur effectif ou potentiel. » Une action sportive illégale est évaluée différemment selon son résultat (but marqué ou non) et sa sanction. Le résultat est assimilé à une sanction. Si l'acte illégal est suivi d'un échec, il n'a pas à être sanctionné; s'il est suivi d'un succès, cet acte est considéré comme illégal ou scandaleux, et il doit être sanctionné. « Certes les enfants croient à une justice immanente, comme l'avait déjà noté Piaget, mais leur confiance en cette justice est limitée et ils ressentent le besoin de la compléter par une justice humaine représentée par l'arbitre. » (*Ibid.* p. 60.)

Les récompenses peuvent avoir pour conséquence une diminution de l'intérêt intrinsèque. « On voit parfois s'instaurer un enchaînement de fins et de moyens dans lequel l'activité sportive en tant que telle n'a qu'un statut de moyen assez rudimentaire et que l'on cesse d'activer dès lors que le réseau des objectifs qui le finalise cesse d'exercer un pouvoir attracteur. » (Durand, 1994, p. 62.)

Les abandons de la pratique sont très nombreux (Durand relève jusqu'à 75 % de l'effectif d'une année dans certains clubs). Ainsi un grand nombre de jeunes participants s'avèrent déçus. Il est donc particulièrement important de s'interroger sur l'adéquation de leurs motivations lorsqu'ils s'inscrivent, et ce que le « club » leur propose. On trouvera dans le tableau 1 les résultats d'une étude proposée par l'auteur cité sur le sujet.

Le modèle quasi unique proposé par l'institution sportive est fondé sur la motivation d'accomplissement (compétition, efficacité). Une partie des abandons pourrait s'expliquer par la déception de ceux qui recherchent autre chose (relations amicales, amusements) et par ceux qui acceptent le modèle proposé, mais ne

Tableau 1. Les motifs de participation chez de jeunes adolescents (les motifs sont classés par ordre d'importance) (d'après M. Durand, 1994, p. 63)

1. Amélioration de ses habiletés	16. Rencontre avec de nouveaux amis
2. Amusement	17. Victoire
3. Apprentissage de nouveaux gestes	18. Relations avec l'entraîneur
4. Épreuve, challenge	19. Se sentir important
5. Bien-être physique	20. Récompenses
6. Compétition	21. Briser l'ennui
7. Amélioration de son niveau	22. Tenue et équipement
8. Activité	23. Statut social
9. Forme physique	24. Rencontres amicales
10. Sensations fortes	25. Être à l'extérieur
11. Succès	26. Célébrité, notoriété
12. Esprit d'équipe	27. Détente
13. Actions collectives	28. Voyages
14. Exercice	29. Pression des parents ou des amis
15. Faire partie d'une équipe	30. Dépense énergétique

peuvent s'y conformer. Ils ne font jamais partie des gagnants et développent un sentiment d'incompétence ; « Pour schématiser, on pourrait avancer l'idée que, si les abandons sont tellement nombreux alors que le sport paraît si attirant pour les enfants, c'est que certains d'entre eux viennent chercher du jeu et qu'on leur propose une autre sorte de pratique. » (*Ibid.* p. 64.)

D'AUTRES JEUX…

Nous avons examiné successivement les formes de jeux retenues par les grands « classiques » que sont Wallon et Piaget. Ces auteurs soulignent, à juste titre, l'aspect développemental des activités ludiques. Si l'on s'intéresse aux acquisitions que permettent certains jeux, on peut être amené à les décrire en fonction des savoirs et savoir-faire qui en constituent l'enjeu. C'est le cas par exemple des « jeux sociaux ». L'existence de jeux sociaux est bien établie ; cette catégorie recouvre largement les jeux de règles, développés ci-dessus. Elle ne s'y limite pas. Les jeux de rôles, présentés dans ce chapitre, constituent à l'évidence une catégorie de jeux sociaux. Les jeux sociaux permettent la mise en œuvre de compétences et de savoir-faire sociaux parmi lesquels on peut citer, à titre d'exemples, des savoir-faire de communication référentielle et persuasive, la mise en œuvre de règles qui gèrent l'activité de chacun (comptines, distribution des fonctions dans le jeu etc.), des interactions avec des partenaires, interactions fondées sur la coopération ou la compétition. De tels jeux constituent aussi des contextes favorables aux acquisitions et à l'exercice des savoir-faire qu'ils impliquent.

Les objets physiques qui servent au jeu, qu'il s'agisse de jouets ou d'objets dont la destination principale était utilitaire, mais que l'enfant a investi dans son jeu, présentent eux-mêmes un caractère très largement social. Très tôt l'enfant intègre à ses jeux les objets qui se trouvent à sa portée ou que l'adulte lui procure. Ces objets sont, à l'évidence, porteurs d'une culture et d'une histoire, même si les fonctions qu'ils aident à exercer, ou les activités ludiques auxquelles les enfants les intègrent, présentent une structuration très largement transculturelle (Winnykamen, 1994). Partout les enfants dessinent, mais l'histoire et la culture font que les « outils » du dessin diffèrent largement selon que l'on vit son enfance à Paris ou dans un village d'Afrique sub-saharienne. Ce que les enfants dessinent dépend bien évidemment de leur niveau de développement, mais dépend aussi de leur environnement socioculturel.

Quant aux jeux interactifs du bébé avec sa mère, ou des enfants entre eux, ils ne sont pas développés ici. Ce n'est pas en effet au titre de jeux qu'ils seront considérés, mais comme illustration des positions sociocognitives qui seront exposées. L'illustration des notions que l'on expose par l'observation des conduites spontanées des enfants ramène le plus souvent au jeu... C'est donc une activité qui jalonne l'ensemble de cet ouvrage.

POUR ALLER PLUS LOIN

Bideaud J., Houdé O. et Pedinielli J.L. 1993. *L'Homme en développement.* Paris, PUF.

Caillois R. 1958. *Les Jeux et les hommes.* Paris, Gallimard.

Chateau J. 1950. *Le Jeu de l'enfant.* Paris, Éditions du Scarabée.

Durand M. 1987. *L'Enfant et le sport.* Paris, PUF.

Piaget J. 1946. *La Formation du symbole chez l'enfant.* Neuchâtel, Delachaux et Niestlé.

Piaget J. et Inhelder B. 1968. *La Psychologie de l'enfant.* Paris, PUF.

Wallon H. 1974 (rééd). *L'Évolution psychologique de l'enfant.* Paris, A. Colin.

5 *Développement, apprentissages, et interactions sociocognitives*

Les rapports entre l'apprentissage et le développement cognitif ont été traités abondamment, et diversement, dans la littérature, selon les différentes approches théoriques. On considère aujourd'hui qu'aucune de ces deux notions ne peut faire l'objet d'une analyse valable sans référence à l'autre. L'apprentissage, c'est l'acquisition de connaissances, comportements, savoir-faire nouveaux. Cette acquisition peut revêtir des formes différentes, s'appuyer sur des mécanismes différents, apporter des modifications différentes, selon la nature de ce qui est à apprendre, le contexte de l'apprentissage, certaines caractéristiques du sujet apprenant, son niveau développemental. Ce faisant, elle peut modifier ce niveau développemental.

Les apprentissages peuvent être subdivisés en deux classes, selon le niveau de complexité des activités sollicitées (George, *in* Doron et Parot, 1991). La classe la plus simple est constituée essentiellement par les différents types de conditionnements. Les apprentissages complexes, médiatisés par les représentations symboliques, dépendent de la signification que le sujet apprenant attribue aux stimulus, et aboutissent à la modification stable de certaines représentations. De tels apprentissages nécessitent une activité mentale de réorganisation des données ou d'élaboration d'une représentation, activité qui dépend de facteurs à la fois cognitifs, affectifs et conatifs. Dans la suite, le terme «apprentissage» renvoie à ces apprentissages complexes, en relation avec l'activité cognitive, elle-même dépendante, entre autres facteurs, du niveau de développement.

La vaste problématique évoquée ci-dessus dépasse largement l'objectif de ce chapitre. Il s'agit de l'étude de quelques aspects des relations entre le développement social (non sans rapport avec le développement cognitif), et les apprentissages complexes du domaine social, dans des contextes sociorelationnels. Une mise en perspective plus générale a semblé nécessaire.

Même restreinte aux limites qui viennent d'être signalées, une telle analyse ne serait pas compatible avec les dimensions de cet ouvrage. Aussi a-t-on sélectionné *quelques aspects* particuliers. La nature même du domaine étudié oblige à s'interroger sur la place attribuée au *langage* dans certaines approches théoriques. Le langage constitue un instrument privilégié des échanges interindividuels. Même s'il n'est pas, chronologiquement, le premier de ces instruments, son importance est reconnue par tous. Cet instrument de communication est de toute évidence acquis en situation sociale. De façon également incontestable, il sert aux apprentissages sociaux, comme il sert à la formation de concepts. Le propos n'est pas, ici, de décrire l'acquisition du langage et les étapes de son développement chez l'enfant. Le lecteur est renvoyé, pour ces points très importants, à l'ouvrage de Tourrette et Guidetti (1994). Une interrogation de même ordre, relative à la place de la relation sociale dans ces approches est tout aussi nécessaire. La place que ces théories accordent au langage et aux interactions sociales marque en effet une des différences essentielles entre le constructivisme piagétien et les diverses positions fondées sur le rôle des interactions.

On exposera ensuite les développements actuels de la psychologie de l'enfant dans le domaine sociocognitif, ce qui nous conduira à traiter des mécanismes sociorelationnels responsables de la modification des conduites.

LA POSITION DE PIAGET : PLACE DU LANGAGE ET DES INTERACTIONS SOCIALES DANS LE DÉVELOPPEMENT

La théorie opératoire de l'intelligence considère l'activité du sujet, principalement son activité sur les objets du monde physique, par le jeu des schèmes d'assimilation et d'accommodation, comme facteur essentiel du développement. La constitution des représentations, préparée au cours des derniers sous-stades de la période sensori-motrice, poursuivie dans la période de la pensée préopératoire, permet le développement de la pensée opératoire. Quelle est la place du facteur social, du langage, dans la constitution des représentations?

Langage, imitation et représentations

La fonction symbolique (ou sémiotique) et son développement au cours de la période sensori-motrice ont été décrits au chapitre précédent, à propos du jeu symbolique, une des formes que revêt cette fonction (les autres formes étant l'imitation différée, le dessin, l'image mentale, et le langage). Pour Piaget *le langage n'est pas constitutif de la pensée.* Loin de se trouver à l'origine de la fonction symbolique, il en est une des formes d'expression. Les symboles individuels, qui produiront les symboles collectifs, trouvent leur origine dans l'imitation différée (*Formation du symbole chez l'enfant,* 1946), elle-même en continuité fonctionnelle avec ses prémices, développés antérieurement. Le développement de l'imitation est en relation étroite avec celui de l'intelligence. En effet, c'est lorsque l'accommodation l'emporte sur l'assimilation que l'activité s'engage dans la direction de l'imitation. Celle-ci serait le simple prolongement des mouvements d'accommodation et on comprendrait sa parenté étroite avec l'acte d'intelligence dont elle ne constituerait donc qu'un aspect différencié. Au cours des trois premiers sous-stades, c'est-à-dire jusque vers 8 mois, on observe des « pré-imitations ». L'enfant reproduit les seuls actes du modèle qu'il a déjà exécutés, et qui produisent un feed-back perceptif. Au quatrième sous-stade le feed-back perceptif n'est plus nécessaire, et l'on constate un début d'imitation des modèles moteurs ou phonétiques nouveaux, imitations nouvelles qui se systématisent au cinquième sous-stade. Le sixième sous-stade est particulièrement important. À partir de 18 mois environ l'imitation présente trois caractéristiques nouvelles. L'enfant est désormais capable d'imiter des modèles nouveaux complexes ; alors qu'il imitait des personnes il est maintenant capable de copier des objets ; surtout, on relève à cette période des imitations différées. L'imitation se détache de l'action actuelle, en présence du modèle, et atteint les débuts de la représentation. Si la constitution des représentations doit peu au langage, elle est par contre directement issue de l'imitation. L'imitation engage l'action du sujet, mais le modèle imité est humain. les symboles d'abord individuels atteindront au niveau collectif à travers la confrontation sociale. Ainsi, on ne saurait nier la reconnaissance du social chez Piaget, mais un social au rôle accessoire, adjuvant. L'essentiel reste à l'action propre du sujet.

Quant aux relations du langage avec la constitution de la logique opératoire, la position est claire, « ... le langage ne constitue pas la source de la logique, mais est au contraire structuré par elle. En d'autres termes, les racines de la logique sont à chercher dans la coordination générale des actions (conduites verbales y comprises) à partir [du] niveau sensori-moteur dont... le schématisme continue dans la suite de se développer et de structurer la pensée, même verbale, en fonction du progrès des actions... » (Piaget et Inhelder, 1973, 5e éd., p. 71-72.)

Développement de la communication

La place du langage pour le développement des compétences à communiquer est considérée comme secondaire pour les mêmes raisons. Le niveau de développement, dans toutes ses dimensions, est dépendant du niveau cognitif, marqué chez le jeune enfant par l'égocentrisme. L'égocentrisme de l'enfant caractérise sa « connaissance du monde », qu'il s'agisse de ses relations à l'environnement physique ou à l'environnement humain. L'égocentrique se traduit par une indifférenciation entre la perspective du sujet et celle d'autrui, entre l'activité du sujet et les transformations de l'objet, avec assimilation du réel à l'action et la perception propre. Cette indifférenciation a pour origine la centration unique sur la perspective ou l'activité propre, la possibilité de prendre en considération deux points de vue différents, et de les coordonner, n'intervenant que de façon relativement tardive. Chez le jeune enfant, le langage est d'abord « égocentrique ». Cette position est développée dans un des premiers ouvrages de Piaget, *Le langage et la pensée chez l'enfant,* (1923). On trouvera dans Beaudichon (1982) une présentation synthétique de cette notion.

L'égocentrisme du langage enfantin se caractérise par l'incapacité à se décentrer par rapport au point de vue propre, le fait de parler « pour soi », de commenter l'activité personnelle. Le langage égocentrique comporte trois catégories de manifestations verbales : l'écholalie, ou tendance à répéter en écho la fin de l'émission vocale d'autrui, tendance présente dans les débuts de la période langagière ; le monologue, par lequel l'enfant commente son activité pour lui-même ; le « monologue collectif » où l'enfant parle pour lui-même en présence d'autrui, sans pour autant s'adresser à autrui. Relèvent donc du langage égocentrique toutes les verbalisations où « ... l'enfant ne s'occupe pas de savoir à qui il parle ou s'il est écouté. Il parle soit pour lui, soit pour le plaisir d'associer n'importe qui à son action immédiate. Ce langage est égocentrique d'abord parce qu'il ne parle que de lui, mais surtout parce qu'il ne cherche pas à se placer du point de vue de l'interlocuteur... L'enfant ne lui demande qu'un intérêt apparent, quoi qu'il ait l'illusion, évidemment, d'être entendu et compris. » (Piaget, 1923, p. 18.) Ainsi constitué le langage égocentrique s'oppose au langage socialisé, c'est-à-dire représentant un essai réel de communication, par production d'un élément de dialogue. « Il y a

LES STADES DE DÉVELOPPEMENT DE LA CONVERSATION ENTRE ENFANTS (D'APRÈS BEAUDICHON, 1982)

Résultats relatifs aux conversations spontanées :

Au stade 1 : (les enfants ont moins de 5 ans) comprend les monologues et monologues collectifs (voir ci-dessus).

Au stade 2 : (enfants de 5 à 7 ans) « … les locuteurs parlent aux partenaires de l'action propre ou de leurs pensées, sans toutefois qu'il y ait collaboration effective : ces échanges sont soit en harmonie -il s'agit alors d'association ces partenaires — soit contradictoires — il y a alors dispute. » (Ouv. cité, p. 35.) la collaboration qui caractérise le stade 2 reste en deçà de la pensée abstraite. Les échanges se limitent « … au domaine des objets et de l'action, sans prise de distance par rapport à celle-ci » (*ibid.*).

Au stade 3 : (au-delà de 7 ans) on note une « … collaboration dans la pensée abstraite, c'est-à-dire portant sur des thèmes indépendants de l'action immédiate. En outre la discussion y est basée sur des échanges d'arguments » (*ibid.*).

Résultats relatifs aux communications provoquées :

Entre 6 et 8 ans la compréhension des informations reçues et la capacité à les émettre progressent. Les performances sont moins mauvaises lorsque le référent est concret. La compréhension de l'information transmise par un pair ne dépasse pas 61 à 79 %. À tâche égale la variation maximale due à l'âge est de 9 %; la variation maximale due à la tâche, à âge égal, est de 15 %.

D'après Piaget les insuffisances de l'expression (informations elliptiques, incomplètes, sans liaisons logiques) de l'enfant émetteur sont dues à l'illusion que l'autre comprend tout. Cette illusion (jointe à celle qu'il comprend tout lui-même) est attribuée à l'égocentrisme, qui se manifeste aux plans intellectuel, verbal et social.

dialogue… dès qu'un enfant informe l'interlocuteur d'autre chose que de soi, ou dès que parlant de soi il suscite une collaboration… » (*Ibid.* p. 26.)

Le langage enfantin a été relevé dans deux situations. La première a permis l'analyse du langage spontané de l'enfant, c'est-à-dire, selon la procédure utilisée, l'analyse de l'ensemble des propos, à l'exclusion des réponses à des questions. Cette analyse conduit aux résultats suivants. Selon l'auteur, le langage égocentrique représente à 6 ans près de la moitié de l'ensemble des verbalisations spontanées. Entre 6 et 7 ans cette proportion diminue, pour n'être plus que du quart à 7 ans. La seconde situation, plus expérimentale, a porté sur 25 couples d'enfants. À l'un des membres du couple on fournit un ensemble d'informations relatives à un référent. On lui demande ensuite de transmettre ces informations à l'autre enfant, qui n'a pas participé à la première phase. Le référent pouvait être concret (le mécanisme de fonctionnement d'une seringue, représentée graphiquement), ou plus abstrait (un récit). On trouvera dans l'encart ci-dessus les stades représentant le développement de la conversation entre enfants, résumés par Beaudichon, dans *La communication sociale chez l'enfant* (1982).

Il convient de rappeler que les positions de Piaget relativement au rôle du langage dans le développement cognitif, ainsi que ses positions concernant le développement de la communication, ont évolué. Il n'en reste pas moins, en ce qui concerne le premier point, que le langage n'est pas constitutif de la pensée, qui lui est antérieure, même s'il s'avère ensuite être un instrument de la pensée.

Quant à la notion d'égocentrisme dans le langage, elle a donné lieu à de très nombreuses discussions. Si d'autres auteurs la retrouvent également, l'interprétation qu'ils en donnent peut être tout à fait différente.

Interactions et développement

L'enfant vit dans un environnement social : ce constat d'évidence est reconnu par tous. De même, toutes les explications proposées du développement prennent en considération à la fois les facteurs intrapsychiques et les facteurs interpersonnels. La pondération accordée aux uns et aux autres différencie largement les points de vue. Quel rôle cette insertion sociale joue-t-elle dans son développement?

Pour le constructivisme, théorie opératoire de l'intelligence, le sujet construit, à partir de ses actions, à travers les grandes étapes du développement, son appréhension du réel. Les structures qui conditionnent cette appréhension sont les mêmes, qu'il s'agisse du monde des objets physiques, ou du monde social. Le développement harmonieux de ses structures cognitives nécessite l'insertion du sujet au sein d'un environnement social favorable. Un environnement est d'autant plus favorable qu'il n'impose pas de contraintes restrictives et permet à l'enfant d'explorer le monde physique et d'en découvrir les relations en agissant sur lui. L'environnement est favorable aussi s'il organise le monde des objets physiques de telle manière que l'enfant trouve matière à exercer positivement ses schèmes, selon ses besoins. À l'inverse, les situations où des savoirs, des normes, des règles etc. sont supposés transmis culturellement par les parents, les maîtres, différents agents sociaux porteurs de prestige et de savoir, ne sont pas favorables au développement. De telles situations sont même susceptibles d'inhiber la progression, parce qu'elles imposent un mode de raisonnement, et gênent son élaboration autonome par l'enfant (Hinde *et al.*, 1988). Le mécanisme responsable des modifications des structures cognitives, en provoquant un déséquilibre vers une rééquilibration à un niveau supérieur d'organisation, est le conflit cognitif. Ce conflit peut résulter de l'inadéquation entre les attentes, les hypothèses, les inférences produites par le sujet à propos des relations des objets du monde physique par exemple, et les constatations qu'il est amené à faire quant au résultat de ses actions. Le conflit peut également se produire entre deux schèmes contradictoires à un moment du développement, s'ils sont activés simultanément (Inhelder Sinclair et Bovet, 1974). La notion d'interaction n'est pas absente de ce type d'explication, mais il s'agit d'interactions intrapsychiques entre les schèmes d'assimilation activés.

Comme le fait justement observer Tran Thong (1967), bien que la théorie ne fasse pas appel aux effets de l'interaction interindividuelle, on peut noter la trace de tels effets dans l'évocation par l'adulte expérimentateur du point de vue d'un autre enfant, supposé opposé à celui du sujet. On sait en effet que la résistance à la contre-suggestion peut mettre l'enfant en situation de conflit.

LA POSITION DE WALLON

Importance du social

La position de Wallon met l'accent sur le rôle du social. Cette importance des facteurs sociaux ne se fait cependant pas au détriment du biologique. Si l'importance accordée au biologique constitue un point commun à ces deux hommes de science que sont Piaget et Wallon, la place accordée au social les différencie radicalement. Pour Wallon : « L'homme psychique se réalise entre deux inconscients, l'inconscient biologique et l'inconscient social. Il les intègre diversement entre eux. Mais s'il veut se connaître, il doit établir ses corrélations avec l'un et avec l'autre. » Wallon (1932, *in* 1959, p. 219). Le milieu humain est tout aussi indispensable qu'un milieu physique biologiquement adapté pour la survie du bébé. « De plus, l'homme échappe à certaines contraintes du milieu physique en construisant le milieu symbolique qui lui est propre, avec et par le langage et les idéologies qu'il transmet. La caractéristique de l'homme, producteur de son milieu spécialisé, est fortement soulignée. » (Bideaud *et al.*, 1993.) Wallon insiste sur le caractère social du bébé, sur les subtiles interactions qui s'établissent entre lui et l'environnement humain dont il dépend intégralement.

Les capacités maturationnelles biologiques de l'enfant sont en interaction avec les éléments de l'environnement. Par environnement il faut entendre à la fois les données du monde physique et celles du domaine social. Les modes interactifs se différencient en fonction de la nature de l'environnement social. Deux catégories sont distinguées dans l'environnement social. La première catégorie se compose des groupes, dans lesquels la place des individus les uns par rapport aux autres est déterminée, ainsi que leurs rôles réciproques. Les groupes et l'enfant sont en rapport d'influences réciproques. Selon leur composition, les groupes sont plus ou moins proches de ce qui est désigné, dans l'introduction à cet ouvrage, comme l'environnement social au sens restreint, ainsi que certains réseaux relationnels. Comme on l'a vu, ces groupes deviennent plus diversifiés avec le développement ; l'enfant contribue à leur modification, comme ils contribuent à celle de l'enfant. La seconde catégorie est relative aux milieux. Cette désignation recouvre d'assez près ce qui est décrit dans l'introduction comme environnement social au sens large. Les milieux ont une influence sur le développement de l'enfant, mais on comprend que cette influence puisse être moins directe, et qu'elle s'exerce à travers la médiatisation des groupes, environnement plus immédiat de l'enfant.

Caractères principaux des thèses wallonniennes

Les deux caractéristiques essentielles de l'approche wallonnienne sont la prise en compte de la complexité, et celle des contradictions, réelles ou apparentes, qui doivent être expliquées. La complexité de l'homme et de son développement rend inefficace toute tentative de focalisation sur l'étude de l'un ou l'autre des quatre « secteurs » essentiels du fonctionnement humain : l'affectivité, la motricité, la connaissance, la construction de la personne. Serait également vouée à l'échec toute étude de l'homme séparément de celle de ses milieux de vie, des groupes humains dans lesquels il s'insère. Il n'est pas pertinent de centrer l'étude exclusivement « … sur le corps ou sur le psychisme, sur les déterminants biologiques… ou sociaux de la conduite, sur les composantes affectives ou… cognitives de l'activité, … sur ce qu'il y a d'individuel ou… de social en chacun d'entre nous. » (D'après Huteau, 1994, p. 1049.) L'intérêt, au contraire, consiste à montrer l'articulation de ces éléments, à travers leurs contradictions réelles ou apparentes. Le tonus tient une place très importante dans l'explication du développement. La motricité et son développement reposent sur l'activité musculaire. Celle-ci est caractérisée par la fonction clonique, de mouvement, déclenchée par des stimulations extéroceptives, à travers les organes des sens ; caractérisée aussi par la fonction tonique, stimulée par la sensibilité interoceptive, d'origine viscérale, et proprioceptive, d'origine musculaire. Rappelons que la fonction du tonus musculaire est le maintien de la posture. Même lorsque le muscle est au repos, immobile, il est le lieu d'une « tension résiduelle », le tonus. Le tonus a une double composante, plastique (posturale) et contractile (préparation et soutien du mouvement). Pour Wallon le tonus musculaire, la posture, sous-tendent l'expression des émotions. « L'émotion, au moyen des attitudes, postures, mimiques, est le premier moyen de communication de l'enfant. Elle lui permet d'agir sur autrui et c'est par son intermédiaire qu'autrui peut agir sur lui. L'émotion, par ses composantes motrices et viscérales, est un fait biologique. Par sa fonction d'adaptation et de communication primitive elle est aussi un fait social. » (Huteau, 1994, p. 1050.) Cependant, le tonus ne suffit pas à expliquer l'évolution de l'expression des émotions au cours du développement : « … les émotions, en tant qu'elles expriment aux autres les états subjectifs et s'exaltent de la participation qu'y prennent les autres, constituent une forme encore inférieure de la communication. Inférieures, elles ne sont pas un langage, les mimiques ne sont ni des signes ni des symboles, tout au plus des indices ; l'individu est absorbé en ses tensions. Pourtant elles sont indispensables à la saisie d'autrui en sa subjectivité propre, elles posent les préludes de la situation réciproque de deux sujets. Et il est possible de déceler, dans les formes de communication parlée, comme dans toutes les relations interpersonnelles et même sociales, l'action sous-jacente des joies, des colères, des peurs. » (Malrieu, 1979, p. 125.)

Les stades de développement

Wallon décrit le développement de l'enfant en termes de stades, mais chaque période de l'enfance doit être considérée comme une totalité, un ensemble, avec son originalité, et non comme un moment dans un déroulement développemental continu. L'évolution, au contraire, présente des discontinuités. Ces discontinuités s'expliquent par deux orientations des conduites. L'une, centrifuge, catabolique, suppose d'importantes dépenses énergétiques, elle est en rapport avec la prise de connaissance du monde extérieur, l'activité sur les objets. L'autre, centripète, anabolique, caractérise les périodes d'assimilation, périodes de construction de la personne. Phases centrifuges, où les activités de découverte du monde dominent, et centripètes, au cours desquelles se construit la personne, se succèdent, en alternance.

Le système décrit par Wallon comporte 6 stades. La période qui va de la naissance à deux ans se subdivise en un stade impulsif, de la naissance à 6 mois, stade (centrifuge) des réflexes et des automatismes. En chevauchement temporel partiel avec celui-ci, et une intensité maximale à 6 mois, on trouve le stade émotionnel (centripète), où les émotions se traduisent dans le tonus musculaire et par la sensibilité organique. Le stade sensori-moteur (de 8 à 12 mois) est de nouveau centrifuge; la généralisation des réactions circulaires (entre sensation, mouvement, et sensation) permet la coordination des champs sensoriels et moteurs. Au cours du stade projectif, entre 1 et 2 ans, on assiste à la mise en place de la mobilité volontaire, période au cours de laquelle le geste reste le support de la représentation; cette période est encore centrifuge. Peu après 2 ans, et jusque vers 5 ans, le stade du personnalisme, centripète, commence par une crise d'opposition (aux environs de 3 ans), et se continue par la période dite de grâce et de narcissisme, période où se déploient des activités imitatives intenses, sous forme de «jeux de rôles», période sur laquelle nous aurons à revenir. De 6 à 11 ans, pendant toute la durée de la scolarité élémentaire, se déroule le stade de la pensée catégorielle, avec une phase préparatoire, dite précatégorielle. Toute cette période est essentiellement centrifuge. Le stade de la puberté, enfin, marque les débuts de l'adolescence. De plus, les stades, bien que souvent opposés par leur orientation énergétique, et par la prépondérance du développement d'un groupe fonctionnel (par exemple l'affectivité ou la connaissance) ne présentent pas une grande homogénéité quant à leur contenu, mais seulement une prédominance : «La fonction qui s'élève et va régner ne doit pas moins composer avec celles dont elle tend à prendre la direction qu'elle n'est elle-même dominée par ses origines, entraînée par leurs conséquences et déjà désagrégée par d'autres végétations qu'elle rend possibles et qui la supplantent.» (Wallon, 1925, p. 68.)

Représentations et modes d'expression

On a vu que Piaget considère l'imitation comme représentant l'origine des images mentales, des représentations, par intériorisation des actions. De son point de vue les précurseurs de l'imitation jalonnent l'ensemble des sous-stades sensori-moteur. Nous nous proposons de décrire les rapports que l'imitation entretien avec la représentation chez Wallon, ce qui nous conduira à l'analyse des origines de la communication.

Pour Wallon *l'imitation est l'acte par lequel un modèle est reproduit.* L'existence d'une représentation du modèle en est la condition nécessaire. L'apparente précocité de l'imitation empêche d'admettre une antériorité de la représentation, pourtant nécessaire. C'est que l'imitation, telle qu'elle est définie ci-dessus ne se présente qu'à l'état constitué, où ses rapports avec la représentation du modèle sont désormais évidents. L'encart suivant présente un résumé (d'après Winnykamen, 1990) de l'évolution des conduites précoces en écho, puis imitatives, selon Wallon.

Comme on le voit, l'imitation n'est pas à l'origine de la représentation. Plusieurs points sont à souligner : 1) L'imitation et la représentation trouvent

Conduites en écho, puis conduites imitatives

Les conduites précoces, au cours des stades impulsifs, émotif et sensori-moteur, où certains ont cru voir des prémisses de l'imitation n'ont pas de relation de continuité avec elle. Ces conduites en écho trouvent leur origine dans les réactions circulaires. Il s'agit des échomimies ou reproduction en écho des mimiques, écholalies, reproduction des émissions vocales, et échopraxies, ou mouvements en écho. Ces dernières, simples réactions circulaires dont le circuit s'est ouvert sur des impressions de source extérieure, ne sont pas des imitations. En bref, l'imitation « vraie » n'est pas issue du mouvement, mais de la posture, laquelle accompagne aussi bien le mouvement que la perception. La posture est sous-tendue par le tonus, support du mouvement qui s'effectue et en prépare la suite. (Pour une présentation détaillée de la fonction posturale voir Tourrette et Guidetti, 1994). Mais la posture est aussi à mettre en relation avec la perception. Il s'agit d'un état combiné de sensibilité et de mouvement, simultanément ou alternativement préparation à l'acte et attente, prémouvement et préperception. L'attention prêtée par l'enfant à un spectacle n'est pas passive, et l'activité n'en est pas perdue, l'enfant est en état d'imprégnation perceptivo-motrice. L'intervalle entre l'imprégnation et la reproduction peut être plus ou moins long. Non seulement l'imprégnation devance la reproduction, mais elle peut être supérieure aux capacités d'exécution. Cette imitation n'est pas en effet une copie trait pour trait d'un modèle présent aux yeux du sujet ou à son esprit, sous forme de représentation. Cette préparation à l'action n'est pas une représentation.

L'imitation proprement dite n'intervient pas avant la deuxième moitié de la première année, au stade projectif, de mobilité volontaire. On observe d'abord des imitations-copies : l'enfant peut reproduire différents mouvements (plier les genoux, lever les bras...). Ceci suppose la mise en place d'un « schéma corporel », fruit de connexions entre les champs sensoriels (extéroceptifs) et posturaux (proprioceptifs), connexions construites au cours des investigations motrices de l'enfant.

L'imitation fantaisiste apparaît vers 3 ans (au cours du stade de personnalisation). Dans la mesure même du besoin d'affirmer sa personne, l'enfant s'intéresse à celle des autres, et le manifeste en les imitant, ce qui est à la fois mieux les connaître et s'approprier leurs avantages (Wallon, 1932). C'est la période où l'enfant « joue des rôles », dans des scènes de plus en plus complexes.

Vers 6 ans apparaît l'imitation instrument, moyen de nouvelles acquisitions. Le vouloir et le devoir imiter remplacent le problème du pouvoir imiter, désormais résolu.

Ces deux derniers niveaux, imitations fantaisistes et plus encore imitation-moyen, ou instrument, sont les manifestations de l'imitation intelligente. Elle suppose la dissociation entre ce qui est perçu actuellement, ou voulu, et ce qui est effectué. Au plan de l'action va pouvoir s'opposer celui de la représentation. Le sujet se perçoit comme distinct à la fois de ses actes et de ses représentations. Il y a eu passage de la fusion du sujet avec l'objet, ou la situation (par l'intermédiaire des constellations perceptivo-motrices contenues dans la posture) vers une distinction nette entre le sujet et les équivalents de l'objet que sont les représentations symboliques.

toutes deux leur origine dans la fonction posturale, le tonus. 2) L'imitation, issue de la fonction posturale, exerce une double fonction, elle est un instrument, un moyen d'acquisition, mais elle est aussi, du moins chez le jeune enfant, un mode d'expression socio-émotionnel. En effet : « L'existence en commun a été la matrice des émotions, dans la mesure où elle créait entre les individus une solidarité de comportements et, par conséquent, d'attitudes en rapport avec les différentes espèces de situations. C'est de là aussi qu'est née l'imitation. » (Wallon, 1942, p. 244.) 3) Le langage trouve son origine dans les attitudes, à travers les représentations et les imitations : « L'imitation, moule commun de la représentation et du langage, s'enracine dans la fonction tonico-posturale, base elle-même du lien social précoce. » (Jalley, 1981, p. 282.) « Le couple moi-l'autre est le point d'ancrage du couple signifiant-signifié, le double social, la racine du double mental, le principe du dédoublement interne nécessaire au jeu de la fonction symbolique. » (*Ibid.*) 4) On trouve dans la fonction tonique l'origine des émotions et de leur expression, commune au groupe humain d'appartenance, mais la fonction tonique ne suffit pas à expliquer le développement des émotions et de leurs expressions. En effet, « il ne faut pas aller du tonus à ses différents emplois, mais d'eux à lui, c'est-à-dire du fait à ses conditions, de la fonction à ses moyens ou à ses organes, de l'ensemble à ses parties. Car le pouvoir déterminant est dans ce qui se réalise, non dans ce qui sert à le réaliser. » (Wallon, 1925, p. 109.)

LA POSITION DE VYGOTSKI

Toutes les explications de l'acquisition et du développement des capacités prennent en considération leur caractère à la fois individuel et social. La part de l'un et de l'autre peut cependant être très différemment appréciée, on l'a vu avec les positions exposées ci-dessus. Les processus cognitifs ne fonctionnent jamais dans un vide social, et dans aucune approche théorique les formes dans lesquelles ils s'expriment ne sont considérées comme indépendantes des influences socioculturelles. De même, les facteurs sociaux ne peuvent s'analyser sans référence à des processus cognitifs individuels ; ils sont perçus à l'aide d'instruments, de schémas, culturellement transmis mais cognitivement structurés. On aura compris, à travers la comparaison des points de vue de Piaget et de Wallon que, nonobstant la réalité de cette double prise en considération, la part accordée à chacun des facteurs peut différencier radicalement les écoles. Lev Sémionovitch Vygotski peut être considéré (avec beaucoup de retard) comme un des pères fondateurs d'une psychologie largement fondée sur les aspects sociaux, dans l'explication du développement des fonctions psychiques supérieures. On se propose de présenter rapidement Vygotski et son œuvre, puis d'examiner la place accordée au langage et, d'une façon plus générale, aux interactions dans le développement de l'enfant.

Une « découverte » récente d'une œuvre déjà ancienne

La vie et l'œuvre de Vygotski sont restées à peu près ignorées de la psychologie anglo-saxonne et francophone jusqu'en 1962, date de la publication d'une première traduction en anglais d'une version réduite de l'une de ses œuvres,

Résumé du texte de Zazzo, *in Enfance* (1989)

Cinq colloques internationaux consacrés aux travaux de Vygotski, ou qui leur font une large place (*Vygotski et les sciences de l'homme*, Rome, 1979; *Les problèmes de l'anthropologie culturelle*, Buenos Aires, 1984; Mexico, 1984, où « Blanck s'emploie à montrer que les travaux de Vygotski devraient nous permettre de résoudre l'affrontement entre le structuralisme sociologique de Lévi-Strauss et le constructivisme psychologique de Piaget » (1989, p. 3); Budapest, 1988; enfin, Paris, 1987, où figure la propre contribution de Zazzo), et de très nombreuses publications, manifestent l'extraordinaire intérêt actuel pour ces travaux.

« À 21 ans, quand éclate la révolution d'Octobre, il est étudiant à l'université de Moscou. Un étudiant peu ordinaire : il s'initie à la littérature, aux beaux-arts, à la linguistique, à l'anthropologie culturelle pour aboutir à la psychologie. Engagé dans le mouvement qui bouleverse son pays, il entreprend une critique impitoyable de la psychologie de son temps. Il s'emploie à résoudre, à dépasser, les contradictions dans lesquelles elle se débat. Il s'oppose au béhaviorisme qui règne alors en dogme tout autant qu'à la psychologie d'introspection....Il voyage en Europe pour voir sur place ce qui se fait, ce qui s'élabore. À la fin des années 20, il apparaît comme le chef de file de la jeune école soviétique... » (*Ibid.* p. 4.)

Vygotski anime la *Troïka*, dont les autres membres, Luria et Leontiev, de quelques années plus jeunes, collaborent étroitement à ses travaux. En particulier, c'est Vygotski et Luria qui présentent, en 1929, la critique de la notion d'égocentrisme du langage enfantin développée par Piaget. Vygotski et Leontiev cette fois, dans leurs travaux sur la perception, considèrent le réflexe conditionné comme une notion trop simple pour permettre l'étude des conduites complexes. « Ce sont eux qui suggèrent à Pavlov, vers 1932, la notion de "second système de signalisation". Un système qui introduit le niveau symbolique, c'est-à-dire une médiatisation entre le stimulus et la réponse. » (*Ibid.* p. 6.)

En 1936 « ... le bureau politique publie le fameux décret "contre la paidologie". C'est... la condamnation... de toute référence — fût-elle critique — aux apports de la psychologie occidentale. D'ailleurs toute psychologie est suspecte d'individualisme. Bref, Vygotski avait été la première victime d'une politique d'isolement, d'une dictature idéologique s'instaurant dans un climat de guerre imminente. » (*Ibid.*)

En 1954, un an après la mort de Staline, la situation se modifie : une délégation soviétique participe au Congrès international de psychologie à Montréal, auquel Zazzo participe également. Leontiev propose à Zazzo de faire publier certains textes de Vygotski en Occident, ce qui accélérerait sans doute la levée du voile en URSS même. Le projet n'aboutit pas en France, mais ces textes sont publiés en 1955 aux USA. La même année Piaget, Fraisse et Zazzo sont invités à Moscou par l'Académie des sciences pédagogiques. En 1956, les mêmes textes étaient publiés à Moscou.

Pensée et Langage. Le même ouvrage dut attendre 1984 pour se voir publié en français. *Pensée et Langage*, dans la version russe originale avait été publié en 1934, peu après la mort de l'auteur, à l'âge de 38 ans... Il est vrai que l'œuvre de

Vygotski avait été occultée en URSS même, dès 1936. *Pensée et Langage*, fut réédité en Russe en 1956, et une grande partie de ses quelques 200 autres textes l'a été à partir de 1980. Au cours des dix années (de 1924 à sa mort) qu'il a consacrées à la psychologie il a produit, seul ou avec les deux autres membres de la *Troïka*, Luria et Leontiev, une œuvre considérable quantitativement, mais plus encore par l'importance théorique de son contenu. René Zazzo, dans le numéro spécial de la revue *Enfance* (1989) consacré à Vygotski, s'exprime sur les raisons pour lesquelles cette œuvre est restée si longtemps méconnue. l'encadré ci-dessus reprend et résume ce texte.

Le modèle de transmission sociale de Vygotski

Le modèle de transmission sociale de Vygotski constitue un cadre théorique fort, qui concerne l'étude du psychisme humain comme produit d'une genèse sociale, historico-culturelle, par la médiation de systèmes de signes, principalement du langage. Deux notions principales rendent compte du psychisme humain. En premier lieu, l'activité humaine se caractérise par une double transformation : celle du milieu, produite par l'activité de l'homme, et celle de l'activité elle-même, comme résultante des transformations qu'elle a produit. Deuxièmement, les instruments de ces transformations dialectiques sont à chercher dans les systèmes de signes, essentiellement le langage, qui permet l'intériorisation progressive, en activités mentales, des activités d'abord pratiques.

Le groupe humain auquel l'enfant appartient, qui l'accueille en son sein dès la naissance, est façonné de façon particulière par son histoire et sa culture, qui trouvent elles-mêmes leur place dans l'évolution historico-culturelle du milieu au sens large auquel ce groupe appartient. Ainsi, à travers les interactions directes, socio-affectives, c'est un ensemble d'influences sociétales qui agissent.

• *Interactions sociales et «Zone proximale de développement».* L'enfant découvre son environnement et apprend à agir sur les objets grâce à la médiation sociale, à travers ses interactions avec autrui. C'est aussi à travers ses interactions sociales qu'il apprend à utiliser le principal système de signification que constitue le langage pour la régulation progressive de ses activités. Les régulations sont d'abord interpersonnelles, la gestion en revenant au partenaire adulte. Progressivement ces régulations se trouveront sous la responsabilité des deux partenaires. L'aboutissement du processus d'intériorisation des régulations rend manifeste l'autorégulation, ou autogestion, désormais intra-individuelle. Ainsi, toutes les capacités de l'enfant apparaissent d'abord en situation interindividuelle. Ces mêmes capacités peuvent être mises en œuvre et régulées de façon intrapsychique en un second temps, après des délais variables, parfois longs. Les interactions avec des partenaires plus compétents s'avèrent nécessaires au développement d'une pensée qui sera autonome à l'issue du processus. Les activités menées avec la tutelle de l'adulte ou de l'aîné permettent la mise en relation des actions et de leurs résultats, des significations langagières et des effets qu'elles permettent d'obtenir.

La notion de «zone proximale de développement», ou de proche développement, avancée par Vygotski, rend compte des rapports à établir entre le niveau de développement actuel, et les apprentissages potentiels qu'il autorise, au cours des interactions sociales de guidage. Face à une activité donnée, le sujet travaillant seul, présente à un moment donné un niveau de performance *n*1, c'est son niveau actuel ; on peut, face à une tâche identique ou similaire, évaluer le niveau de performance *n*2 qu'il peut atteindre, avec le guidage approprié de l'adulte, c'est son niveau potentiel ; le niveau *n*3 caractérise la performance dont il se montrera capable en gérant sa tâche de façon autonome après la fin des interactions de guidage. Les progrès réalisables grâce au guidage de l'adulte dépendent du niveau de développement actuel du sujet. L'étayage de l'enfant par l'adulte rend possible la transition entre le guidage externe et l'autoguidage, à travers une période de guidage interindividuel où la contribution de l'adulte se fait progressivement moins importante, au bénéfice de la contribution du sujet. Il faut insister sur le fait que l'efficacité de l'aide apportée par l'adulte à l'enfant reste déterminée par le niveau de capacités actuelles de ce dernier. Si l'activité proposée par l'adulte se trouve trop éloignée de ses capacités actuelles, la progression ne pourra se réaliser. Les acquisitions dépendent donc à la fois du niveau déjà atteint, et de l'apport d'une aide instrumentale. Vygotski donne lui-même la définition suivante de la « zone proximale de développement » : « … l'élément central pour toute la psychologie de l'apprentissage est la possibilité de s'élever dans la collaboration avec quelqu'un à un niveau intellectuel supérieur, la possibilité de passer, à l'aide de l'imitation, de ce que l'enfant sait faire à ce qu'il ne sait pas faire. C'est là ce qui fait l'importance de l'apprentissage pour le développement et c'est là aussi précisément le contenu du concept de zone de proche développement. » (Vygotski, 1984, p. 272-273.)

Ainsi la culture s'avère-t-elle constituer le médiateur de toutes les compétences. Le développement cognitif est tributaire des interactions sociales, particulièrement dans les situations fortement asymétriques adulte-enfant. Les instruments de l'instruction que l'expert apporte au novice sont massivement constitués par la communication interpersonnelle, la démonstration, et la modélisation, tous trois sous-tendus par le langage. Selon Beaudichon *et al.* (*in Enfance*, 1989) ces instruments, s'ils n'ont pas été analysés explicitement par Vygotski, sont sous-jacents à sa construction conceptuelle.

• *Langage, apprentissage et développement*

Étant donné ce qui a été dit ci-dessus du rôle des interactions interpersonnelles dans les apprentissages, et donc dans le développement, on ne s'étonnera pas du rôle considérable dévolu au langage dans cette approche théorique. Il serait aussi faux cependant de considérer le langage comme préalable à la constitution de la pensée que de considérer l'inverse, c'est-à-dire de subordonner le langage à une préexistence des représentations cognitives. Langage et développement cognitif doivent être considérés dans leur dépendance, et dans leurs influences réciproques.

La période qui va de la naissance à 2 ans est qualifiée par Vygotski de *période prélinguistique de la pensée.* Déclarer que cette période est prélinguistique relèverait du truisme, si l'on s'en tenait à la stricte signification, qui renvoie à l'absence de langage. Mais l'appellation renvoie aussi à l'existence d'une pensée prélinguistique, donc d'une priorité développementale accordée à la pensée. Par ailleurs, les débuts du langage, avec l'apparition des premiers mots, qui se manifestent dans la seconde moitié de la première année, constituent pour l'auteur une *expression verbale préintellectuelle.* La *convergence des développements cognitifs et du langage* (entre 2 et 3 ans) constitue l'origine, et la spécificité, de « la pensée verbale et du langage intellectuel propre à l'espèce humaine » (Bideaud *et al.*, 1993, p. 416). Pensée et langage sont intriqués de façon indissociable. Leurs relations sont bidirectionnelles, dans un processus qui va de la pensée au mot et du mot à la pensée.

Le langage, principal système de signes, est un instrument psychologique qui « ... à la différence des outils matériels [n'a] pas pour fonction la transformation de la nature mais l'action de l'homme sur lui même et sur autrui » (Rochex, *in* Champy et Etévé, 1994, p. 1042). Les systèmes de signes « présentent pour chaque sujet humain un caractère d'extériorité et de contrainte et leur appropriation s'effectue dans les pratiques de coopération sociale qui règlent les échanges avec autrui. » (*Ibid.*) C'est ce à quoi donnent lieu les échanges dialogiques entre l'enfant et l'adulte, à l'évidence asymétriques, lorsque l'adulte est amené à fournir à l'enfant les significations des mots, matière à établissement de pré-concepts, eux-mêmes à l'origine des concepts qui seront développés par la suite. D'abord extérieurs, la régulation des activités de l'enfant étant dévolue à l'adulte, les systèmes de signes qui régulent ses interactions avec autrui, s'internalisent (s'intériorisent), pour s'appliquer à la conduite propre de l'enfant, qui devient ainsi capable d'autorégulation (Deleau, 1990).

Le développement des systèmes de signes se produit donc de l'extériorité vers l'intériorisation, les régulations évoluent de l'interpsychique vers l'intrapsychique. Il y a bien chez l'enfant un langage égocentrique, mais la signification développementale que Vygotski confère à cette notion s'oppose de façon radicale à celle de Piaget (voir ci-dessus la position de celui-ci). Rappelons que pour Piaget le langage et la pensée égocentriques représentent une étape vers la décentration du raisonnement et le langage socialisé. Pour Vygotski le langage est d'abord social, interindividuel, le langage égocentrique se dégage progressivement du langage socialisé, et évolue vers le langage intérieur, qui est de fait un langage intériorisé (voir l'analyse dans Schneuwly et Bronckart, 1985).

Le langage d'abord extérieur, puis égocentrique, puis enfin intérieur, remplit une fonction d'instrument de la pensée, en ce qu'il assure le contrôle des activités de l'enfant, leur régulation, la planification et la direction des actions. L'intériorisation du dialogue a pu faire dire que la conscience constituait « un dialogue avec soi-même » (Rochex, *ibid.*).

De même qu'en agissant instrumentalement sur le monde, l'activité de l'homme transforme le milieu, mais se transforme elle-même en retour, le langage intérieur n'est pas une simple reproduction du langage socialisé. Le langage modifie la pensée, mais est modifié par elle. En effet, le caractère de processus interne des fonctions est l'aboutissement d'un développement prolongé. Leur intériorisation est liée à des changements dans les lois qui gouvernent leur activité ; elles sont incorporées dans un nouveau système qui possède ses propres lois. (Vygotski, 1931, 1978.)

LA POSITION DE BRUNER

La position de Bruner s'avère proche de celles de Vygotski et de Wallon quant au rôle fondamental joué par la culture dans le développement, rôle rendu effectif par la médiation due à l'adulte en interaction avec l'enfant, particulièrement mais non exclusivement grâce au langage. On peut attribuer aussi à cette position la caractéristique commune aux approches de Vygotski et de Wallon, approches qui selon l'expression de Bideaud, Houdé et Pedinielli (1993, p. 91) « rendent compte du développement d'un sujet complexe-en-contextes ». Les travaux de Bruner et de ses associés vont cependant plus loin dans les illustrations empiriques proposées des notions clés évoquées pour justifier du caractère largement interindividuel des facteurs instrumentaux et des conditions contextuelles du développement de l'enfant, dans et par les interactions.

On se propose d'exposer brièvement la contribution de Bruner à l'explication de la nature et des effets des interactions interindividuelles dans le développement du jeune enfant (comparables, du moins dans certaines limites qu'il conviendra de préciser, à leur nature et leurs effets chez le bébé primate). À cette occasion se posera la question de l'élucidation des notions d'interaction, d'imitation... On discutera ensuite des fonctions de la communication, avec ses instruments et dans ses contextes interactifs. Les pages qui suivent s'appuient sur les travaux de Bruner et de ses associés, bien entendu, mais renvoient aussi à une synthèse que nous en avons publiée ailleurs (Winnykamen 1990), ainsi qu'à l'ouvrage de Deleau (1990), et celui de Bideaud *et al.* (1993).

Bruner et l'étayage des conduites

Dans sa préface à la traduction française d'un recueil d'articles publiés dans diverses revues anglophones, Bruner justifie la centration de son analyse du développement sur la nature sociale, interactive, de ce qu'il qualifie « d'entreprise de collaboration à travers laquelle on aide l'enfant à se développer. » (1983, p. 9.) Il souligne ses préoccupations fonctionnalistes et l'intérêt d'une perspective qui tient compte à la fois du rôle des techniques sociales dans le développement et de celui de l'orientation pragmatique qui guide les adultes comme les enfants dans la résolution de problèmes, particulièrement dans des situations interindividuelles. L'idée centrale, issue de l'anthropologie, souligne l'importance de la culture humaine dans le modelage de la conduite individuelle. Une telle idée renvoie nécessairement à Mead, mais aussi à Vygotski, dont Bruner revendique l'influence, particulièrement sur un point : on ne peut concevoir le développement humain autrement que comme un processus d'assistance, de collaboration, entre un enfant et un adulte, l'adulte agissant comme médiateur de la culture. L'immaturité permet l'éducabilité, et celle-ci repose notamment sur le jeu et l'imitation.

• *Place de l'imitation.* Pour Bruner l'imitation assure une fonction d'apprentissage par observation du congénère. Ce mode d'apprentissage constitue une condition nécessaire, mais non suffisante, de la transmission de la culture (1972/1983). L'apprentissage par observation est patent chez les primates. Une forme particulière d'imitation, que Kohler (1926, *in :* Bruner, 1972) qualifie de jeu sérieux, permet au chimpanzé l'apprentissage d'une technologie humaine : l'usage d'un pinceau et d'un seau de peinture, ou la suite d'opérations nécessitée par le lavage du linge. Il s'agit là d'imitation, et non de simple mimétisme, c'est-à-dire d'une conduite active et non d'une conduite en écho. Une telle possibilité requiert

INTENTIONNALITÉ ET NATURE DE LA CONFORMATION AU MODÈLE

L'acquisition, ou le développement d'un savoir-faire, par observation de son exécution par autrui, donc dans un contexte sociorelationnel, se fonde sur l'intention de mise en conformité de l'activité propre avec celle du modèle. Une telle mise en conformité intentionnelle ne porte pas sur une réalisation particulière, une instanciation spécifique, produite par le modèle, mais sur une adéquation de l'action aux fins de modification du milieu. L'adaptabilité du savoir-faire sera d'autant meilleure qu'il ne s'agira pas d'un décalque de l'action précise du modèle, mais d'une approximation susceptible d'équivalence (il existe plusieurs façons d'exécuter une action). Bruner qualifie de « paraphrase » cette forme de conformité au modèle. Comme le langage, en effet, le savoir-faire a des règles de substitution qui permettent d'accéder au même objectif, la signification, par un choix de différents moyens : « L'imitation… incorporant ce qui est observé à une conduite qui n'est plus calquée sur un modèle mais intelligemment orientée vers un objectif, suppose, bien entendu, la "conformité au modèle", la construction de la conduite… et la prise en compte du type d'ancrage déictique qui permet à chacun de nous de distinguer et mettre en relation des composantes analogues de sa propre conduite et de celle du congénère. » (1983, p. 50.) Ainsi, l'acte imitatif provient de l'intentionnalité du choix de ce moyen pour atteindre un but; il procède d'ajustements et de complexifications progressifs.

d'une part la capacité de se différencier de l'autre, et de se distancier par rapport à la tâche ; d'autre part la capacité à construire « un canevas d'action par distribution séquentielle adéquate d'une série de sous-routines élémentaires, dans le respect d'un modèle. » (*Ibid.*) La première condition implique la capacité à « … construire sa propre performance à partir de l'un des traits caractéristiques de l'acte d'un autre. Ce phénomène est connu en linguistique sous le nom de deixis : lorsque j'apprends que lorsque je dis je ce n'est la même chose que lorsque vous dites je. » (*Ibid.* p. 49.) Les grands singes manifestent une tendance à organiser leur propre conduite à partir d'une information en retour, l'apprentissage par observation en est un exemple. Ils manifestent aussi la capacité à organiser séquentiellement des sub-routines, déjà fonctionnelles, pour la construction de nouveaux schémas d'action. Pourquoi l'homme n'en serait-il pas capable?

Chez l'enfant (au-delà de la première enfance) la construction de nouvelles séquences d'actions, dirigées visuellement, se constitue à partir de l'amélioration progressive de ces actes, amélioration qui aboutit à des structures modulaires, à la construction de séquences plus étendues, et de rang plus élevé. L'habileté dans l'action suppose l'exécution séquentielle d'actes élémentaires en vue d'atteindre un objectif. La référence au modèle en permet l'auto-ajustement progressif. L'encadré ci-dessus reprend le résumé (Winnykamen, 1990, p. 129) de la position de Bruner relative à l'intentionnalité de la conformation au modèle, et à sa nature.

On ne saurait dénier l'importance de l'apport du partenaire humain dans ces activités d'apprentissage intentionnel par observation. Elles sont loin cependant de représenter l'ensemble des acquisitions sociales. Au-delà de la situation sociorelationnelle qui autorise l'observation de l'autre, un autre contexte social, d'une importance majeure, est constitué par les interactions.

• *Interactions et communications.* «Le terme interaction entendu en son sens large fait… référence à l'articulation des conduites de deux congénères mis physiquement en présence l'un de l'autre. Il renvoie donc à un ensemble de phénomènes qui s'enracinent fort loin dans la phylogenèse. À tous les niveaux de la série animale, en effet, on enregistre ce type particulier de modification mutuelle des comportements : entre congénères pour les activités alimentaires, les activités sexuelles, ou les soins par exemple… » (Deleau, 1990, p. 77.) Entendu en ce sens, très large en effet, beaucoup de ces interactions ne concernent guère l'ontogenèse, qu'il s'agisse de celle des primates, ou de celle de l'enfant humain. Comme le fait observer Bruner (1972), la variété des situations interactives, et l'importance de certaines d'entre elles pour l'ontogenèse deviennent de plus en plus grandes à mesure que l'on monte dans la série animale.

Comme le souligne Deleau, le risque de confusion n'a pas toujours été évité entre les interactions et les communications. Les situations de communication (et sous condition qu'il s'agisse de communications interindividuelles dyadiques) constituent un sous-ensemble des situations interactives. L'encadré ci-dessous résume la définition de la communication, proposée par Bronckart, dans le Dictionnaire de Psychologie (1991).

Le sens classiquement donné aux situations de communication présuppose dans la communication référentielle, un référent, connu de l'un des partenaires, et que l'autre devra reconnaître. L'accent est mis sur un transfert de signification, dans un schéma classique : un des participants, l'émetteur, code un message destiné au partenaire (le récepteur) et le produit ; le message concerne un référent (objet, personne, etc.). Le récepteur interprète le message (le décode).

Beaudichon (1982) souligne la nécessité de prendre en compte la complexité de la communication humaine. La désignation d'un référent par un symbole, par exemple, est loin d'être simple. Un des problèmes que rencontre le locuteur est le cas «… où il s'agit de trouver le symbole qui convient le moins mal possible au référent lorsqu'il ne dispose d'aucune correspondance, soit parce qu'il n'en existe pas dans la langue, soit parce qu'il ne la connaît pas encore. » (p. 12.)

Lorsqu'il s'agit d'interactions dans les travaux que Bruner consacre au développement du jeune enfant, c'est bien dans le sens restreint de situation interindividuelle dyadique, dans un contexte spécifié. De telles situations renvoient à la communication, prise également dans un sens très précis. Deleau, dans un ouvrage intitulé *Les Origines sociales du développement cognitif* (Armand Colin, 1990), propose une définition de la communication et de ses rapports avec les interactions : «… la communication… fait référence à des phénomènes davantage circonscrits et ne concerne que certains phénomènes interactionnels : ceux qui aboutissent à construire quelque chose qui, au terme d'une procédure interactionnelle devient commun aux deux protagonistes d'un échange» (p. 77-78). Une condition supplémentaire doit être satisfaite pour qu'une situation interactive se constitue en situation de communication. En effet «la communication implique bien plus qu'une simple dépendance interactionnelle

DÉFINITION DE LA COMMUNICATION, D'APRÈS BRONCKART (1991)

Prise au sens de communication sociale, la communication concerne les espèces animales comme l'espèce humaine. La communication sociale animale se définit «... comme un processus par lequel les congénères interagissent, dans le cadre des finalités de survie du groupe, au moyen de signaux plus ou moins spécifiques... Pour différencier l'épisode communicatif d'autres formes d'interaction comportementale, deux critères doivent être pris en considération : le statut social de l'interaction et le degré de spécificité du comportement déclencheur.» (P. 123.) C'est seulement à partir des mammifères supérieurs que la capacité à communiquer «se réalise en séquences comportementales qui font l'objet d'un apprentissage... Chez l'homme enfin, la capacité d'espèce se réalise en divers codes conventionnels à caractère sociohistorique, qui font en outre l'objet de représentations individuelles; la communication est dès lors gérée à la fois par le groupe et par les individus... Chez l'homme... ce sont des comportements spécifiques (comme la production sonore) qui sont dotés d'un statut de signal (ou de signe).» (*Ibid.*) Dans le cas de communications sociales humaines l'information générée dans l'épisode de communication a un double statut : «D'une part l'information peut se définir comme l'effet comportemental du signal... Dans l'espèce humaine par exemple l'individu qui a appris une langue connaît la valeur représentative moyenne de chaque signe; il en connaît le sens, ou le signifié... D'autre part la valeur informative d'un signal constitue toujours aussi un effet d'interaction; un comportement n'est signal que par les rapports fonctionnels qu'il entretient avec son contexte... Dans l'espèce humaine il (l'effet du contexte) est médiatisé, c'est-à-dire organisé par des règles d'usage... et en termes de rites d'interaction. Cet effet du contexte confère au signal sa seconde valeur informative, ou sa signification.» (*Ibid.* p. 124.)

entre organismes, elle est encadrée... par les contextes construits dans l'interaction elle-même entre des individus singularisés.» (*Ibid.* p. 80.) Quatre caractéristiques des situations de communication entendues en ce sens sont soulignées par l'auteur. La définition restreinte donnée aux situations que l'on peut dire interactionnelles de communication, a déjà signalée. Un second point d'importance majeure tient dans la notion de construction de la signification, construction commune aux deux partenaires, dans le décours même de la situation. Les conditions de contextualisation et de singularisation des partenaires sont indissociables de la construction commune du sens.

La notion de contexte, dont l'importance a été soulignée, mérite d'être précisée. Deleau (ouvrage cité) en présente une analyse, d'après Armengaud (1982). On peut distinguer trois niveaux de contextualisation. Le contexte situationnel détermine le type d'échanges possibles. En effet la discussion privée, l'entretien d'embauche, un oral d'examen etc. supposent un «savoir partagé» relativement aux modes d'échanges qu'impliquent ces situations. Le contexte interactionnel «... concerne l'enchaînement des actes selon des contraintes séquentielles qui lui sont spécifiques. C'est en son sein que se distinguent des rôles proprement pragmatiques : offrir, proposer, refuser, rétracter... et que pèsent les enjeux sur la conduite des échanges. » (*Ibid.* p. 81.) Le contexte interdiscursif se compose des énoncés échangés par les partenaires, ce qui en constitue l'aspect actuel, tandis que l'aspect temporel « ... comprend l'ensemble des croyances des interlocuteurs : leurs connaissances, leurs présuppositions, leurs attentes et leurs intentions. » (*Ibid.*) Ces trois niveaux de contexte, emboîtés, ne sont pas spécifiés antérieurement à l'épisode d'échange, mais « mis en commun » par l'activité même des partenaires. « La bi-contextualisation à un niveau plus large doit être considérée comme une condition de possibilité de la bi-contextualisation du niveau suivant. L'ensemble du processus soutient l'activité de bi-codification par laquelle les interlocuteurs constituent un code commun qui, lui, permet au terme de l'échange de déplacer le point au-delà duquel ils n'avaient pas encore de langage adéquat. » (*Ibid.*)

On conçoit que contextualisation et construction commune des significations dans la situation d'interaction dialogique présentent des caractéristiques particulières lorsque l'un des partenaires est un enfant de moins de un an, par exemple.

C'est dans ces interactions dyadiques précoces, qui reposent sur bien d'autres modalités d'échanges que les seules verbalisations, qu'il faut chercher l'ontogenèse des conduites. Une telle conception est dans la filiation des positions de Bruner, à qui d'ailleurs l'auteur cité se réfère.

Les premières acquisitions de savoir-faire dans les interactions mère-enfant

Le premier partenaire de l'enfant dans les interactions dyadiques est le plus souvent la mère. Aussi est-ce le couple mère-enfant qui a fait l'objet des analyses les plus fines. Il va sans dire que, s'il s'agit habituellement de la mère biologique, ce n'est pas là le fondement de la théorie. Dans la suite on se référera à « la mère » pour désigner le pôle adulte de la dyade, pourvu que la composition de cette dyade présente les caractères de proximité affective, et de stabilité, qui permettent l'établissement des « routines interactives », notion qui sera développée plus avant. L'approche de Bruner (et des psychologues du courant brunerien) accorde une place au couple, non à l'individu seul, dans l'ontogenèse et la constitution des compétences de l'enfant.

Les travaux de Bruner éclairent le rôle fondamental des interactions dyadiques mère-jeune enfant, en particulier pour l'acquisition des premières capacités cognitives et communicatives. La régulation des activités de l'enfant se fait dans l'alternance et la simultanéité dyadiques. La notion de « compétence prêtée » manifeste la proximité entre l'approche de Bruner et celle de Vygotski. En effet la mère, dans le décours même des épisodes interactifs agit avec l'enfant, mais à un niveau de réalisation légèrement supérieur à la compétence actuelle de l'enfant. Au cours de ces échanges, l'enfant met en œuvre, exerce, le plus souvent dans un contexte de jeu, ses savoir-faire débutants. Ces savoir-faire consolidés deviennent alors disponibles pour un usage autonome, mais aussi pour l'intégration à des habiletés plus élaborées, ou l'intégration de nouveaux savoir-faire, en cours d'élaboration.

Quelles que soient l'importance, la spécificité, la précocité des échanges entre la mère et l'enfant, il convient de ne pas négliger l'apport d'autres partenaires adultes qui entrent en interaction avec l'enfant. On pourrait multiplier les exemples, à mesure de l'élargissement du réseau relationnel de l'enfant, réseau dans lequel s'individualiseront quelques personnes, qui auront avec l'enfant des échanges interactifs, dans des contextes spécifiés. Sans doute pourrait-on avancer la notion « d'interaction didactique » pour certains échanges en situation d'enseignement/apprentissage. De ce point de vue aussi la position de Bruner est voisine de celle de Vygotski.

• *Contextes des échanges interactifs.* Pour qu'elles puissent constituer le cadre contextuel d'interactions au cours desquels s'élaborent les savoir-faire, les situations interactives doivent correspondre à certains critères. Il ne suffit pas, en effet, que la mère procède à la toilette de l'enfant pour que le contexte d'échanges efficaces se trouve réalisé. La situation « toilette » comme d'autres situations familières, fréquentes, constituent les contextes situationnels, au sens entendu plus haut, nécessaires à la construction commune de véritables épisodes interactifs. Au sein de tels contextes se développent, en collaboration, des formats plus spécifiques (Bruner, 1975). Un format est une situation d'actions-échanges dont on peut décrire les variables et les supports : tel type d'activité, avec telle séquence intention-réalisation-feed-back, dans tel contexte humain, et où jouent simultanément divers langages et divers codes, dont on peut faire l'analyse sur le plan de l'efficacité concrète.

Pour reprendre l'exemple de la toilette, un format d'actions-échanges pourrait être constitué par les routines du bain, ritualisées, où les activités de l'un et de l'autre, simultanées ou successives, prennent sens pour les deux partenaires. Ces activités « formatisées », ou routines, s'inscrivent séquentiellement entre une série d'actions-échanges ritualisées préalables (le déshabillage), et une série ultérieure (la sortie de l'eau, le séchage et tout son rituel). Les routines organisées à deux dont la succession vient d'être décrite sur un exemple concret s'inscrivent, on l'a vu, dans un contexte précis relationnel, qu'on pourrait dire « utilitaire », et quasi collectif dans une culture donnée (la toilette des enfants). Mais il est particularisé, singularisé, dans le cadre des échanges entre deux personnes spécifiques, dans un cadre spatial spécifique, avec un rituel spécifique. C'est cette particularisation qui crée la possibilité de véritables interactions (interactions discursives, selon Deleau). De plus, des « routines » particulières viennent se greffer en boucle sur les routines utilitaires ; il s'agit des jeux, épisodes interactifs spécifiques, qui n'ont d'autre fin que leur propre réalisation (l'enfant enfonce dans l'eau un canard en plastique, qui remonte, tandis qu'à chaque plongée la mère dit « plouf », ou « hop le voilà » à chaque remontée, etc.). Les formats seraient alors le contexte social bien précisé dans lequel prennent places les routines interactives. De tels formats « miniaturisent », cernent et simplifient les relations sociales en situation. Leur fréquence de répétition assure leur efficacité potentielle. Dans les 18 premiers mois de sa vie un enfant est changé, lavé, nourri etc. environ 2 000 fois pour chacune de ces routines, dans des situations identiques ou très voisines, avec un très petit nombre de partenaires, le plus souvent la mère.

• *Les routines d'interaction, et leur valeur fonctionnelle.* Les interactions auxquelles le très jeune enfant participe ont lieu au cours d'épisodes temporels discontinus (l'enfant n'est pas constamment avec sa mère, même dans ses périodes de veille ; quand il est avec sa mère il n'est pas constamment en interaction avec elle, par ex. il joue seul à manipuler un objet). Par ailleurs, les épisodes interactifs eux-mêmes diffèrent par leur nature, leurs objectifs, les routines instituées etc. Autrement dit, toute situation de présence simultanée des deux partenaires ne se constitue pas d'elle-même en épisode interactif. Deleau (1990) décrit, après Bruner, les conditions nécessaires à une telle singularisation. En premier lieu, l'attention des partenaires doit se centrer sur les procédures qui règlent l'interaction, et non sur le but matériel de l'épisode. C'est ainsi que le jeu en dérivation dans une routine utilitaire (voir ci-dessus l'exemple de la toilette) parce qu'il focalise l'attention des partenaires sur ses propres fins, ses propres règles, est plus aisément «singularisable»; c'est le cas aussi des activités de jeu instituées pour elles-mêmes («Coucou le voilà! à toi, à moi», etc.). En second lieu «la focalisation sur les procédures met en avant les conventions relatives à l'enchaînement des actes des deux partenaires... Les contextes singularisables semblent être ceux dont l'organisation est une forme de vie sociale régie par des conventions.» (*Ibid.* p. 85.) La troisième condition tient au caractère de répétitivité de ces situations; on a vu que les situations routinières se répétaient, à l'identique ou avec des variantes, un nombre considérable de fois. De plus, c'est particulièrement le cas pour les jeux interactifs, chaque élément se répète un certain nombre de fois au cours de la même séquence de jeu.

Les routines interactives (ou formats) constituent les épisodes les plus propices à la constitution d'un contexte partagé. Elles peuvent se définir «comme des situations microsociales organisées selon des règles constitutives autonomes» (*ibid.* p. 86). Leur valeur fonctionnelle pour l'ontogenèse de la communication est bien soulignée par Bruner : «L'acquisition du langage "commence" avant que l'enfant n'émette son premier discours lexico-grammatical. Elle commence quand la mère et l'enfant créent un format d'interaction prédictible qui peut servir de microcosme pour la communication et la constitution d'une réalité partagée. Les transactions qui se produisent dans de tels formats constituent "l'input" à partir duquel l'enfant peut alors maîtriser la grammaire, comment référer et signifier, et comment réaliser ses intentions en communiquant.» (Bruner, 1983, p. 18.)

La valeur pragmatique des actes de langage (demander, indiquer, etc. de façon pertinente étant donnés la situation et le partenaire...) est préfigurée dans les formats où sont engagés la mère et l'enfant. La mère apporte à l'enfant une assistance très importante et diversifiée. Cette assistance peut se caractériser par quelques points : la mère souligne, rend plus clairs les éléments que l'enfant à déjà repérés; elle l'aide à les repérer en réduisant les degrés de liberté; elle modélise et encourage la substitution d'éléments verbaux aux moyens de communication gestuels et vocaux déjà familiers, progressivement conventionnalisés par la signification qui leur a été conférée au cours même de l'interaction, et devenus ainsi signifiants pour l'enfant; elle introduit, particulièrement dans les formats de jeu, des situations de rythmicité, de «tour de rôle» et de conventionnalisation, qui permettent l'acquisition. Les différents procédés qu'elle met en œuvre avec l'enfant deviennent familiers, et s'avèrent transférables.

L'encadré suivant présente l'analyse d'un jeu interactif de «tour de rôle», et ce que l'enfant y construit.

Les jeux de « tour de rôle »

Certaines situations d'interactions sont constituées par des jeux, où le langage ponctue l'action. C'est le cas du jeu de « à toi à moi » dont l'évolution a été étudiée de façon longitudinale chez un enfant entre 6 et 18 mois. Il s'agit de prendre et donner à tour de rôle un objet. Lorsque l'enfant a 6 ou 7 mois, la mère tient essentiellement le rôle actif : elle place le jouet dans la main de l'enfant en disant « À toi », puis elle manifeste par gestes et mimiques qu'elle attend, et reprend la balle en disant « À moi ». L'enfant subit mais participe en manifestant son attente de la suite. Progressivement les jeux deviennent réellement réciproques. La participation de l'enfant est alors plus importante. Tous les jeux de « tour de rôle » consistent pour les deux partenaires à intervertir leurs propres actions. Renvoyer le jouet a d'abord été modélisé par la mère des dizaines de fois avant que l'enfant ne le fasse à son tour (Bruner, 1977; Bruner *et al.*, 1981; Ratner et Bruner,1978, entre autres). Ce que l'enfant a appris, très spécifiquement, c'est à rendre l'objet à son tour. Mais de façon bien plus fondamentale, ce qu'il a appris, c'est qu'il existe une procédure de tour de rôle, et comment prendre son tour et le céder à l'autre alternativement. Ce qui est appris dans le jeu c'est « quoi faire » mais aussi « comment le faire », et ce « comment le faire » est généralisable à d'autres activités, où peuvent s'intégrer ces mêmes procédures, appliquées à d'autres fins, avec une répartition des rôles.

Autres situations interactives; les « interactions didactiques »

Quelles que soient l'importance, la spécificité, la précocité des échanges entre la mère et l'enfant, d'autres partenaires adultes entrent en interaction avec ce dernier. La position de Bruner, comme celle de Vygotski, met l'accent sur la nécessité d'interactions dissymétriques, un adulte expert aidant l'enfant à construire, avec son aide, de nouveaux savoirs et savoir-faire. Bruner observe que, déjà chez les primates, il existe un désir d'apprendre, un empressement à s'instruire, particulièrement auprès des adultes. Quant à l'adulte primate, il sert de modèle de façon non intentionnelle, ne modifie en rien son activité en fonction des tentatives du jeune. Les tentatives systématiques d'enseignement de l'adulte à l'enfant semblent n'exister que dans les sociétés humaines. Les « interactions didactiques » entre adultes et jeunes deviennent plus nombreuses et plus structurées à mesure que se développent les sociétés humaines. Ces interactions reposent essentiellement sur des conventions langagières ; elles présentent également des phases d'exemplification, de démonstration de la part de l'adulte, et de tendance à la maîtrise de l'activité exemplifiée chez l'enfant.

À partir d'une situation dyadique expérimentale au cours de laquelle un adulte (expert) aide des enfants d'âge préscolaire à la résolution d'un puzzle tridimensionnel, Bruner analyse les composantes des activités d'étayage, ou tutelle, déployées par l'expert. Il s'agit : 1) de l'enrôlement du sujet dans la tâche (éveiller l'intérêt de l'enfant) ; 2) de la réduction de la difficulté (par exemple par la suppression des obstacles) ; 3) du maintien de l'orientation par rapport à l'objectif (rappel du but) ; 4) de la signalisation des caractéristiques déterminantes (en fournissant l'information utile à la poursuite) ; 5) du contrôle de la frustration (par exemple en fournissant des évaluations) ; 6) de la démonstration (par exemple le tuteur reprend sous une forme stylisée un essai de solution tenté par le sujet, dans l'intention de produire une exécution du même type chez ce dernier).

BANDURA ET L'APPRENTISSAGE SOCIOCOGNITIF PAR OBSERVATION

L'imitation a été mentionnée au début de ce chapitre à propos de ses rapports avec la représentation, dans la perspective de Piaget et celle de Wallon. D'un point de vue fonctionnel, elle est considérée actuellement comme un mécanisme d'apprentissage sociocognitif, au même titre que la tutelle et la co-construction ; ces points seront développés plus avant. La position de Bandura, qui a donné lieu à de nombreuses études, tant théoriques qu'empiriques, est fondée entièrement sur l'explication des acquisitions par l'imitation. Dans ce paragraphe on expose brièvement cette position, et les différentes directions d'application qu'elle ouvre.

De « l'apprentissage social » à « l'apprentissage socio-cognitif par observation »

Dans ses premières publications, au début des années 1960, Bandura décrit sa position comme *Social Learning Theory* (ouvrage traduit sous le titre *L'apprentissage social* en 1980). Sans doute est-ce l'origine d'un contresens qui a fait parfois considérer sa position comme proche du Behaviorisme. Il s'agit, en fait, d'une approche sociocognitive des acquisitions, où la prise en compte de mécanismes cognitifs, non directement observables, est patente. La dénomination de *Social Cognitive Theory*, plus récente (1986), semble mieux adaptée, pour une approche qui rend compte à la fois des acquisitions des domaines cognitif et sociorelationnel.

L'observation de modèles permet des modifications de l'état du sujet observateur, modifications dont l'imitation constitue le principal mécanisme. On différencie trois types de modifications des conduites de l'observateur. En premier lieu, l'observation peut faciliter l'effection de conduites bien connues, (par exemple en fournissant une indication sur leur pertinence : applaudir, ou siffler, quand d'autres le font, etc.) ; en second lieu, il s'agit de réduction d'inhibitions relatives à des actes ou des situations (c'est le cas de certaines phobies, par exemple) ; Enfin, l'observation peut permettre l'acquisition de nouveaux patrons de conduites, comme dans le cas où le modèle manifeste une conduite qui n'est pas dans le répertoire de l'observateur, et que ce dernier saura exécuter ensuite. Seule cette dernière catégorie constitue des acquisitions.

Les mécanismes des acquisitions par observation

Le sujet prélève des informations en observant le modèle ; il construit des représentations symboliques du modèle, représentations intériorisées qui permettent ultérieurement une évocation du modèle en son absence, et des activités de référence à ce modèle intériorisé pour le guidage des conduites.

1) L'exposition à un modèle ne suffit pas, l'attention discriminative est une condition nécessaire au prélèvement des informations utiles. L'attention dépend bien évidemment du sujet, mais elle est influencée par le contexte et certaines caractéristiques du modèle, telles que son pouvoir, sa compétence dans la tâche, la nature des relations qui l'unissent au sujet... On voit là une des interfaces que la théorie pose entre les domaines cognitif, social et affectif.

2) La rétention s'avère particulièrement importante, compte tenu de ce que la conduite observée, retenue en représentation, peut n'avoir pas été effectuée au moment de l'observation. L'acquisition suppose la rétention sous une forme symbolique, dans un système de représentation aussi bien iconique que verbal. Les représentations ne sont pas des répliques exactes des stimulations perçues et ne sont pas nécessairement isomorphes aux activités du modèle. Par exemple, le sujet peut abstraire les éléments communs à une diversité de modèles et s'en construire une représentation plus générale. L'observateur fonctionne comme un sujet actif qui transforme, classe et organise les stimuli modèles en schèmes faciles à retenir.

3) La représentation motrice renvoie au guidage par les représentations symboliques des performances en cours d'effection. Le processus de guidage par un modèle intériorisé serait le même que dans le cas d'un modèle externe, perceptif, ou dans celui des instructions. Les modèles complexes sont réalisés grâce à la combinaison de composants déjà connus qui peuvent être eux-mêmes des montages complexes de rang inférieur. On obtient ainsi la réduction progressive de la différence entre la performance provisoire, et celle du modèle d'abord externe puis intériorisé. Ceci renvoie à des auto-régulations, analysées en termes d'autoévaluation et de sentiment d'efficacité personnelle (Bandura, 1981 et 1982).

4) Motivation et renforcements jouent un rôle très important. Le sujet peut avoir acquis plus que ce qu'il exécute, en particulier s'il est peu motivé pour l'exécution. Une des fonctions du renforcement dans cette optique est de réduire la différence entre le niveau d'acquisition et la performance; il peut aussi jouer sur l'acquisition elle-même. La relation entre acquisition et renforcement occupe ici une place très différente de celle de liaison entre stimuli et réponses que lui assignent les théories comportementales. En effet, les renforcements se présentent sous trois formes différentes : renforcement externe, ou attente de ce renforcement, renforcement vicariant, et autorenforcements. Le renforcement externe n'est pas indispensable. Lorsqu'il existe, il guide la discrimination des stimuli pertinents, il a donc un effet indirect sur l'attention discriminante. L'anticipation (l'attente) de renforcement peut jouer le même rôle. La référence au renforcement vicariant est caractéristique de l'apprentissage sociocognitif par observation. On utilise ce terme pour désigner la modification des conduites du sujet, lorsque cette modification résulte de l'observation des conduites du modèle et des effets produits par ces conduites. C'est donc le renforcement (positif ou négatif) obtenu par le modèle qui produit un effet sur l'observateur. L'autorenforcement occupe une place essentielle dans ce système d'explication. Un conflit peut parfois résulter de la contradiction entre les conséquences externes et internes d'une même activité. Par exemple, une approbation par autrui peut s'accompagner d'une autodépréciation, ou l'inverse; elles peuvent aussi aller dans le même sens.

• *Les facteurs des acquisitions.* L'acquisition est commandée par quatre « sub-processus », selon la terminologie de Bandura. Il s'agit de l'attention discriminative, la rétention codée, la reproduction motrice, et différentes formes de renforcements, qui renvoient à la motivation. L'encadré ci-dessus présente brièvement ces quatre « sub-processus ».

L'action du renforcement vicariant s'explique par des mécanismes complexes. Sa fonction d'information est considérée comme essentielle. Les conséquences subies par le modèle informent l'observateur sur ce qu'on peut attendre dans le cas de comportements semblables, dans un contexte similaire. L'information porte aussi sur l'éventualité de conséquences différentes dans des contextes différents. La régulation de ses propres conduites est donc influencée par les jugements que l'observateur porte sur les conduites du modèle et non par les stimuli eux-mêmes. L'anticipation d'effets semblables affecte la motivation. Quant à l'autorenforcement, il suppose la régulations de ses propres actions par des anticipations des conséquences possibles, et une auto-évaluation de ces conséquences. Aux niveaux les plus élevés du fonctionnement psychologique les individus se donnent des standards de performances (qu'il s'agisse, par exemple, de l'atteinte d'un certain niveau dans la pratique d'un sport, ou de la progression dans la maîtrise des mathématiques), évaluent la distance entre ces standards et le niveau réellement atteint, et s'autoévaluent.

• *Quelques notions clé.* Les prises d'information du sujet sur la valeur de ses propres activités, et sur l'environnement lui permettent le contrôle de sa propre progression vers l'atteinte de ses objectifs, et la régulation interne de ses conduites, par comparaison avec des normes externes ou intériorisées (Lefebvre-Pinard, 1983). Un tel contrôle a pour origine le feed-back en provenance des actions du sujet, mais aussi ses relations au monde social. En effet, l'observation des effets produits par l'activité d'un autre permet de vérifier la valeur des hypothèses qu'on avait formulées à ce propos. À un niveau de développement suffisant (la capacité au raisonnement hypothético-déductif) la valeur des hypothèses peut être contrôlée par celle des inférences que le sujet avait émis à partir d'elles. Bien avant ce niveau, dès 4 ou 5 ans, une source importante d'informations provient de la confrontation de ses propres jugements avec ceux d'autrui.

La théorie de l'apprentissage sociocognitif, accorde une place particulière au jugement sur sa propre efficacité, ou efficacité personnelle (self-efficacy). Il s'agit d'un mécanisme à la fois cognitif et émotionnel de régulation des conduites. Il ne porte pas sur une performance précise, mais sur sa propre compétence dans un domaine donné (se considérer comme « fort en math » par exemple, et aimer, ou ne pas aimer cette discipline). Ces jugements influencent le choix ou le rejet du sujet pour certaines activités et le choix des contextes sociaux dans lesquelles elles s'inscrivent. Ils influencent également l'effort investi dans une situation donnée, du double point de vue de son intensité et de sa durée.

Comment s'établit et se développe ce « jugement d'efficacité personnelle » dont on conçoit l'importance pour le développement des capacités cognitives et socio-relationnelles? Dans l'approche décrite ce jugement se fonde sur des sources multiples, dont voici les principales : les informations issues des expériences personnelles et sociales c'est-à-dire l'expérience de performances réalisées et les observations d'un modèle auquel le sujet se juge comparable ; les jugements exprimés par autrui, particulièrement certains partenaires privilégiés ; les réactions émotionnelles éprouvées de façon répétée au cours d'expériences propres ou de façon empathique... La constitution d'un jugement d'efficacité personnelle adapté suppose l'intégration des informations en provenance de toutes ces sources.

Le jugement (et, comme on l'a vu, le sentiment) d'efficacité personnelle trouve ses racines dans les situations interactives de la petite enfance. C'est là que le bébé vit ses premières expériences de succès et d'échec, liées aux résultats obtenus dans la manipulation d'autrui. À ces premières expériences s'ajoutent rapidement le rôle des pairs, et celui des enseignants, etc. En même temps que l'enfant apprend à autoévaluer ses capacités, il doit apprendre à évaluer les difficultés des problèmes à résoudre, les capacités qu'ils requièrent. Un jugement d'efficacité personnelle adapté, indispensable à la progression, dépend donc à la fois de variables internes au sujet (qui trouvent leur origine dans les interactions vécues), de variables sociorelationnelles actuelles, et de la tâche.

Quelques commentaires

Dans ses formes actuelles l'apprentissage socio-cognitif par observation s'avère compatible sur bien des points avec d'autres approches actuelles du développement sociocognitif et des apprentissages. Il appelle quelques remarques (*cf.* Winnykamen 1990).

Les conduites qui donnent lieu à des imitations dans la vie quotidienne se produisent le plus souvent dans des conditions d'interaction, à tout le moins d'échanges. Souvent tout se passe comme si le modèle incitait, aidait les tentatives d'imitation (Bruner, 1983). Même s'il existe aussi un grand nombre de conduites que les parents transmettent à leur insu, de façon involontaire, on ne peut nier l'importance du processus d'ajustement réciproque, dans le contexte de la situation sociale vécue. De façon surprenante, étant données les positions théoriques développées, les situations expérimentales créées pour illustrer l'apprentissage par observation ne tiennent pas compte du fait social. Le sujet observe les actions d'un modèle physiquement présent ou, le plus souvent, représenté par le truchement d'un enregistrement vidéo. On relève les modifications des conduites, parfois des attitudes, du sujet observateur. Celles du modèle ne sont en rien modifiées par la présence et l'activité de l'observateur. C'est aussi le cas pour les travaux empiriques centrés sur le jugement d'efficacité personnelle et ses modifications, travaux qui portent sur l'individu, compte non tenu des réseaux sociaux et de leurs influences, pourtant reconnues par la théorie. Le rôle des relations interindividuelles au sein de la famille, du groupe de pairs, de l'école, etc. s'en trouve minoré.

L'acquisition d'un savoir-faire, ou d'un élément de savoir-faire, sans effection immédiate implique l'existence d'une représentation cognitive de l'activité du modèle. Les ajustements nécessaires entre une première exécution à distance du modèle, et les exécutions successives se feraient par comparaison au modèle interne. Quelques travaux, encore peu nombreux portent sur ce point. L'étude du passage d'une régulation par des ajustements successifs à un modèle externe à une régulation par la constitution progressive d'un modèle interne devrait se poursuivre, en fonction de l'âge des sujets, du degré de complexité et de nouveauté de la tâche, des différentes procédures de guidage mises en œuvre pour la construction du modèle interne. L'apprentissage sociocognitif par observation suscite encore de nombreux travaux sur ces points.

PSYCHOLOGIE SOCIALE ET PSYCHOLOGIE DE L'ENFANT

La psychologie sociale du développement cognitif constitue actuellement un ample domaine, fort diversifié. Certains courants sont directement intéressés par le développement social de l'enfant, d'autres plus précisément par les connaissances que l'enfant manifeste relativement aux données du monde social, d'autres par les processus sociaux comme facteurs du développement cognitif… On ne peut exposer ici l'ensemble des analyses théoriques et des travaux empiriques qui relèvent de ce vaste domaine, largement pluridisciplinaire. Quelques points seront pris en considération, pour une ouverture sur le domaine. Les « chefs de file », fondateurs et principaux acteurs, seront présentés. On indiquera aussi quelques unes des voies de diversification actuelles. Les contenus des connaissances sociales des enfants ne seront pas abordés ici, puisqu'ils font l'objet d'autres chapitres.

La psychologie sociale du développement cognitif

Les premières publications issues de la psychologie sociale du développement cognitif ont maintenant 20 ans. Le recul est suffisant pour que l'on puisse attester de la fécondité de cette approche, qui s'est du reste enrichie et diversifiée. Les premiers ouvrages de synthèse, qui ont fait connaître très largement ce courant issu à la fois de la psychologie sociale et de la psychologie développementale, sont dus à Perret-Clermont (1979) et Doise et Mugny (1981). Ce dernier ouvrage explicite en ces termes la position défendue « Notre conception est interactionniste et constructiviste : en agissant sur le milieu environnant, l'individu élabore des systèmes d'organisation de cette action sur le réel. Dans la plupart des cas, il n'agit pas seul sur le réel ; en coordonnant ses propres actions avec celles d'autrui, il élabore les systèmes de coordinations de ses actions et arrive à les reproduire tout seul par la suite. La causalité que nous attribuons à l'interaction sociale n'est pas unidirectionnelle ; elle est circulaire et progresse en spirale : par l'interaction, l'individu maîtrise certaines coordinations lui permettant alors de participer à des interactions sociales plus élaborées, qui, à leur tour, deviennent source de développement cognitif. Ainsi, à des niveaux précis du développement cognitif, certaines interactions sociales… entraînent le développement d'une nouvelle organisation cognitive. » (1981, p. 35.) Quelques points sont ainsi soulignés : il s'agit d'une approche théorique du développement cognitif ; cette approche s'inscrit dans le courant piagétien, mais s'écarte radicalement de ce courant en accordant aux variables sociales, sous la forme d'interactions paritaires, un statut de facteur du développement, et non de facilitateur de ce développement. La position des auteurs stipule que les coordinations cognitives sont issues des coordinations sociales. Ceci implique le renoncement à un schéma binaire égo-objet, et renvoie

Les enfants ont 5-6 ans. Lors d'un pré-test, passé de façon individuelle, on s'assure de leur niveau en leur demandant de comparer deux réglettes de longueur égale (10 cm), dont les extrémités ont été placées en correspondance exacte. Lorsque l'enfant admet l'égalité des longueurs des deux baguettes, l'une d'entre elles est déplacée de façon à supprimer la correspondance des extrémités, et la même question (comparaison des longueurs) lui est posée à nouveau. L'épreuve se poursuit avec quatre configurations successives, représentées dans la figure 1

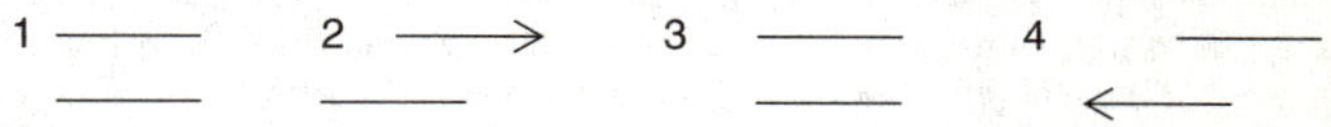

Figure 1. — Configurations successives à l'épreuve des longueurs égales.

Les sujets sont classés en trois niveaux. Au niveau « non conservatoire » les enfants déclarent les longueurs inégales lorsque l'une des réglettes a été déplacée, bien que les déclarant égales dans les configurations 1 et 3. Au niveau « intermédiaire », les réponses ne sont pas stables, l'égalité est affirmée momentanément, mais l'inégalité l'emporte. L'enfant ne peut pas justifier la réponse d'égalité. Au niveau de la conservation l'enfant déclare les deux longueurs égales quelle que soit la configuration et fournissent au moins une justification opératoire (identité : « Il faut marcher autant, tu as juste bougé la barre »; réversibilité : « Si tu les remets comme avant ils seront pareils »; double compensation : « Tu vois ici, c'est plus long, mais ici c'est l'autre qui est plus longue. »)

Les mêmes questions sont posées avec des longueurs inégales. On présente à l'enfant deux chaînettes de 10 et 15 cm. La figure 2 représente les quatre configurations réalisées successivement.

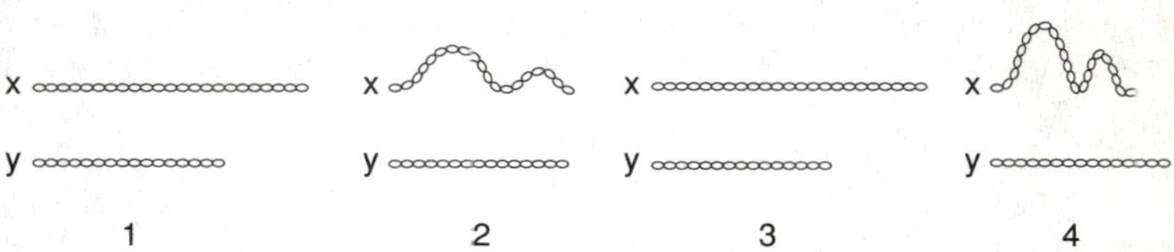

Figure 2. — Configurations successives à l'épreuve des longueurs inégales.

Comme pour l'épreuve précédente, les enfants sont classés en trois niveaux. Au niveau non conservatoire l'enfant reconnaît l'inégalité des longueurs X et Y dans les configurations 1 et 3, mais à la configuration 2 ils considèrent que X et Y sont d'égales longueurs, tandis qu'à la configuration 4 ils jugent Y plus longue que X. L'enfant juge de la longueur en fonction des dépassements successifs. Au niveau intermédiaire l'enfant maintient l'inégalité des longueurs devant la configuration 2, bien que les extrémités aient été placées en correspondance, mais à la configuration 4 il juge Y plus longue que X. Quelques sujets hésitent, et ne peuvent argumenter leur réponse. Au niveau de la conservation, l'enfant produit un jugement d'inégalité quelle que soit la configuration perceptive, et se montre capable de produire au moins une justification, d'identité, de réversibilité, ou de compensation.

La phase expérimentale porte soit sur l'épreuve de conservation de l'égalité des longueurs, soit sur l'épreuve de conservation de l'inégalité des longueurs. Deux procédés peuvent être mis en œuvre. Dans un premier cas, on constitue une dyade composée d'un enfant (de niveau non conservatoire ou intermédiaire) et d'un adulte. À chaque situation proposée, l'adulte produit une réponse de même niveau que celle de l'enfant, mais avec une erreur perceptive systématiquement inverse. Dans le second cas, on constitue des dyades d'enfants, dont les deux membres sont du même niveau (non conservatoire ou intermédiaire), mais ont produit au pré-test des erreurs de centration perceptive inverses (en référence à la figure 1, l'un des partenaires avait déclaré que, en situation 2, c'était la baguette déplacée qui était la plus longue, « parce qu'elle dépasse par là », tandis que l'autre partenaire avait déclaré au contraire, mais tout aussi faussement, que c'était la baguette restée en place qui était la plus longue, parce qu'elle dépassait de l'autre côté). On crée ainsi une situation favorable à la création d'un conflit, les deux partenaires, priés de se mettre d'accord pour fournir une même réponse, produisant spontanément des réponses opposées. « Dans une telle situation, un conflit sociocognitif est possible; mais, pour cela, certaines conditions doivent être remplies : il faut notamment éviter que l'un des sujets ne se conforme à la réponse de l'autre, annulant ainsi tout conflit. » (*Ibid.* p. 96.) Dans chacune des conditions, des sujets témoins, de même niveau, travaillent seuls. La présence effective d'un conflit dans certains couples d'enfants est garantie par la présence au cours de la discussion (enregistrée) d'au moins une réponse contradictoire, qui a donné lieu à discussion, et non à l'acceptation complaisante de la réponse d'un des sujets par l'autre.

Un premier post-test a lieu immédiatement après la phase expérimentale, un second post-test deux semaines plus tard. Au cours des deux post-tests les enfants travaillent seuls.

Les résultats indiquent une absence de progression chez les enfants n'ayant pas participé à la séance d'interaction. Par contre, ceux qui ont participé à cette séance progressent, particulièrement dans les dyades où on a pu relever la manifestation d'un conflit sociocognitif. Les progrès se maintiennent au second post-test.

au schéma ternaire égo-alter-objet, développé par Moscovici (1972). En effet, « … le développement cognitif ne résulte pas d'une simple interaction de l'enfant avec son environnement physique, mais… celle-ci est bien médiatisée par des interactions sociales avec un ou plusieurs autres individus. » (*Ibid.* p. 36.)

Les modalités expérimentales mises en œuvre, en tant que susceptibles de rendre manifestes les progressions cognitives socialement déterminées, sont directement issues des épreuves piagetiennes classiques, ce qui permet un contrôle valide des progrès réalisés. L'encadré ci-dessus résume une situation expérimentale relative à la conservation des longueurs, et les conclusions dégagées (*Ibid.* p. 93 à 101).

N.B. Le résumé présenté ci-dessus est destiné à fournir une illustration de la façon dont les auteurs mettent en œuvre expérimentalement des situations propres à apporter des éléments au débat sur les effets des interactions sociales pour le progrès cognitif, progrès liés à la création d'un conflit sociocognitif. Pour d'autres illustrations expérimentales, et pour des précisions quantitatives sur les résultats, le lecteur est invité à consulter l'ouvrage cité en référence.

• *Les conditions d'établissement du conflit sociocognitif. Les interactions symétriques.* Les situations interactives créées ont pour objectif principal, comme on l'a vu, l'étude du conflit sociocognitif comme mécanisme explicatif du développement. Deux conditions s'avèrent nécessaires pour que le conflit sociocognitif puisse se produire. En premier lieu, les situations interactives utiles, dans cette optique, sont celles qui opposent deux points de vue contradictoires, mais qui relèvent tous deux du même niveau développemental, caractérisé par la centration sur un seul aspect du réel (la décentration devant permettre, au niveau supérieur, la combinaison de deux points de vue). L'intégration des apports de l'interaction requiert un certain niveau de compétences intrapsychiques, mais ces compétences se modifient dans l'interaction et par elle. Les modifications intrapsychiques et interpsychiques sont, selon l'expression de Doise, associées dans une relation causale « en spirale ». Pour que la dynamique interindividuelle face à une tâche soit efficace la condition de niveau définie ci-dessus ne suffit pas. Il est nécessaire aussi que les régulations interpsychiques, ou interindividuelles, aient lieu sur le mode du raisonnement, de la discussion, et non sur celui du pouvoir. Le prestige, le statut, de l'un des partenaires, la complaisance, la crainte, chez l'autre, par exemple, peuvent décider de l'acceptation du point de vue de l'un des deux, par complaisance, et non de la confrontation des deux perspectives, première condition pour atteindre à leur combinaison. Les auteurs cités ont constitué comme on l'a vu des paires prétendument paritaires, un adulte jouant le rôle du partenaire producteur de l'erreur perceptive inverse de celle du sujet. Mais les adultes peuvent difficilement effacer leur statut inégalitaire par rapport à celui de l'enfant. Aussi les dyades où les conflits sociocognitifs utiles ont des chances de se produire sont-elles des dyades paritaires, au sein desquelles des échanges doivent s'établir pour la recherche d'une solution cognitive commune. Comme le fait observer Gilly, « il s'agit bien là d'une dynamique sociocognitive particulière qui relève d'attitudes sociales peu familières aux enfants dans les conditions éducatives quotidiennes » (1988, p. 22).

• *Une situation de conflit sociocognitif particulière : le marquage social.* Pour le courant de psychologie sociale du développement, le conflit sociocognitif peut se produire en dehors des situations interindividuelles effectives. La notion de marquage social rend compte de sa production en situation « d'interaction intériorisée ». Elle intègre « … des éléments sociaux relevant directement, même si ce n'est souvent qu'implicitement, des représentations sociales élaborées par l'enfant » (Doise, 1988, p. 432). Le conflit pourrait alors naître de la contradiction liée à la prise en considération simultanée de répertoires de réponses différents : l'un cognitif et l'autre constitué des représentations sociales relevantes pour la tâche cognitive en cours (Mugny et Doise, 1983 ; de Paolis et Mugny, 1985). Si l'on accepte cette approche, on doit noter que la fonction du marquage social est considérée non seulement dans la recherche de solution à une situation-problème, mais aussi dans sa fonction de développement, par le truchement du conflit sociocognitif provoqué. D'après Doise « 1) le marquage social définit toute situation sociocognitive où une correspondance existe entre des réponses découlant de régulations sociales (régissant un rapport interindividuel ou un rapport de place dans une structure sociale ; il s'agit en fait des représentations sociales dont l'enfant peut disposer à propos de divers rapports sociaux) et des réponses découlant de l'organisation des schématismes cognitifs dont le sujet dispose à un moment donné de son développement ; 2) pour permettre un développement cognitif, cette expérience doit être rendue saillante, le sujet étant ainsi amené à comparer effectivement ces réponses de diverses natures ; 3) le mécanisme par lequel le marquage social assure l'élaboration de nouvelles réponses cognitives est le conflit sociocognitif. C'est en effet la confrontation de réponses contradictoires qui peut donner lieu à de nouvelles réponses. » (1988, p. 434.)

Comme on le voit, il s'agit bien d'une intervention directe des régulations sociales, régulations qui ont permis la constitution de représentations socialement acquises, dans les coordinations cognitives. Une telle intervention n'est efficace que si elle est rendue saillante, et permet ainsi la prise de conscience de l'opposition entre les réponses résultant de l'organisation cognitive actuelle, et celles édictées par les représentations de la situation sociale dont l'enfant est porteur.

Voici un exemple de conflit sociocognitif provoqué chez un enfant entre a) la réponse qui découle de ses structures cognitives actuelles ; b) la connaissance (ou la représentation) qu'il a d'une situation sociale. Il s'agit d'une expérience de Doise, Dionnet et Mugny (1978). Les sujets sont des enfants non conservants quant à l'inégalité des longueurs (voir encadré ci-dessus). Le matériel est composé de deux chaînettes de longueur différente, la longueur de l'une convenant à un bracelet d'adulte, celle de l'autre à un bracelet d'enfant. Les sujets, bien qu'ayant reconnu l'inégalité des longueurs lorsque les deux chaînettes sont présentées allongées, avec leur point de départ en correspondance (situation 1) portent des jugements (faux) d'égalité devant les mêmes chaînettes, si on a égalisé perceptivement leurs deux extrémités. Des progrès significatifs sont obtenus si l'enfant doit attribuer les deux « bracelets » l'un à l'adulte l'autre à lui-même. Cette condition est marquée socialement, car les tailles respectives des adultes et des enfants, donc celles des effets qui leur appartiennent, sont connues comme différentes, et cette différence est rendue saillante par la situation. Une condition témoin où, toujours après avoir émis un faux jugement d'égalité, les enfants non conservants devaient disposer les chaînettes autour de deux cylindres de diamètre inégal, ne modifie pas le statut cognitif des réponses. Le marquage social correspond, dans cet exemple, à la confrontation entre le niveau cognitif actuel de l'enfant, et les normes sociales, connues du sujet, qui régissent un partage entre adultes et enfants, en interaction réelle ou par intériorisation de ces normes.

Le conflit sociocognitif comme mécanisme de développement n'est pas contesté. Les interactions paritaires, lorsqu'elles ont lieu dans des conditions qui favorisent la production d'un conflit sociocognitif, mènent très généralement à des progrès développementaux, ce qui donne aux facteurs sociaux une importance que l'école constructiviste piagétienne était loin de leur reconnaître. De ce point de vue, l'approche promue par l'école genevoise de psychologie sociale du développement est novatrice.

Les analyses relatives au marquage social sont moins consensuelles. Différents points de vue s'expriment à ce propos (voir Perret-Clermont et Nicolet, 1988). Lorsque des situations « socialement marquées » conduisent à des progrès, ceux-ci n'impliquent pas nécessairement l'intervention d'un conflit sociocognitif. Par exemple, selon l'exploitation socio-éducative qui est faite de ces situations, les mêmes connaissances et représentations sociales peuvent favoriser le progrès au travers de mécanismes différents. Comme on l'a vu déjà dans ce chapitre, l'imitation d'un modèle constitue un mécanisme efficace, même si elle l'est souvent moins que la situation où un conflit sociocognitif a été provoqué. La notion de pluralité des mécanismes paraît bien établie. Elle sera reprise plus avant dans ce chapitre.

Interactions sociales et résolution de problèmes

Le cadre constructiviste-structuraliste piagétien a servi de référence aux psychosociologues pour l'étude du développement cognitif, comme on l'a vu ci-dessus. Les épreuves utilisées classiquement pour l'étude du développement (épreuves de conservation de la longueur, de la quantité, etc.) ont été utilisées, pour valider les niveaux des sujets et les progrès observés. Les travaux étaient donc axés sur le développement, et ceci à un palier particulièrement propice à ces explorations, le niveau de la mise en place des coordinations qui constituent les opérations concrètes. Gilly (1988) fait observer la double diversification des travaux issus de ce courant. D'une part on a recherché les effets du travail en interaction paritaire à d'autres niveaux du développement : au niveau préopératoire, à celui des premières mises en place des opérations formelles ou abstraites (Gilly et Roux 1988, Gilly Fraisse et Roux 1988 pour des enfants de 11 à 13 ans) : il s'agit toujours d'études à objectif développemental. D'autre part, des recherches renoncent aux situations piagetiennes, pour se centrer sur l'analyse de tâches à effectuer, qui relèvent de la résolution de problème.

Actuellement, parallèlement aux études développementales, les travaux se donnent pour objectif des analyses du fonctionnement des sujets, seuls ou en interaction, dans des situations de résolution de problème. Il s'agit d'études fonctionnalistes de la résolution de problèmes en situation paritaire.

Une telle approche conduit à la mise en évidence, dans le décours des dynamiques interindividuelles, d'échanges, qui ne peuvent être considérés comme induisant de conflit sociocognitif. On peut évoquer ce mécanisme, à travers les observables, lorsque une dynamique interactive a pu s'établir où chacun des partenaires tient compte de la réponse ou du point de vue de l'autre et qu'ils recherchent ensemble, activement, un dépassement des divergences. Mais l'observation des partenaires en cours de résolution commune d'un problème montre aussi les effets positifs d'interactions qui ne permettent pas de conclure à la présence d'un conflit. Gilly relève « l'aspect bénéfique d'interventions de stimulation et d'activation, d'interventions conduisant à un élargissement du champ d'action ou de représentation, d'interventions de contrôle des réponses et de l'activité, sans aucune manifestation de désaccord social. » (*Ibid.*, p. 24.) Quels types d'interventions s'avèrent susceptibles de provoquer chez le partenaire la déstabilisation nécessaire afin qu'il puisse progresser dans la découverte d'un algorithme

ANALYSE DES INTERACTIONS PARITAIRES DANS UNE SITUATION DE RÉSOLUTION DE PROBLÈMES

Trois catégories d'intervention sont repérées, selon le thème qu'elles traitent. Il s'agit de la représentation du problème (de quoi s'agit-il?), des procédures de résolution (que faut-il faire?), du contrôle de l'activité (qu'est-ce qu'on fait?). Les dynamiques interactives relevées s'avèrent inégalement efficaces. Dans les situations dyadiques favorables au progrès, on observe toujours une alternance entre des moments de travail individuel et des moments de travail interactif. Les épisodes de co-élaboration sont de quatre types. Dans le premier type «… l'un des sujets (A) élabore seul une solution, ou une amorce de solution, et la propose à l'autre (B) qui, sans opposition ni désaccord, écoute et fournit des feed-back d'accord (gestuels ou verbalisés). Le sujet B n'est pas passif, il suit ce que fait l'autre et semble construire "en parallèle" une réponse semblable à celle de A… On a là une forme de co-élaboration acquiesçante où les acquiescements de B ont valeur de contrôle et de renforcement positif de la solution proposée par l'un, mais reconnue aussi par l'autre» (Gilly, 1988, p. 83-84). La co-construction constitue une autre forme de dynamique interactive de co-élaboration sans désaccord, définie par l'élaboration d'une solution à deux: «… l'apparente harmonie n'exclut pas que les interventions de l'un puissent perturber la démarche de l'autre, et l'orienter vers une action et/ou idée qu'il n'aurait pas eu sans cela» (*ibid.* p. 84). Dans les confrontations avec désaccord (troisième catégorie), B refuse sans arguments la proposition de A; celui-ci peut alors continuer seul, ou justifier autrement sa proposition, ce qui manifeste l'effet perturbateur du refus de B. Enfin, dans les confrontations contradictoires, on observe des oppositions de réponses, le sujet B argumentant son refus de la proposition de A, ou en proposant une autre; de tels épisodes sont suivis d'issues diverses : retour au travail individuel de chacun, acceptation de l'une ou l'autre des solutions confrontées, proposition nouvelle.

de résolution? À quelles étapes du processus de recherche et de résolution l'intervention du partenaire s'avère-t-elle efficace? L'encadré ci-dessus propose, à titre d'illustration de ce types de travaux, un résumé de l'analyse proposée par Gilly, Fraisse et Roux (1988).

Comme on le voit dans cet exemple, les déstabilisations nécessaires à la progression dans la découverte d'une règle de résolution peuvent reposer sur des conflits sociocognitifs (c'est ce qui paraît correspondre à la catégorie des confrontations contradictoires), mais aussi sur d'autres formes d'organisations dynamiques.

Interactions paritaires et interactions dissymétriques

Les interactions prises en compte dans les positions exposées ci-dessus ont en commun la parité des membres des dyades au sein desquelles elles se déroulent. L'expérience de la vie quotidienne montre à quel point sont fréquentes aussi les interactions qui se déroulent dans des dyades dissymétriques, par exemple adulte-enfant. Elles ont été évoquées déjà à propos des positions de Bruner ou de Vygotski. On se propose de définir ce qui différencie ou au contraire rapproche ces deux formes de situations interactives.

• *Les dyades symétriques.* Dans le cas déjà développé comme représentatif de l'approche de psychologie sociale du développement cognitif, pour que le mécanisme utile au progrès, le conflit sociocognitif, puisse se mettre en place, le niveau des partenaires doit être égal, et leurs points de vue différents. Une seconde condition doit être remplie, relative à une égalité des statuts des partenaires, afin que la discussion puisse se tenir au niveau cognitif, sans que le partenaire dominant impose son point de vue à l'autre, qui l'accepterait par complaisance. La symétrie nécessaire porte sur ces deux conditions, sans plus. Du reste, on a vu qu'un adulte peut se substituer à l'un des partenaires, pourvu qu'il assume les deux conditions requises. Les situations de résolution de problème, dont un exemple figure p. 140, impliquent également une symétrie des partenaires.

Pour qu'une situation dyadique présente une réelle parité, les partenaires doivent avoir approximativement le même âge, et le même niveau de développement. En effet, un même niveau de développement à des âges différents, comme l'inverse, risque de se traduire par une inégalité des statuts. Le même niveau de savoir et de savoir-faire face à la tâche enjeu de l'interaction est également requis. Au plan des relations entre les partenaires, la symétrie suppose la réciprocité de l'intérêt qu'ils se portent, des valeurs qu'ils s'attribuent, donc des représentations qu'ils ont l'un de l'autre. Les contraintes liées au contexte social jouent également un rôle important. Le statut des partenaires, les représentations qu'ils ont chacun du statut de l'autre, face au leur, peuvent induire des conduites relationnelles différentes et influencer l'efficacité des activités en cours, et donc des acquisitions. Fraisse (*in* Perret-Clermont et Nicollet, 1988) montre que la compétence supposée du partenaire (supposition induite par les conditions expérimentales) modifie les dynamiques interactives chez des enfants d'âge préscolaire. S'il s'agit d'un problème à résoudre à deux, la symétrie porte sur les compétences requises par la tâche. Une contrainte très forte est issue du déroulement de la séance interactive elle-même. Si toutes les conditions sont réunies, on peut considérer que la symétrie est réalisée, au début de la phase d'interaction. Cependant, chaque individu se livre à des moments de travail isolé, suivis de périodes d'échanges, avant de nouveaux moments de recherche solitaire (Gilly, 1988). Des décalages sont alors inévitables. La symétrie est maintenue, si chacun des partenaires accède à la position la plus avancée. Dans le cas où le décalage joue en faveur de l'un d'entre eux, et ne s'inverse pas, la situation peut devenir identifiable à des relations dissymétriques.

• *Les interactions dans les dyades dissymétriques.* La dissymétrie dans les dyades se définit par le manque de parité sur l'un ou plusieurs des critères évoqués au paragraphe précédent. Les situations dissymétriques s'avèrent extrêmement variables. Pour qu'une dyade soit dissymétrique, il suffit qu'elle présente des différences sur l'une des variables impliquées. La plus ou moins grande différence quant à l'un des critères, jointe à la combinaison des différences sur deux ou plusieurs critères justifient de cette variabilité. L'âge, une des variables les plus faciles à contrôler, illustre bien ce point. Une différence de un ou deux ans entre les partenaires présente des conséquences bien différentes selon qu'il s'agit de jeunes enfant ou d'enfants d'âge scolaire. La dissymétrie est d'une autre nature encore dans le cas des relations entre un adulte et un enfant. On voit l'importance aussi dans ce cas de la nature des relations qui les unissent (parent, enseignant, adulte familier, etc.).

Les dynamiques en jeu dans les interactions dissymétriques dépendent de la nature et de l'importance des différences, encore qu'aucune forme d'échanges ne soit exclusive de l'une ou l'autre catégorie de dyades. De même, chacune des positions décrites considère un mécanisme comme plus représentatif de son approche. Il reste à présenter les mécanismes et les échanges qui caractérisent le mieux les dyades dissymétriques, en différenciant les dyades adulte-enfant d'une part, les dyades entre enfants de l'autre.

Les situations de guidage, ou tutelle

• *Qu'est-ce que des interactions de tutelle?* Les interactions de guidage (ou tutelle) peuvent de définir par des formes d'organisation des échanges dissymétriques en situation de construction, d'acquisition et de transmission de savoirs et savoir-faire, sous certaines conditions.

Les interventions d'un des deux partenaires (l'expert, ou tuteur) permettent à l'autre (le novice, ou « tutoré ») de progresser dans la résolution du problème.

La dissymétrie quant au degré de compétence est de règle dans les relations de tutelle. Cependant cette dissymétrie peut être liée à un savoir-faire spécifique, au sein d'une dyade par ailleurs symétrique, ou au contraire porter sur des compétences très larges, comme celles qui découlent de l'âge; elle peut être tout à fait momentanée, ou au contraire durable.

La dissymétrie sur les dimensions du statut relatif et du pouvoir, qu'il s'agisse d'un statut et d'un pouvoir « réel », ou qu'il s'agisse des représentations qu'en a le partenaire, n'est pas nécessaire aux interactions de tutelle. Une telle dissymétrie peut constituer une aide, ou au contraire une entrave à ces interactions.

L'enrôlement des deux partenaires constitue une condition nécessaire. Si cette condition n'est pas satisfaite, le guidage n'est pas réalisé même si des conditions institutionnelles l'imposent en apparence. C'est le cas par exemple lors d'une situation scolaire, lorsqu'un expert s'efforce de provoquer des progrès dans une discipline dont l'élève se désintéresse en réalité. Mais cette condition invalide aussi les situations où le novice obtient de l'expert une aide de substitution (faire résoudre le problème par l'expert, ou lui faire exécuter la tâche, à la place du novice) et non l'aide instrumentale qui aurait accompagné et soutenu son effort.

Les objectifs des partenaires sont partiellement différents, au sein de leur collaboration; on pourrait dire, pour résumer un grand nombre de ces interactions, que pour le novice il s'agit d'apprendre, tandis que pour l'expert il s'agit de faire apprendre. Ces objectifs complémentaires ont une part en commun, qui se ramène à la réduction de la différence (de la dissymétrie) sur le savoir ou le savoir-faire qui est l'enjeu de leurs échanges.

En résumé, une interaction de guidage, ou tutelle, est constituée par toute situation interpersonnelle (souvent dyadique) où se retrouvent les caractéristiques suivantes : dissymétrie plus ou moins spécifique ou générale face à la compétence à acquérir, enrôlement effectif des partenaires, et différence mais convergence des buts dans l'interaction (Winnykamen, 1990).

Les interactions de tutelle concernent au premier chef les couples mère-enfant, ou « maître-élève » (notons que l'on désigne par ce dernier vocable toutes les relations enseignant-enseigné, ou éducateur-enfant). On trouve souvent aussi l'appellation « expert-novice » pour signifier le même type de rapports. Mais on les rencontre aussi dans des dyades paritaires quant à l'âge, ou de faible différence d'âge. Quelques exemples sont exposés ci-après.

• *Interactions « expert-novices » entre adulte et enfant.* Les travaux de Bruner (1983, entre autres) ont éclairé le rôle fondamental des interactions de guidage dans les situations interactives entre la mère et le jeune enfant, en particulier pour l'acquisition des premières compétences cognitives et communicatives. L'approche de Bruner a été développée dans ce chapitre. Il a paru nécessaire de la mentionner ici, car elle illustre tout à fait la notion de guidage, et d'étayage. Rappelons que la régulation des activités de l'enfant se fait dans l'alternance et la simultanéité des échanges. La mère, dans le décours même des interactions, agit avec l'enfant à un niveau de compétence qui dépasse quelque peu la compétence actuelle de ce dernier.

Bruner étudie également les échanges dans des couples constitués par une institutrice et un enfant d'âge pré-élémentaire. L'enfant doit reconstruire une pyramide faite de pièces de bois, qui a été démontée sous ses yeux. L'analyse des composantes des activités de tutelle déployées par l'adulte permet de dégager différentes catégories. L'enrôlement du sujet dans la tâche (interventions destinées à éveiller l'intérêt de l'enfant) ; la réduction de la difficulté rencontrée (par exemple, écarter une pièce qui fait obstacle à la réalisation) ; maintien de l'orientation par rapport à l'objectif principal ou à un objectif intermédiaire (par exemple par le rappel du but) ; signalisation de caractéristiques déterminantes (fournir une information utile à la suite) ; contrôle de la frustration (par exemple en donnant des évaluations) ; démonstration (le tuteur reprend sous une forme améliorée une tentative du sujet qui aurait pu aboutir, afin de produire une activité du même type chez ce dernier).

D'autres auteurs ont repris des analyses dans des situations de tutelle avec des sujets d'âges différents, et d'autres types de tâches. On retrouve les catégories énoncées ci-dessus, avec des subdivisions. On trouve, par exemple, des catégories telles que consolidation, récapitulation, questionnement, informations en retour (*feed-back*), encouragements… Ces travaux éclairent la façon dont l'expert guide, soutien, encourage, la progression du novice. Ils illustrent ainsi les formes, principalement verbales, de la médiation. On voit combien, sur ce domaine précis de l'aide à l'acquisition de la maîtrise d'un savoir-faire ou d'un savoir, comme sur celui des premières acquisitions du très jeune enfant, la position de Bruner est proche de celle de Vygotski.

Rappelons que pour Vygotski le guidage de l'activité est d'abord exercé par les partenaires sociaux de l'enfant, puis progressivement pris en charge par ce dernier. Le passage de l'interindividuel à l'intrapsychique est le produit de l'intériorisation des significations sociales. Un aspect central des travaux issus de cette position consiste en la mise en évidence des procédures de guidage par l'adulte, et de la façon dont l'enfant se saisit des significations. C'est le cas de la recherche de

L'ÉTUDE DE WERTSCH

Les observations portent sur des couples composés d'enfants de 2;6, 3;6, 4;6 en interaction avec leur mère. L'enfant doit réaliser un puzzle dont il a le modèle sous les yeux. Pour cette tâche spécifique, Wertsch distingue quatre étapes (pour un même sujet, placé dans d'autres conditions, les résultats peuvent être différents, il ne s'agit donc pas de « stades », mais bien de degrés dans l'appropriation des significations pour une tâche donnée).

La première étape est marquée par l'incapacité où se trouve l'enfant de tirer parti de l'aide verbale que sa mère lui propose. En effet, il ne perçoit pas le rapport entre l'indice qu'elle lui fournit verbalement et la situation : « Faute d'une définition suffisamment commune de la situation, l'énoncé de la mère ne peut servir de régulation externe (un pointage de la part de la mère aurait par contre été probablement efficace). » (*Ibid.* p. 53.)

La deuxième étape a pour caractéristique la compréhension des directives de la mère, à la condition qu'elles soient formulées de façon directe, explicite. Dans ce cas l'enfant se montre capable d'agir correctement, avec une gestion interpersonnelle. Ceci ne s'avère pas possible si les explications sont indirectes (par exemple « Est-ce qu'on pourrait trouver une pièce pareille que celle-là? »). La représentation de la tâche reste fragmentaire, alors qu'une représentation d'ensemble serait nécessaire pour que l'enfant puisse y situer les directives non explicites. La compréhension des directives indirectes « ... est un tournant important dans le processus qui conduit de la régulation externe à la régulation interne : certes il s'agit encore de régulation externe mais elle est comprise à l'intérieur d'un projet global » (*ibid.*).

Au cours de la troisième étape se dessine un progrès décisif dans le passage des régulations externes aux régulations internes, donc de la régulation interpersonnelle à la régulation intrapsychique. Les directives, même non explicites, sont comprises, parce que l'enfant s'avère capable de produire les inférences nécessaires à leur interprétation. La réalisation s'effectue toujours selon un processus interpsychologique, mais « l'autorégulation se met en place et... l'enfant prend une part croissante dans la responsabilité stratégique de la tâche » (*ibid.*).

La quatrième étape marque l'achèvement de la transition de la régulation externe vers la régulation interne. L'enfant assume la responsabilité de sa progression dans la tâche. Il « ... accomplit seul la tâche en se parlant à lui-même, l'adulte se contentant d'approuver et d'encourager les initiatives de l'enfant » (*ibid.* p. 54).

Wertsch (1985), qui se réfère directement à Vygotski. L'encadré ci-dessus présente, à titre d'illustration, la recherche de Wertsh, analysée par Brossard (1989).

L'exemple rapporté ci-dessus est bien propre à éclairer le rôle accordé par Vygotski au fonctionnement dialogique dans l'émergence des activités intellectuelles, pour une explication de l'efficacité des interactions de guidage. Les fonctions psychiques individuelles dépendent du transfert, par intériorisation, de la fonction dialogique du langage, dans les formes sociales des conduites. On voit qu'il ne s'agit pas ici de simples verbalisations d'accompagnement de l'action (*cf.* le « langage égocentrique » chez Piaget), mais de la mise en place « d'une activité de coopération avec soi-même, la reprise pour soi des deux versants de l'interaction » (*ibid.* p. 55). Les activités de résolution de problèmes (détermination ou rappel du but et des sous-buts, sélection et organisation des informations, régulation de la progression…) auront lieu désormais dans un « espace mental », qui a d'abord été un « espace social ». Sans doute faut-il rappeler ici que les situations dialogiques constituent un sous-ensemble des situations interactives. L'efficacité des interactions dialogiques telle qu'elle a été illustrée ne saurait garantir sans généralisation abusive celle de toutes les formes d'interactions.

L'imitation interactive constitue une forme d'interactions expert-novice, qui implique des conduites à la fois verbales et non verbales. L'imitation, on le sait, dessert différentes fonctions dont certaines ont été décrites dans ce chapitre. On a vu déjà l'importance accordée à l'imitation symbolique, par Piaget ou Wallon. On a vu aussi le rôle que joue l'imitation comme instrument d'acquisition dans la théorie de l'apprentissage sociocognitif par observation, de Bandura. Il s'agit dans cette approche d'un sujet observateur, qui modifie sa conduite en fonction de celle d'un modèle, lequel, pour sa part, demeure inchangé (parfois même dans l'ignorance d'avoir servi de modèle). Dans ce qui suit il s'agit toujours des imitations qui se produisent en situation sociale, interpersonnelle, et qui se jouent entre un partenaire adulte ou aîné, l'autre partenaire étant un enfant. L'adulte modèle, imité, interagit directement avec le (ou les) sujets imitant. Ces formes d'interactions basées sur les imitations peuvent s'analyser en « imitations réciproques » d'une part, « imitations interactives » de l'autre.

Les imitations réciproques s'observent le plus souvent au cours d'activités libres et se produisent spontanément. Elles peuvent se produire dans des dyades paritaires, entre enfants, mais aussi entre adulte et enfant. Ce dernier cas seulement sera pris en considération ici. La notion d'imitation réciproque s'applique aux situations où l'un des partenaires (A) reprend à son compte la production de l'autre (B), de façon exacte ou avec de légères modifications ; la production imitative de B est suivie à son tour d'une production de A, identique ou légèrement modifiée. Les chaînes d'imitations réciproques peuvent être plus ou moins longues. Elles peuvent s'arrêter après que chacun des partenaires ait imité l'autre une fois, comme dans l'exemple ci-dessus, mais peuvent aussi se prolonger dans un certain nombre de tours. Les modifications légères introduites à chaque étape mènent alors, par cumul de leurs effets, à une « conduite à deux » qui peut différer très sensiblement de ce qu'elle était au début de l'épisode. De telles situations se produisent fréquemment au cours des formats de jeux entre la mère et le jeune enfant, que l'initiative de la première imitation appartienne à la mère ou à l'enfant. Dans de telles séries interactives l'adulte peut modifier sa production, par exemple en insistant sur des éléments importants, en reprenant à son tour les productions de l'enfant, qu'il modifie légèrement, etc. dans le but d'aider l'enfant à améliorer un savoir-faire. Bien entendu l'objectif de l'interaction peut aussi être entièrement ludique. Dans les deux cas, il s'agit de conduites éminemment interactives.

L'imitation-modélisation interactive constitue une forme spécifique d'interactions de tutelle (Winnykamen, 1990). Elle se produit dans des dyades (ou des petits groupes), dissymétriques quant à un savoir-faire spécifique, la transmission de ce savoir-faire par l'un des partenaires, son appropriation par l'autre, constituant l'enjeu de l'interaction. Comme toutes les formes d'interactions de tutelle, l'imitation-modélisation met en jeu l'activité des deux partenaires, tous deux enrôlés dans la tâche. Le modèle, en situation de tuteur, apporte à sa performance les modifications qu'il juge utiles, en fonction de ce qu'il observe de la première production imitative du novice. Les échanges entre les partenaires supposent qu'ils ont un objectif relationnel commun, le maintien de l'interaction, jusqu'à l'atteinte du but, l'amélioration du savoir-faire chez le novice. En ce qui concerne la tâche, leurs objectifs sont différents. Pour l'un, le sujet imitant, il s'agit de l'acquisition de savoir-faire qui constituent un objectif en eux-mêmes, ou une étape dans l'intégration ultérieure à des savoirs et savoir-faire plus complexes. Pour le modèle tuteur, il s'agit d'aider le novice dans cette progression. Ces objectifs sont complémentaires, en ce sens qu'ils conduisent à un même but : la réduction des différences quant à leurs compétences. On peut montrer qu'un tel schéma, s'il décrit rarement l'ensemble de la situation expert-novice, rend compte d'épisodes interactifs que l'on rencontre très fréquemment enchâssés dans le déroulement d'échanges diversifiés, tels que les interactions maître-élève.

• *Interactions de tutelle entre enfants.* De nombreux groupes ou couples d'enfants constitués dans la vie quotidienne sont modérément dissymétriques quant à l'âge, et aux compétences qui en découlent; c'est le cas le plus courant dans les fratries, par exemple. À parité d'âge, la dissymétrie peut provenir aussi du statut dans le groupe des pairs (voir sur ce point la première partie de cet ouvrage). Elle peut également porter sur un savoir-faire ou une capacité spécifiques. Une telle dissymétrie peut avoir pour origine les représentations que l'un des partenaires se fait du statut et du pouvoir de l'autre, et de leur comparaison avec les représentations qu'il a de lui-même.

Les interactions entre enfants qui se jouent dans de telles situations (dites « légèrement dissymétriques » pour les différencier des cas examinés au paragraphe précédent) ont été fréquemment observées dans des activités libres. Elles font également l'objet d'études en situations expérimentales ou quasi expérimentales, dans le contexte d'une tâche à résoudre, dans laquelle l'un des enfants est « expert », tandis que l'autre est « novice ». De telles situations peuvent donner lieu à des interactions de guidage, qu'il s'agit alors d'étudier dans leurs effets et dans leurs composantes.

Il n'est pas surprenant que les publications les plus anciennes soient issues du champ de la pédagogie (ou de la psychopédagogie), à travers les travaux sur « l'enseignement mutuel » (on peut voir à ce propos la synthèse de Allen, 1976). Les interactions de guidage auraient un effet positif sur le « tuteur », qui consolide ses connaissances. Cette amélioration trouverait son origine dans la nécessité de reformuler les connaissances afin de les communiquer au partenaire. Le « tutoré » bénéficierait aussi de tels échanges, dans les matières scolaires de base, et dans l'attitude générale à l'égard de l'enseignement.

Dans le champ du développement social de l'intelligence, Doise et Mugny (1981) s'interrogent sur « l'effet tuteur ». Cette notion désigne le bénéfice qu'un enfant en situation de tuteur peut tirer de l'aide qu'il apporte à un camarade, le

« tutoré ». Pour les auteurs cités le mécanisme d'un tel bénéfice est le conflit sociocognitif. Verba (1987) étudie cet effet dans les activités de jeux libres de triades d'enfants, âgés de 2, 3, et 4 ans. Bien qu'aucune consigne d'avoir à aider ses camarades plus petits ne lui ait été donnée, l'aîné le fait spontanément. Les résultats manifestent une différence entre les productions moyennes des enfants lorsqu'ils occupent la situation d'aîné, et celle d'enfants du même âge placés dans des groupes homogènes ; l'effet bénéfique pour le tuteur se trouve ainsi mis en évidence. En ce qui concerne les enfants « tutorés », on trouve très généralement un bénéfice (Gilly, 1988, par exemple). La démonstration, ou modélisation constitue une forme particulière, très étudiée, de l'intervention de l'expert auprès du novice ; tous les auteurs s'accordent à lui reconnaître un effet bénéfique, si on compare les performances des enfants qui ont bénéficié de cette forme d'aide à celles d'enfants travaillant seuls. Mais les différences ainsi observées sont plus faibles que celles obtenues dans des dyades égalitaires, travaillant en coopération (Gilly, 1988). Les travaux actuels portent sur les effets du niveau préalable du tutoré ; celui du tuteur ; la différence entre ces niveaux ; les procédures mises en œuvre dans la situation tutoriale.

Un thème de recherche actuellement très productif (voir par exemple Ellis et Rogoff 1982) consiste en l'analyse de la tâche de « tutorat » en ses composantes. En effet, on peut considérer que la nécessité de gérer la progression du novice vers la résolution du problème spécifique, enjeu de leurs échanges, constitue en soi un problème pour le tuteur. Dans cette optique, on s'intéresse à l'analyse des activités du tuteur enfant, et à la comparaison de ces activités avec celles de tuteurs adultes expérimentés. On peut reconnaître trois catégories de fonctions différentes dans l'activité déployée par le tuteur. Ces trois fonctions principales renvoient respectivement aux indications concernant les règles et procédures, aux informations relatives à la gestion actuelle du matériel et de la tâche, enfin, à la régulation de la relation. Avant 10 ans, la gestion simultanée de ces trois dimensions s'avère difficile. La gestion des règles et des procédures est généralement moins efficiente. Ainsi, les adultes spécialisés s'avèrent meilleurs tuteurs que les enfants. Avec la pré-adolescence, les différences s'estompent.

Un autre thème de recherche porte sur les régulations interindividuelles, les dynamiques interactives, et le passage à l'autorégulation, au décours de l'épisode interactif. L'encadré ci-dessous résume, à titre d'illustration, des travaux (Beaudichon *et al.* 1987, 1989) sur les régulations.

Dans le cas des dyades d'âge égal, ou peu décalées quant à l'âge, mais qui sont dissymétriques quant à la compétence sur une tâche spécifique, les résultats obtenus vont dans le sens d'une approche sociocognitive, interactive, de la transmission par le tuteur, de l'appropriation par le novice, des savoirs et savoir-faire relatifs à la tâche, enjeu de la situation. la gestion interindividuelle de la progression du novice dans la résolution du problème s'avère cependant sensible à différents facteurs, qui modulent son efficacité. Certains auteurs ont montré que la dissymétrie sur la compétence spécifique, caractéristique de ces situations, peut s'avérer porteuse de modalités partiellement différentes dans les échanges, sous certaines conditions. Par exemple, le statut scolaire de « bon élève » ou « mauvais élève » modifie les dynamiques interactives selon qu'il accentue la dissymétrie (l'expert sur la tâche spécifique est « bon élève », le novice est « mauvais élève »,

Quelle est la part de l'autorégulation (ou régulations monogérées) et celle des régulations interindividuelles (ou interactives)? Une série d'études porte sur des couples d'enfants âgés de 5 ans 6 mois à 9 ans. Les deux enfants ont le même âge, mais la dyade est dissymétrique quant à la compétence face à la tâche. Le tuteur connaît le mode de résolution d'un puzzle; il a pour consigne d'aider le novice à le résoudre à son tour, sans intervenir directement sur le matériel. Dix comportements de base, directement observables, ont été identifiés : donner une évaluation positive (1) ou négative (2), diriger l'attention (3), donner un ordre (4), questionner (5), fournir une information (6), fournir une réponse positive (7), négative (8), ou indéterminée (9), produire un commentaire non centré sur la tâche (10). Ces comportements sont verbaux ou non verbaux, ils s'appliquent à une personne, un objet ou une action. On repère (de façon automatisée) le regroupement de ces comportements en « patrons », sur la base de la régularité de leurs associations. Certaines analyses portent sur les conduites de régulation, d'autres sur le guidage de la référence.

Les quatre premiers comportements sont considérés comme régulateurs; leur présence caractérise les « patrons de régulation ». Les résultats manifestent l'importance quantitative des patrons de régulation; parmi ceux-ci on constate l'importance de la régulation interactive, gérée à deux, par rapport aux patrons de régulation monogérés.

Le guidage de la référence. La référence est définie comme tout comportement verbal ou non verbal destiné à l'identification d'un référent (objet, personne...). Dès 5 ans 6 mois, 60 % des patterns de régulation de la référence sont gérés par le tuteur seul, 36 % le sont de façon interactive, résultats relativement stables avec l'âge. Par contre, les interactions s'avèrent plus longues et plus complexes chez les enfants plus âgés, et leur plus grande efficacité se manifeste dans le raccourcissement des temps d'exécution.

ce que tous les deux savent), ou qu'il va dans le sens inverse (l'expert est « mauvais élève » et le novice qu'il doit guider est « bon élève ») (Verba et Winnykamen, 1992).

Interactions sociales et développement sociocognitif : une approche pluridimensionnelle

Différents mécanismes ont été évoqués dans ce chapitre, à propos des différentes approches explicatives de l'intervention des facteurs sociorelationnels dans le développement; on a vu aussi que chacune de ces approches avançait un mécanisme donné, le principal si non le seul, susceptible de rendre compte des progrès observés dans les situations sociales.

Le conflit sociocognitif a été étudié essentiellement par Doise et Mugny. On a vu qu'il pouvait présenter quelques variations dans ses formes, et les situations propres à favoriser sa mise en place efficace. Il s'agit d'un conflit ayant son origine dans la confrontation de deux positions divergentes comme solutions proposées à un même problème par deux partenaires de même niveau de développement mais de centrations opposées. Le conflit d'abord interindividuel provoque un conflit cognitif, intrapsychique. On a pu dire que de ce point de vue cette approche rejoignait les analyses piagétiennes. Une différence radicale existe cependant entre ces deux écoles ; l'interaction sociale est un facteur constitutif de l'évolution pour Doise et Mugny ; elle n'en constitue qu'un facteur adjuvant dans la position constructiviste classique.

La coopération est un mode d'interaction où chacun des partenaires participe à leur initiative commune ; leurs actions, simultanées ou successives, sont complémentaires dans la réalisation d'un objectif commun. La coopération ne repose pas sur le conflit. On peut trouver des formes différentes de co-élaboration coopérative. Rappelons que Gilly relève quatre types « d'épisodes de co-élaboration » : la co-élaboration acquiesçante ; la co-construction par co-élaboration sans désaccord, définie par l'élaboration d'une solution à deux (cette définition paraît correspondre à celle de la coopération donnée ci-dessus) ; la confrontation par refus simple, ou la confrontation contradictoire, avec opposition des points de vue. Les deux premières formes énoncées, si elles constituent des coopérations, ne peuvent pas être considérées comme des conflits sociocognitifs.

Le vocable de co-construction ou co-élaboration est parfois utilisé dans la littérature pour désigner deux mécanismes, le conflit sociocognitif, et la coopération, dont on a vu ci-dessus qu'ils sont différents. Ils ont un point commun, cependant : selon les approches où l'explication par ces mécanismes est avancée, leur mise en évidence nécessite la constitution de dyades symétriques quant au niveau de développement ou de capacité face à un problème. Les interactions les plus efficaces sont donc les interactions strictement paritaires.

La tutelle, ou guidage, renvoie à l'approche interactionniste de Vygotski. Il est caractéristique aussi de l'approche de Bruner, sous la forme de l'étayage. Si l'on peut parler d'objectif commun de transmission-acquisition des savoirs et savoir-faire lorsqu'il s'agit des interactions de tutelle entre un expert et un novice capable d'une prise de conscience d'être en situation d'apprentissage chez l'enfant l'adolescent et l'adulte (c'est à ce type de situation que se réfèrent les éducateurs enseignants et formateurs), ce n'est pas le cas pour les très jeunes enfants, à qui Bruner comme Vygotski appliquent leurs analyses à propos des premières acquisitions médiatisées. La notion d'étayage s'applique plus proprement à ces cas. Sous ses différentes acceptions, il s'agit bien du même mécanisme, dont la mise en œuvre suppose la dissymétrie, plus ou moins forte mais toujours présente, entre les partenaires.

L'imitation, enfin, se caractérise par l'utilisation de l'action d'autrui comme guide de l'activité orientée vers un but chez le sujet imitant. Lorsque le modèle n'interagit pas avec le sujet (soit parce qu'il s'agit d'un modèle non réellement présent, mais observé par le truchement d'un enregistrement cinéma ou vidéo, soit parce que le modèle, présent, n'intervient pas dans les activités du sujet), la référence théorique est celle de l'apprentissage sociocognitif par observation de Bandura. Au contraire, lorsqu'il s'agit d'imitation interactive, où le modèle module et explicite ses démonstrations en fonction des étapes de la progression du sujet, le processus interactif se rapproche de la tutelle. Dans tous les cas, l'imitation repose sur le caractère dissymétrique de la dyade, dissymétrie qui porte au moins sur le savoir enjeu de l'imitation, mais peut porter aussi sur l'ensemble des caractéristiques dont les sujets, leurs relations, ou la situation, sont porteurs.

Ces mécanismes ne sont pas exclusifs les uns des autres. Ils peuvent au contraire être mis en œuvre alternativement dans le décours des échanges qui caractérisent les modalités sociales d'acquisition des connaissances. On a vu en effet que le déroulement temporel des épisodes d'interactions supposait une certaine mobilité des caractéristiques des dyades. Une dyade n'est jamais tout à fait symétrique; pour autant qu'elle le soit, les progressions dans la tâche créent des différences au moins provisoires. Aussi dissymétrique que soit une dyade, des rapports de pouvoir, ou des progressions du novice peuvent réduire, voir annuler au moins provisoirement les différences. Tous sont compatibles avec des moments de progression par réflexion individuelle. Aussi Beaudichon Verba et Winnykamen (1988) proposent-elles une approche pluridimensionnelle des modalités sociales de l'acquisition des connaissances. Selon cette approche, le guidage-tutelle, l'imitation, la co-construction par coopération ou à travers le conflit sociocognitif se trouvent impliqués, en fonction du contexte, de la tâche qui constitue l'enjeu des échanges, du niveau relatif des partenaires, de leurs caractéristiques personnelles, de la nature de leurs relations antérieurement à l'épisode interactif ou au cours de cet épisode... C'est de l'ensemble de ces possibilités que dépend la mise en œuvre de mécanismes différents, et sans doute inégalement disponibles en fonction des sources de variations énumérées. Si certains mécanismes semblent correspondre de façon très précise à certaines situations interpersonnelles, c'est que précisément leur mise en évidence aux fins d'études exigeait la création de situations optimales. Mais on peut les trouver ailleurs, on peut aussi trouver les traces d'autres mécanismes, même dans les conditions optimales construites pour convoquer l'un d'entre eux.

Ainsi, on ne saurait plus faire l'impasse sur les modalités sociales des acquisitions, pas plus qu'on ne saurait faire l'impasse sur les modalités individuelles. Loin de jouer l'exclusivité d'un mécanisme d'acquisition, les travaux actuels s'interrogent sur les conditions, théoriques et empiriques, de leur complémentarité.

UN EXEMPLE DE PROBLÈME DE PRATIQUE ÉDUCATIVE : LES INTERACTIONS MAÎTRE-ÉLÈVES SONT-ELLES INFLUENCÉES PAR LE SEXE DES ÉLÈVES ?

De toute évidence les interactions entre le maître et les élèves ont d'autres déterminants que le sexe des élèves. Ces interactions constituent un chapitre central dans le champ des études en sciences de l'éducation. La présentation de ces études ne fait pas partie des objectifs de cet ouvrage. Seules les différenciations sexuelles seront prises en considération, Parce qu'elles posent aux psychologues la question de leur incidence sur les autoévaluations, et la constitution des « images de soi » en tant qu'écolier, images de soi qui se constituent de façon différentes chez les filles et les garçons. Le destin scolaire différencié selon le sexe, chez des élèves dont les performances en mathématiques ou en français sont d'abord très comparables, puis se différencient aux abords de l'adolescence, est présenté au chapitre 6 de cet ouvrage. Pour plus de clarté, le problème du rôle des interactions maître-élèves tout au long du cursus scolaire (et non dans la seule adolescence) est traité ici, dans un chapitre consacré largement aux interactions.

Interactions à l'école élémentaire

Les nombreux travaux qui traitent de ce problème s'appuient généralement sur des observations de classes et des entretiens. La plupart de ces travaux concernent les structures scolaires anglo-saxonnes, ce qui pose d'emblée le problème de la validité d'une généralisation directe des résultats aux enseignants et aux élèves français. Nous en citons quelques-uns à titre d'exemples.

Une première série de travaux concerne la classe en général, sans centration particulière sur un contenu. On y relève que les instituteurs des premiers niveaux scolaires s'adressent davantage aux garçons, les institutrices s'adressent davantage aux filles. On ne trouve pas de différences dans les conduites interactives des enfants, sauf pour les initiatives non verbales, plus fréquentes chez les filles. Une méthode d'observations directes des classes conclut que les garçons participent à plus d'interactions que les filles, à l'initiative du maître (ou de la maîtresse), principalement quant à leur conduite. Ils reçoivent plus d'attention, occupent une grande part du temps du maître.

Les interactions maître-élèves en classes de mathématique et de science

D'autres travaux se centrent sur des contenus d'enseignement spécifiques. Dans des classes de mathématiques ou de sciences, les résultats diffèrent selon que les données sont obtenues par une méthode d'interviews ou d'observations directes des classes. Fennema et Peterson (1985) étudient, selon les deux méthodes, les interventions de 13 professeurs (4 hommes et 9 femmes), exerçant aux 4e et 5e niveaux scolaires. D'après leurs conclusions, les enseignants ont du mal à identifier leurs propres conduites alors qu'ils identifient avec une bonne précision celles de leurs élèves. Ils n'acceptent pas l'idée qu'ils puissent avoir des comportements différenciés selon qu'il s'agit de garçons ou de filles, mais considèrent qu'ils ont des conduites individualisées, en fonction de chaque sujet. La conduite qu'ils citent le plus souvent est l'encouragement, particulièrement à l'égard des enfants qui manquent de confiance. Les maîtres affirment tous « réagir à l'élève ». Ils savent qu'il existe des différences éducatives associées au sexe à l'extérieur de l'école, mais nient qu'il puisse y en avoir à l'école. Les observations de leurs classes ne vont pas dans le même sens, et mettent en évidence des conduites différenciées à l'égard des filles et des garçons. Une étude longitudinale a porté sur 150 adolescents âgés de 13-14 à 16-17 ans (46 % de filles, 54 % de garçons), observés au cours de deux années scolaires successives, au 7e et 8e niveaux scolaires. Les observateurs relèvent les interactions verbales. Les résultats manifestent que les initiatives du maître envers les garçons sont plus nombreuses que celles qu'il adresse aux filles. En retour, les initiatives des garçons vers le maître sont plus nombreuses que celles des filles.

De ces études (retenues parmi d'autres, qui vont souvent dans le même sens) quelques indications peuvent être tirées. En classes de mathématiques et de sciences, les maîtres posent plus de questions aux garçons ; ils encouragent davantage les garçons ; ils reformulent plus souvent les interventions des garçons, ignorent plus souvent celles des filles. Du côté des élèves, on note que les garçons prennent plus d'initiatives d'échanges que les filles, et reçoivent plus de feedback. Surtout, les différences s'accentuent avec l'âge, elles sont plus importantes au 8e niveau qu'au 7e. Il serait imprudent de conclure à partir de données fragmentaires, et qui n'ont pas été obtenues dans le système scolaire français. On doit cependant s'interroger sur l'intrication des effets et des causes qui font qu'à compétences intellectuelles et performances mathématiques et scientifiques égales, les garçons « aiment mieux » les mathématiques, et choisissent, beaucoup plus nombreux que les filles, les voies scientifiques. Ce point sera repris au chapitre 6.

POUR ALLER PLUS LOIN

Beaudichon J. 1982. *La Communication sociale chez l'enfant*. Paris, PUF.

Beaudichon J., Verba M., Winnykamen F. 1988. Interactions sociales et acquisition de connaissances chez l'enfant. Une approche pluridimensionnelle. *Revue Internationale de Psychologie Sociale*, *1*, 1129-141.

Bideaud J., Houdé O. et Pédinielli J.L. 1993. *L'Homme en développement*. Paris, PUF.

Bruner J. 1983. *Le Développement de l'enfant. Savoir faire, savoir dire*. Paris, PUF.

Deleau M. 1990. *Les Origines sociales du développement cognitif*. Paris, PUF.

Doise W. et Mugny G. 1981. *Le Développement social de l'intelligence*. Paris, InterEditions.

Inhelder B., Sinclair H. et Bovet M. 1974. *Apprentissage et structure de la connaissance*. Paris, PUF.

Perret-Clermont A.N. et Nicolet M. 1988. *Interagir et connaître. Enjeux et régulations sociales dans le développement cognitif*. Fribourg, Delval.

Schneuwly B. et Bronckart J.P. 1985. *Vygotski aujourd'hui*. Neuchâtel, Paris, Delachaux et Niestlé.

Tourrette C. et Guidetti M. 1994. *Introduction à la psychologie du développement. Du bébé à l'adolescent*. Paris, A. Colin.

Vygotski L.S. 1984. *Pensée et Langage*. Paris, Éditions Sociales.

Wallon H. 1942. *De l'acte à la pensée*. Paris, Flammarion.

Winnykamen F. 1990. *Apprendre en imitant ?* Paris, PUF.

6 *Adolescence et adolescents*

La division de l'adolescence en secteurs, selon les différents aspects du développement et du fonctionnement, n'est pas sans inconvénients ; il est bien difficile, en effet, de cerner en les différenciant les éléments qui relèvent du social, de l'affectif, du cognitif, ou même du physiologique, tant leurs influences réciproques sont complexes. Diviser l'adolescence en périodes, pour étudier simultanément dans chacune d'elles ce qui relève de ces différents aspects n'est guère plus simple. À l'inconvénient du découpage temporel, toujours quelque peu arbitraire, s'ajoute le risque que la complexité fait courir à la clarté, nécessairement simplificatrice. Dans la suite on prendra le parti d'adopter l'une ou l'autre des attitudes, selon les points évoqués. C'est ainsi que seront soulignés les événements et les critères qui constituent les bornes de la période adolescente, tandis que les caractéristiques des représentations et des conduites des adolescents seront examinées sous différentes approches, relatives aux modifications physiques, aux aspects sociaux, affectifs, et sociocognitifs. On présentera aussi, d'un point de vue plus différentiel, quelques problèmes particuliers (ou plutôt quelques problèmes qui prennent une allure particulière à l'adolescence). C'est le cas, par exemple, de l'évolution des relations interindividuelles, et quelques catégories sociologiques, par exemple les lycéens, garçons et filles. Mais il faudra d'abord définir l'adolescence.

QU'EST-CE QUE L'ADOLESCENCE ?

Classiquement, l'adolescence se définit comme le passage, la phase de transition, entre l'enfance et l'âge adulte. Cela suppose, comme le fait justement remarquer Lehalle (1985), que l'on considère l'enfance d'une part, l'âge adulte de l'autre, comme des états relativement stables, ce qu'ils ne sont pas. L'enfance, même si elle correspond à une période de « moindre turbulence », constitue un temps de transformations physiologiques, sociocognitives, affectives et sociales, qui s'étalent sur une dizaine d'années. Pour Chiland (1974), « À la période de latence, on attend de l'enfant une adaptation sociale, plus qu'à l'âge précédent… et plus qu'à la période suivante, l'adolescence, où il est admis dans nos cultures que le garçon ou la fille traversent une crise d'opposition, d'originalité juvénile, que s'exprime le conflit des générations, etc. ». Les repères qui marquent l'interface entre la période de transformations lentes de l'enfance et l'accélération adolescente de ces transformations sont essentiellement physiologiques, par référence à la puberté. Par contre, les repères qui soulignent la sortie de l'adolescence vers l'âge adulte sont principalement sociologiques, dans nos cultures. L'accès au statut d'adulte suppose en effet l'atteinte de l'autonomie financière, par l'entrée dans la vie professionnelle et, fréquemment, les débuts d'une vie de couple. Vue sous cet aspect, la durée de l'adolescence va s'allongeant, avec la prolongation des études,

Les stades de la libido selon Blos (d'après Lehalle, 1985)

1. *La pré-adolescence :* le développement pubertaire accroît la pression pulsionnelle, sans la modifier qualitativement.

2. *La première adolescence :* phase de désinvestissement des objets d'amour construits à partir des figures parentales. Menace pour l'équilibre de l'appareil psychique.

3. *L'adolescence :* découverte de l'objet hétérosexuel. Étape de désengagement (phase narcissique) entre l'attachement aux parents et l'amour hétérosexuel d'un nouvel objet.

4. *La fin de l'adolescence :* consolidation des fonctions et des intérêts du moi. Structuration de la représentation du soi.

5. *La post-adolescence :* entrée dans la vie adulte (profession, vie de couple…).

ou la recherche souvent fort longue d'un emploi. Comme on le voit, cette définition, la plus répandue, s'avère ambiguë, puisqu'elle fait intervenir un double critère sans cohérence réelle.

Certains auteurs éludent la difficulté, en supprimant simplement la référence à l'adolescence, pour la remplacer par le terme « jeunesse », considéré comme équivalent. Duret et Augustini, dans un ouvrage par ailleurs fort intéressant, *Sports de rue et insertion sociale,* écrivent : « La jeunesse est donc aujourd'hui une catégorie aux contours incertains. Elle peut se définir très généralement comme une phase de transition entre l'enfance et l'installation familiale et professionnelle. » (1993, p. 21.) On doit remarquer pourtant que si l'installation familiale et professionnelle marque bien la sortie de l'adolescence, la jeunesse peut se prolonger encore quelque peu…

Faut-il déterminer des sous-périodes précises ? C'est le cas, très souvent, pour des raisons de clarté dans l'exposé. Lehalle (1985) fait observer que selon l'approche choisie, ces découpages s'avèrent différents étant spécifiques d'un secteur limité du développement. On peut citer à titre d'exemple les cinq sous-périodes déterminées par Blos (1967) pour rendre compte de l'évolution de la libido. L'encadré ci-dessus résume le système de stades de Blos, d'après Lehalle (1985).

On remarquera que dans ces découpages spécifiques les limites temporelles ne sont pas signalées, ce qui permet de tenir compte de l'état d'évolution du sujet (pour autant qu'on puisse l'évaluer) et non de son âge chronologique pour déterminer la phase qui le caractérise.

Pour d'autres auteurs, plus préoccupés par la personne de l'adolescent dans ses différents aspects que par l'analyse de l'un de ces aspects seulement (Cloutier, 1982), il est plus simple de s'en tenir à des données chronologiques : l'adolescence est alors considérée comme la période qui va de 12 à 18 ans. Ces données constituent des repères utiles, mais insuffisants, pour deux raisons : ces âges, qui définissent une norme, ne rendent pas compte de la grande variabilité individuelle; les modifications très rapides caractéristiques de l'adolescence rendent nécessaire la détermination de sous-périodes qui prennent en considération à la fois le caractère général de la progression, et le caractère individuel de la vitesse avec laquelle elle s'effectue. Aussi trouve-t-on des descriptions de l'adolescence divisée en deux sous-périodes : la première adolescence de 12 à 14-15 ans, et la grande adolescence de 15 à 18 ans.

PUBERTÉ ET CROISSANCE PHYSIQUE

Les transformations associées à la puberté s'étendent sur plusieurs années. Il est courant de subdiviser cette période en phase pré-pubertaire, puis en puberté proprement dite, avec l'apparition des premières menstruations chez la fille, des premières émissions de sperme chez le garçon. On trouve aussi mentionnée une troisième période, dite post-pubertaire. La puberté constitue un événement d'importance majeure, à la fois par l'importance des changements somatiques qu'elle entraîne, et par les conséquences psychologiques et sociales de ces changements.

Les changements somatiques

Alors qu'entre 6 et 10 ans la croissance en taille est très régulière, une accélération soudaine de cette croissance marque la période pré-pubertaire. Selon Tanner (1964) la poussée pubertaire de croissance, phénomène constant, survient chez tous les enfants, mais varie en durée et en intensité. Son allure est très différente selon le sexe. Chez les garçons elle se produit habituellement entre 12 ans 1/2 et 15 ans, entre 10 ans 1/2 et 13 ans chez les filles. Au moment de la plus forte croissance, le garçon gagne en moyenne 10 cm par an, la fille un peu moins. La figure 2, extraite de Tanner, illustre bien la poussée pubertaire de croissance chez les filles et les garçons.

Comme le fait observer Lehalle, si l'on considère non plus l'année de plus forte croissance, mais pour chaque sujet les 6 mois qui précédent le pic, et les 6 mois qui le suivent, on constate un gain de taille de 6 à 11 cm pour les filles, de 7 à 12 cm pour les garçons. De plus, la corrélation entre la taille adulte et la taille juste avant le pic de croissance est de .80, ce qui fait dépendre une part de la taille adulte relativement importante de la poussée pubertaire elle-même. Ainsi « leur poussée pubertaire étant plus précoce, les filles sont plus grandes que les garçons entre 10 ans 1/2 et 13 ans. Avant la puberté la plupart des dimensions corporelles des filles sont inférieures de 1 à 3 % à celles des garçons. La puberté va bientôt leur donner une avance. Puis les garçons vont rattraper et dépasser les filles lorsque survient leur poussée de croissance, plus tardive, mais plus grande et probablement plus prolongée. Les hommes finissent par dépasser les femmes d'environ 10 % pour toutes les dimensions. » (1964, p. 17.)

La croissance des différents segments du corps montre des courbes de croissance assez semblables, mais la vitesse de croissance n'est pas la même. Il existe un ordre déterminé dans l'accélération de la croissance : les membres inférieurs

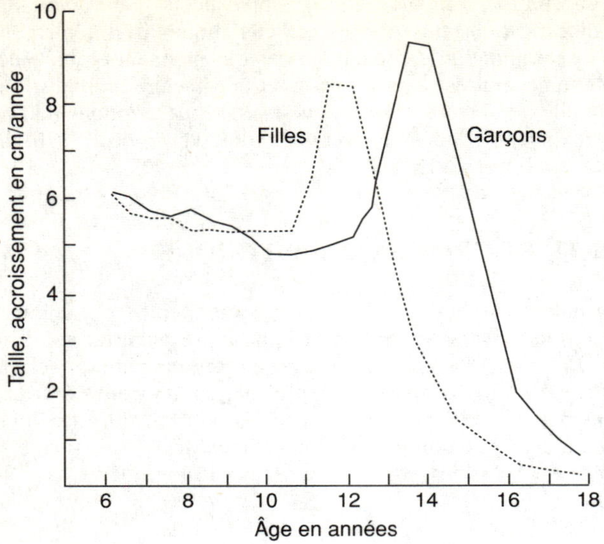

Figure 2. — Poussées pubertaire de croissance en taille chez les garçons et les filles. Pour les enfants représentés ici, les vitesses maximum se situent en moyenne à 12-13 ans pour les filles et à 14-15 ans pour les garçons. Chaque point représente la moyenne réelle des accroissements, marquée au milieu de la demi-année correspondante. D'après J.M. Tanner (1964), *Éducation et croissance,* fig. 3. Neuchâtel, Delachaux & Niestlé.

atteignent leur pic de croissance en premier, puis les différentes largeurs du corps. La longueur définitive du tronc est atteinte environ un an après celle des jambes. La taille définitive est due plus à l'augmentation de la taille du tronc qu'à celle des jambes. La tête, les mains et les pieds sont les premières parties du corps à atteindre leur taille adulte.

La maturation sexuelle diffère chez les filles et les garçons. La plupart des informations ci-dessous sont empruntées à Tanner (1964). Avec la période prépubertaire apparaissent les caractères sexuels secondaires. Chez les filles, le soulèvement mammaire débute vers 11 ans, avec des écarts interindividuels importants. L'apparition des poils pubiens peut dans certains cas précéder la modification de forme de la poitrine, mais le plus souvent elle la suit de peu. Les premières menstruations, qui marquent la puberté proprement dite, se produisent, dans nos cultures, entre 10 et 12-13 ans. Ici aussi les différences individuelles sont très fortes. On considère comme normale l'apparition des premières règles entre 10 et 16 ans. Il faut en général attendre plusieurs mois pour que se mette en place la production séquentielle des deux hormones féminisantes, l'œstrogène puis la progestérone, et que se produise une ovulation régulière.

Chez les garçons, le premier signe de l'évolution pubertaire est assez souvent l'augmentation du volume des testicules, qui se produit vers 11 ans, ce qui marque aussi les débuts de la sécrétion de la testostérone. La croissance de la taille du pénis se produit en général en même temps que la poussée de taille pubertaire, c'est-à-dire le plus souvent après la modification des testicules. Les poils pubiens apparaissent vers 12 ans. Les poils axillaires se développent environ deux ans plus tard, à peu près en même temps que la moustache, qui précède la barbe. Le larynx se met à grandir peu après l'accélération de la croissance de la taille, et la voix devient plus grave, après une période de mue.

Le croisement de ces informations avec celles concernant l'accélération de la taille, et la variabilité individuelle de la mise en place de ces transformations, conduisent à observer que, à âge égal, les adolescents peuvent se trouver à des moments très différents de leur croissance physique : « La plus forte variabilité se situe entre 13 et 15 ans où l'on peut trouver aussi bien des "adolescents" qui n'ont pas démarré leur croissance physique et d'autres qui ont atteint une maturité pratiquement complète. Pour la fille, cet âge se situe entre 11 et 13 ans. Il faut insister sur le caractère normal de ces différences… » (Lehalle, p. 46.) Que l'on se souvienne de l'allure des classes de quatrième, où évoluent des garçons et des filles entre 14 et 16 ans…

Comme on l'a vu, à une même époque, dans une même culture, les transformations pubertaires présentent d'importantes différences individuelles en précocité, en durée, en intensité. Cependant les valeurs modales restent-elles les mêmes, avec le temps et les variations socioculturelles? En fait, il est bien établi que la taille moyenne actuelle des enfants est, à âge égal, supérieure à celle de leurs parents au même âge. Dans la période historique récente, on assiste à une plus grande précocité et une plus grande intensité du développement de la taille, et d'autres paramètres. La puberté devient ainsi de plus en plus précoce. Comme le relève Saint-Marc (*in* Champy et Etévé, 1994), les données européennes des cent dernières années accusent un écart moyen de quatre ans dans l'âge d'apparition des règles, qui passe de 17 à 13 ans.

L'accord se fait pour reconnaître à ce phénomène des causes environnementales, principalement la nutrition, et le mode de vie des enfants. Il y a 30 ans, Tanner présentait une synthèse des effets environnementaux, dans laquelle il est amené à constater la fausseté du stéréotype bien connu de l'effet du climat tropical sur la précocité de la maturation sexuelle des filles. Voici un bref résumé de cette étude. L'âge moyen d'apparition des premières règles est de 14,3 ans chez des Nigériennes de niveau socio-économique élevé, de 14,4 ans chez les filles esquimaux. « De jeunes Birmanes vivant dans de bonnes conditions alimentaires et médicales… ont en moyenne leurs premières règles à 13,2 ans, ce qui est tout à fait semblable aux chiffres de l'Europe occidentale. » (*Ibid.* p. 100.)

Les conséquences psychologiques des transformations pubertaires

La croissance physique à l'adolescence, les modifications de l'apparence qui en découlent et qui sont vécues socialement comme une transformation qualitative ont à l'évidence des répercussions sur le plan psychologique. Il faut souligner, avec Lehalle, « que l'adolescent doit s'identifier à sa propre image, s'approprier à la fois proprioceptivement et sur le plan représentatif son corps en transformation… [d'où]… l'importance symbolique des changements physiques

Effets psychologiques de l'avance ou du retard pubertaire, d'après Lehalle (1985)

Pour les adolescents, un retard pubertaire a des conséquences plutôt négatives, qui peuvent s'interpréter en termes d'interactions sociales. Les attributs physiques de la masculinité induisent chez les adultes et les pairs d'âge « une attitude de reconnaissance de l'autre et une anticipation que cet autre pourra développer des comportements sociaux relativement matures. » (*Ibid.* p. 53.) L'adolescent dont la croissance est précoce, ainsi mis en confiance, est susceptible de manifester plus d'assurance dans les relations sociales que l'adolescent à croissance tardive, engageant ainsi un processus réciproque qui joue en faveur de la précocité. À l'inverse, l'adolescent longtemps immature se trouve désavantagé.

En ce qui concerne les adolescentes le tableau est moins cohérent. Les adolescentes dont la croissance est très précoce « se trouvent marginalisées non seulement par rapport à leurs pairs de même sexe mais également par rapport à leurs pairs de sexe masculin, compte tenu du fait que la croissance est globalement plus lente chez les garçons » (*ibid.* p. 53). Mais cet effet négatif ne se produirait que dans la phase pubertaire proprement dite, alors que les pairs sont immatures. À la période post-pubertaire, chez les filles de 14 ou 15 ans, en avoir terminé avec les transformations pubertaires auxquelles les camarades sont encore affrontées leur donnerait au contraire de l'assurance.

(aménagements et restructurations fantasmatiques liés en particulier à la génitalité) » (p. 50). Deux caractéristiques semblent principalement susceptibles de produire des effets psychologiques : les modifications dans l'apparence corporelle, et la précocité ou au contraire le retard dans les transformations pubertaires.

Certains adolescents ont quelques difficultés à s'adapter aux transformations physiques de leur propre corps, éprouvent une certaine inquiétude face à ses modifications, dont on a vu qu'elles pouvaient entraîner des dysharmonies momentanées. Ces cas sont à prendre en considération, mais ils sont loin de représenter la généralité. Bruchon-Schweitzer (1982) a conduit une enquête auprès de 260 adolescents de trois groupes d'âges (10-12 ans, 12-14 ans, et 17-20 ans). Elle constate que les sentiments des adolescents envers leur propre corps sont en moyenne plus favorables que défavorables et que ces sentiments semblent stables à travers les trois groupes d'âges. Comme le suggère Lehalle, une information sur les lois de la croissance physique et sur les « dysharmonies… normales » pourrait rassurer certains adolescents sur le plan rationnel : « Cependant, ces inquiétudes concernant l'apparence physique sont souvent de l'ordre du fantasme; elles correspondent de façon plus profonde aux difficultés de la restructuration du soi à l'adolescence. Dans ces conditions une information « objective » sera efficace à un certain niveau en situant le problème dans le réel mais ne pourra totalement résoudre une inquiétude à détermination fantasmatique. » (*Ibid.* p. 52.)

Quant aux conséquences psychologiques de la précocité ou du retard pubertaire, elles s'avèrent différentes chez les filles et les garçons. Lehalle présente une synthèse des acquis antérieurs sur ce point. L'encadré ci-dessus résume cette synthèse.

Il faut noter que les études qui conduisent à ces considérations sont anciennes, et compte tenu des stéréotypes sociaux et de leur évolution, on peut s'interroger sur leur actualisation.

Les transformations physiques qui constituent et accompagnent la puberté ont une réelle incidence sur la psychologie des adolescents. Comme le souligne Claude Saint-Marc «Les modifications pubertaires entraînent pour tous les adolescents, quelle que soit leur culture, mais bien différemment pour les filles et pour les garçons, une problématique du corps. Le remodelage de l'individu au cours de cette période… passe d'abord par le corps. Celui-ci, transformé, est difficile à assumer en termes d'image de soi et d'image pour les autres… Il n'est pas rare de "lire" les perturbations psychologiques des adolescents à travers leurs symptômes corporels… » (1994, p. 40). Nous reviendrons sur ce point à propos de la connaissance de soi, et des relations à autrui. Mais dans la très grande majorité des cas, les enfants deviennent des adolescents, et les adolescents deviennent des adultes, sinon sans difficultés, du moins sans troubles majeurs.

LE RAISONNEMENT À L'ADOLESCENCE

Bien que l'objectif central de cet ouvrage concerne principalement les facteurs du développement sociorelationnel, il n'est pas possible de traiter des transformations de l'adolescence sans évoquer les modifications développementales du fonctionnement cognitif. On en fera une brève présentation, avec des renvois aux références utiles (par exemple Claes, 1983; Bideaud, Houdé, Pédinielli, 1993; Tourrette et Guidetti, 1994).

L'accès à la pensée hypothético-déductive

C'est principalement dans *De la logique de l'enfant à la logique de l'adolescent* (1955) que Inhelder et Piaget décrivent les principales modifications du raisonnement qui marquent l'accès au niveau de la pensée hypothético-déductive. Cette nouvelle forme d'équilibre de la pensée est sous-tendue par deux structures cognitives, la maîtrise des opérations combinatoires, et l'accès à la double réversibilité.

Au stade opératoire formel (atteint entre 12-13 et 14-15 ans) Le raisonnement, qui jusque-là s'appliquait aux seules données du réel directement accessibles, s'applique désormais aussi à l'ensemble des possibles. Alors que l'enfant raisonnait sur les objets, l'adolescent se montre capable de raisonner sur des hypothèses exprimées verbalement. Désormais la compréhension du réel passe par ce qui est hypothétiquement possible.

La maîtrise des opérations combinatoires porte sur les combinaisons d'objets (par exemple trouver toutes les combinaisons possibles de 4 éléments dans un ensemble de 12). Alors que jusque 12 ans environ l'enfant réussit un certain nombre de combinaisons, en s'appuyant sur des manipulations tâtonnantes, qui n'épuisent pas tous les possibles, sur le plan formel il se montre capable, sans doute après quelques essais, de dresser méthodiquement la liste de toutes les combinaisons possibles pour les réaliser ensuite. Les opérations combinatoires peuvent s'appliquer aussi non plus à des objets mais à des propositions, sans référence nécessaire au contenu de ces propositions (pour un bon développement de ce point, très important, voir Tourrette *et al.*, ou Bideaud *et al.*, ouvrages cités).

La double réversibilité, ou groupe INRC, constitue la seconde structure formelle qui fonde le raisonnement hypothético-déductif. Elle concerne la maîtrise des quatre opérations logiques reliées entre elles : l'identité (I), la négation (N), la réciprocité R), et la corrélativité (C). Dès le stade des opérations concrètes les enfants réalisent les opérations I et N sans difficulté particulière. Par exemple, on déséquilibre une balance équilibrée par deux poids égaux en ajoutant un poids d'un côté, mais on la rééquilibre en retirant ce poids (N), ce qui ramène à l'état antérieur (I) : « Cependant, plutôt que d'ôter le poids, on peut également équilibrer la balance en éloignant le poids situé du côté inverse du point d'appui, puisque le poids et la distance sont proportionnels. Cette opération réciproque (R) pourra être annulée en déplaçant le nouveau poids d'un côté ou de l'autre, la balance est de nouveau déséquilibrée, l'effet est le même que lors de l'opération initiale (I); cette nouvelle opération (C) est corrélée avec l'opération (I). Les enfants situés au niveau de la pensée concrète... ne peuvent maîtriser l'ensemble de ces opérations simultanément, ni saisir les rapports de proportionnalité qui les unissent. » (Claes, 1983, p. 108-109.) Le groupe INRC permet de raisonner dans toutes les situations qui demandent la coordination des inverses et des réciproques. Avec les opérations combinatoires et la logique des propositions, ils sous-tendent le raisonnement formel, caractéristique de l'adolescence.

L'atteinte de la pensée formelle à l'adolescence est-elle générale?

Le raisonnement hypothético-déductif décrit-il la pensée de tous les adolescents? Les chercheurs qui ont repris les travaux de Piaget et Inhelder ont été amenés à contester ce point. Un grand nombre d'adolescents et d'adultes n'accéderaient pas, sans préparation spécifique, à la pensée formelle. Pour Lovell (1961, *in* Claes 1985), 15 % seulement des adolescents de 15 ans manifestent ce type de raisonnement. Jackson (1963, *ibid.*), avec des sujets de 15 ans, à Q.I. compris entre 90 et 110, observe une réussite complète chez 15 % d'entre eux, et une réussite partielle chez 40 %. Martorano (1977, *ibid.*) utilise 10 épreuves piagétiennes, et trouve une réussite moyenne de 2,7 épreuves chez des sujets de 13 ans, et une réussite moyenne de 6,1 épreuves à 17 ans. La pensée formelle émerge à l'adolescence, mais est loin de représenter une forme de pensée caractéristique de cet âge. Les adultes ne sont pas logés à meilleure enseigne, comme l'attestent plusieurs études. Pour n'en citer qu'une, qui a la particularité d'être appliquée à des sujets français, on relève chez des sujets de 23 ans peu scolarisés, 8 % de réussites complètes, et 38 % de réussites partielles (Schircks et Laroche, 1970, *ibid.*). Commentant ces résultats, Piaget (1972) signale que ses sujets étaient issus de populations privilégiées, scolarisées à un haut niveau. Selon Piaget tout individu normal peut accéder aux structures formelles, à la condition que son environnement social et l'expérience acquise lui assurent la stimulation intellectuelle nécessaire. L'universalité de l'accès à la pensée formelle est l'objet de discussions.

L'effet de la scolarisation

Selon Piaget (1972), les adolescents atteignent la maîtrise des opérations formelles indépendamment des apprentissages scolaires. Les travaux (peu nombreux il est vrai) entrepris sur ce sujet manifestent, contrairement à ce point de vue, l'influence de l'expérience scolaire sur l'accès aux structures formelles de la pensée. Les travaux interculturels montrent que les adolescents peu ou pas scolarisés n'atteignent pas « spontanément » au niveau formel, là où leurs pairs d'âge régulièrement scolarisés l'atteignent, dans des proportions comparables à celles des pays à systèmes éducatifs évolués : « L'origine sociale, les acquisitions antérieures et la qualité de l'enseignement ont tous trois un impact sur le développement des structures cognitives formelles » (*ibid.* p. 112). Des expériences menées dans l'enseignement des mathématiques et des sciences (Chiappetta 1976, Gabel 1979, *in* Claes), indiquent que la plupart des cours adoptent un niveau d'abstraction trop élevé. Les recherches en didactique des mathématiques et des sciences (Vergnaud, 1978) contribuent au débat.

En bref, la problématique du raisonnement de l'adolescent peut se schématiser comme suit : alors que dans la grande enfance, jusque 12 ou 13 ans (ou davantage selon certaines études) le raisonnement hypothético-déductif ou formel n'est pas établi, son apparition à partir de cet âge signe une transformation radicale du mode de pensée. Mais ce mode de raisonnement n'est pas constamment mis en œuvre ; il n'est pas atteint par tous ; il l'est d'autant plus fréquemment et plus complètement qu'il s'agit d'adolescents bien scolarisés et qui bénéficient d'un environnement social favorable. En dehors même des domaines où la pensée formelle se manifeste le plus pleinement, le développement intellectuel fait de l'adolescent l'égal de l'adulte. Au plan intellectuel, l'adolescence « … est caractérisée par la pensée formelle, le raisonnement hypothético-déductif, la découverte de la notion de loi : la maîtrise des possibles par la pensée peut alors aboutir à un égocentrisme métaphysique ; mais elle permet aussi au sujet de concevoir des projets d'avenir et de grands idéaux. » (Jalley et Selosse, *in* Doron et Parot, 1991, p. 13.) Une forme de cognition particulièrement importante à cette période concerne la connaissance de soi et ses rapports avec celle des autres, problématique développée au point suivant.

CONNAISSANCE DE SOI ET CONNAISSANCE D'AUTRUI À L'ADOLESCENCE

Comme le fait observer Rodriguez-Tomé (1983), bien que les apports de l'épistémologie génétique soient fréquemment évoqués à propos de connaissance de soi à l'adolescence, aucune recherche ne semble avoir eu pour objet précis les rapports entre les modalités de la connaissance de soi et les transformations des structures cognitives décrites par Piaget. Par contre, dans le cadre de la cognition sociale, des travaux ont porté sur les relations entre les modifications de la connaissance de soi et celles de la connaissance d'autrui, pour manifester le plus souvent leur parallélisme sans qu'il s'agisse d'être exhaustif dans les concepts évoqués ni dans les définitions rencontrées pour chacun d'entre eux, des notions telles que « connaissances de soi » ou « images de soi », « identité personnelle » ou « identité sociale », ainsi que quelques autres, doivent être explicitées.

Quelques définitions

L'identité d'un individu, son « moi », est un processus évolutif, et non une donnée stable et définitive (Camilleri 1991). L'identité c'est ce qui en nous demeure le même, non par quelque fixation à un état statique, mais au contraire, en négociant les changements nécessaires, de façon à ce que les modifications soient acceptables et intégrables. Les représentations sociales, l'appartenance à des groupes, jouent un rôle important dans la dynamique de la construction identitaire. Monteil (*in* Champy et Etévé, 1994) présente les relations entre identité personnelle et identité sociale comme relevant d'une étude des perceptions de similitudes et de différences entre les personnes. L'individu se perçoit comme partiellement semblable à d'autres, qui appartiennent au (x) même (s) groupe (s) que lui, et qui à ce titre ont des spécificités qui les distinguent d'autres individus, appartenant à d'autres groupes : c'est son identité sociale. L'identité personnelle « marque la reconnaissance qu'un individu a de sa différence par rapport à autrui, elle rend semblable à soi-même, et différent des autres » (*ibid.* p. 503). On comprend que l'adolescence soit le temps des renégociations de l'identité sociale et de l'identité personnelle.

Les notions d'image de soi, (image propre et images sociales) ont été définies par Rodriguez-Tomé (1972). L'image propre est la description de soi-même faite par le sujet de son propre point de vue, en réponse, par exemple, à des questions du type de « comment es-tu? comment crois-tu être? ». L'image sociale est la description de soi-même donnée par le sujet lorsqu'il se place du point de vue d'autrui (de certains « autrui » spécifiés). Elle reflète donc ce que le sujet pense être pour d'autres; elle est produite en réponse à des questions telles que : « Que crois-tu que (ton père, ta mère, un ami...) pense de toi? comment penses-tu qu'il te voit? » Il y a donc, potentiellement, une pluralité d'images sociales (je peux penser que ce que mon père pense de mon intelligence est différent de ce qu'en pense mon professeur de math, ou mon meilleur copain). On voit que ces images sociales dépendent aussi de la caractéristique évaluée (mon père peut avoir une évaluation très différente de mon intelligence, et par exemple de ma motivation au travail).

Conceptions de soi et d'autrui à l'adolescence

Une expérience menée par Rodriguez-Tomé (1972, *in* 1983) illustre à la fois la façon dont se modifient, se structurent les conceptions de soi à l'adolescence, et la méthode utilisée dans ce type de travaux. L'auteur utilise l'expression de « références identificatoires », proche sur le plan conceptuel de celle de « conceptions de soi », mais dont le mérite est de demeurer sur le plan descriptif de ce qui est recueilli, observable, c'est-à-dire des propos tenus par le sujet pour se décrire, ou parler de lui-même. Les sujets ont été 200 adolescents parisiens, garçons et filles, en quatre groupes d'âge : 12, 14, 16, et 18 ans. Ces adolescents étaient invités à donner 20 réponses à la question « Qui suis-je? », l'anonymat leur étant garanti. Les énoncés ont été soumis à plusieurs analyses portant sur le contenu, et certains aspects formels : « L'analyse de contenu visait à dégager la nature des références à soi, soi en tant qu'objet et soi en tant qu'agent, contenues dans chaque énoncé élémentaire. Dans l'étape suivante ces références identificatoires étaient classées dans un système de catégories qui, par emboîtements successifs, pouvait être traité à plusieurs niveaux d'abstraction. » (*Ibid.* p. 204.) Les résultats obtenus éclairent l'évolution à travers l'adolescence de la différenciation ou individuation : des références, qui passent du concret au plus abstrait ; de la référence aux rôles et aux statuts vers des références au soi psychologique.

Le processus de différenciation se manifeste dans les conceptions de soi et dans les conceptions d'autrui « ... par l'émergence de concepts de personnes de plus en plus individualisées, différenciées par rapport aux autres, ainsi que par rapport aux contextes et aux situations dans lesquels elles se trouvent impliquées » (*ibid.* p. 205). Par exemple, le nombre moyen de références identificatoires produites dans les réponses à la question « Qui suis-je? » augmente avec l'âge, particulièrement entre 14 et 16 ans. On note aussi l'accroissement avec l'âge des réponses décrivant des traits de personnalité, des manières d'être, de faire, de penser, des réponses qui différencient et individualisent les sujets. On trouve parmi les références aux traits de personnalité « ... des traits socialement dévalorisés : égoïsme, jalousie, méchanceté, paresse, hypocrisie, immaturité, impulsivité, bêtise, etc. et des traits socialement valorisés : contrôle de soi, vivacité, générosité, franchise, gentillesse, confiance en soi, honnêteté, sociabilité, etc. » Ces deux catégories augmentent avec l'âge, mais après 14 ans les traits positifs dominent, ce qui indique un accroissement de l'estime de soi lors de la deuxième partie de l'adolescence. Des résultats du même type ont été obtenus par d'autres auteurs, avec des méthodes voisines. C'est le cas de Montemayor et Eisen (*in* Rodriguez-Tomé), qui analysent les réponses à la question « Qui suis-je? » de 262 sujets, garçons et filles, âgés de 10 à 18 ans. Les conceptions de soi de plus en plus différenciées à travers l'adolescence se trouvent avérées.

Parallèlement à la connaissance de soi se développe une connaissance différenciée d'autrui. Lors d'une étude déjà ancienne (Secord et Peevers, 1974) 80 sujets de 5, 8, 12, 16 et 20 ans s'expriment oralement, au cours d'entretiens, à propos de quatre personnes familières, puis d'eux-mêmes. Chez les adolescents (à partir de 12 ans mais plus encore au-delà) les descriptions présentent le soi et les autres par leurs caractéristiques personnelles les plus spécifiques, donc les plus différenciatrices. Ces caractéristiques portent, entre autres, sur les valeurs, sentiments, convictions, intérêts, etc. Les descriptions des traits de personnalité sont également fréquentes s'agissant de soi ou d'autrui, mais les références aux valeurs et aux sentiments sont plus fréquentes lorsque les sujets parlent d'eux-mêmes. Cette propension à l'affirmation de ses propres valeurs et sentiments marque le processus de différenciation dans la connaissance de soi.

Image propre et images sociales

Une autre approche de la différenciation concerne les représentations de soi tel que le sujet les décrit et les représentations ou images de lui-même qu'il prête à autrui. Rodriguez-Tomé en propose une définition plus affinée : « La notion d'image propre renvoie à la conscience de soi pour soi et peut être opérationalisée à partir des attributs de toute nature (apparence, traits de personnalité, aptitudes, sentiments...) que l'individu reconnaît comme lui étant propres... et susceptibles de le caractériser de manière acceptable pour lui. La notion d'image sociale vise l'identité pour autrui, dans le sens de... représentation de soi-même anticipée ou reconnue chez un partenaire réel ou virtuel. » (*Ibid.* p. 208.) L'auteur utilise une technique de réponses à des questionnaires présentant des séries de caractéristiques. Les sujets, 150 garçons de 12, 14 et 17 ans, et 200 filles de 12, 14, 17 et 21 ans doivent répondre en fonction de leur image propre et des images d'eux-mêmes qu'ils prêtent à quatre partenaires différents : leur père, leur mère, un camarade du même sexe et un camarade du sexe opposé. La distinction entre le point de vue propre et le point de vue prêté à autrui augmente avec l'âge, « … ce qui témoigne de l'émergence d'une perception de soi de plus en plus autonome, quand bien même la conscience de soi demeure toujours solidaire de l'identité pour autrui. » (*Ibid.* p. 209.)

L'évolution de la reconnaissance de sa propre individualité, ainsi que de l'individualité d'autrui, va de pair avec la reconnaissance de différences entre la façon dont le sujet se perçoit lui-même et la façon dont il pense que les autres (certains autres, signifiants pour lui), le perçoivent : « De plus, l'adolescent, dans la mesure où il peut de surcroît généraliser, dépasser son expérience vécue… vient à s'apercevoir qu'il y a, en lui et dans les autres, des aspects insaisissables ; et ce, dans le même mouvement par lequel il découvre, en lui et dans les autres, des motivations ou des sentiments qui souvent ne sont pas apparents dans les situations concrètes. » (*Ibid.* p. 209.)

Conceptions de soi, conceptions d'autrui, et pensée abstraite

On a vu que l'adolescence était marquée, au moins dans nos cultures, et potentiellement dans d'autres, par l'avènement d'un mode de raisonnement abstrait, de représentations abstraites de l'environnement physique. Cette analyse s'applique aussi à la cognition sociale. Dans l'étude déjà citée de Montemayor et Eisen, les auteurs observent que le développement des conceptions de soi à l'adolescence n'est pas tant affaire d'augmentation du nombre de caractéristiques évoquées que de modification qualitative de la nature de ces caractéristiques : l'abstrait ne s'ajoute pas au concret, mais dans une large mesure s'y substitue. Rodriguez-Tomé propose des exemples de réponses dont le caractère abstrait ne saurait être contesté : « je suis un être humain », « une personne », « une créature pensante », « une créature de Dieu », « un membre de l'humanité », « un centre de contradictions » etc.

L'abstraction dans le mode de pensée appliqué à soi et aux autres se manifeste aussi par l'effacement progressif des références à des attributs physiques en faveur des références à des attributs psychologiques, tels que les traits de personnalité. Selon une synthèse de plusieurs travaux proposée par Damon et Hart (1982), la diminution des références au corps, à l'aspect physique, aux activités physiques, est très nette entre 12 et 14 ans. À ces références s'en substituent d'autres, centrées sur le fonctionnement psychologique, la nature et la qualité des relations interindividuelles. C'est encore à Rodriguez-Tomé que nous empruntons les exemples suivants « … la fréquence des verbes comme jouer, faire (quelque chose), aller (quelque part), se promener… qui impliquent ouvertement une activité physique, s'affaiblit nettement avec l'âge, en même temps qu'augmente celle des verbes comme sentir, rêver, s'ouvrir à, juger, penser, découvrir, s'épanouir, comprendre… exprimant une activité de l'esprit ». En même temps s'amenuisent aussi les fréquences des références à une identité statutaire, accompagnée de l'énumération des caractéristiques qui insèrent l'individu dans des catégorisations de rôles et de statuts, tels que l'âge, le sexe, la nationalité, les statuts scolaires, familiaux, professionnels etc. Bien évidemment le sujet reste conscient de ces appartenances, mais il ne les considère plus comme des références essentielles, prioritaires, lorsqu'il répond par un autoportrait à la question « Qui suis-je? ». C'est un point sur lequel il faudra revenir à propos des groupes d'adolescents.

ADOLESCENCE ET RELATIONS ENTRE PAIRS

L'adolescence est une phase de restructuration affective et intellectuelle de la personnalité, un processus d'individuation et de différenciation. On comprend que la relation aux autres (à l'autre) y tienne une place importante. Les relations amicales, déjà présentes dans l'enfance, s'avèrent particulièrement investies à l'adolescence. Elles ne constituent pas cependant la seule forme des relations entre pairs. On présentera d'abord les modifications des relations amicales à travers l'adolescence, puis on prendra en considération les autres formes de relations interpersonnelles, et plus largement sociales.

Les relations amicales

Pour Littré, l'amitié est « … un sentiment qui affectionne, attache une personne à une autre ». Si l'on s'en tient strictement à cette définition la spécificité par rapport à la tendresse, ou à l'amour en dehors de ses formes érotisées, est peu marquée. Pour les psychologues, la définition se fait plus précise : il s'agit de « … préférence durable, en principe non érotisée, qu'éprouvent deux personnes l'une pour l'autre… L'amitié c'est la rencontre intime des singularités : elle implique à la fois l'identification (comme transformation selon un modèle extérieur) et l'empathie, la capacité de faire écho aux affects et aux fantasmes de l'autre » (Prévost, *in* Doron et Parot, 1991, p. 30).

L'importance des relations amicales, ou relations affinitaires, est reconnue par tous; cependant peu de travaux leur sont consacrés. Saint-Marc (1981) étudie la relation amicale chez les jeunes écoliers. En ce qui concerne les adolescents, la plupart des travaux sont consacrés aux groupes de camarades. On notera cependant la synthèse de Berndt (1982) sur les relations amicales aux débuts de l'adolescence, et celle que propose Lehalle (1989), à laquelle nous nous référons directement.

• *Évolution des relations amicales.* Les *motivations* au choix des relations amicales évoluent à travers la période adolescente. De 11 à 13 ans environ (débuts de l'adolescence), le choix amical semble centré sur le « faire ensemble » les activités communes, plus que sur la relation elle-même. Les sujets interrogés mettent rarement l'accent sur les sentiments. Dans la période suivante, entre 14 et 16 ans environ, « … les adolescents insistent sur le fait que les relations amicales doivent être basées sur une confiance réciproque. L'aspect sécurité semble alors très important (*ibid.* p. 113). L'adolescent semble rechercher dans l'ami un double de lui-même, confronté lui aussi aux mêmes problèmes d'identification. Cette relation, dite spéculaire, suppose évidemment la confiance absolue, et génère la crainte (parfois l'angoisse) d'une « trahison » de la confiance, ou d'une éventuelle séparation. De plus, comme cette tranche d'âge correspond assez souvent à l'éclosion des premières amours, l'ami représente quelqu'un avec qui « ... partager ses émotions... et vis-à-vis de qui il ne peut y avoir de rivalité sexuelle » (*ibid.* p. 113). L'adolescent de 17 ans et plus se montre un peu plus distancié dans la relation amicale. Il met davantage l'accent sur les différences de personnalité, considérées comme enrichissantes. La recherche de liens hétérosexuels réduit l'intensité de la relation avec l'ami du même sexe.

L'évolution des relations amicales a été mise en rapport avec l'évolution cognitive (Selman 1981). La décentration cognitive et les capacités d'abstraction pourraient expliquer l'évolution du lien amical. Entre 6 et 12 ans, les enfants deviennent progressivement capables de se « mettre à la place » de l'autre, de se représenter son point de vue. À partir de 9-10 ans, et progressivement jusque 15 ans, ils se montrent capables d'adopter un troisième point de vue : celui qu'une tierce personne aurait par rapport à leur relation avec l'ami. Au-delà de 12 ans se développent en outre des capacités d'envisager des interactions à différents niveaux, compte tenu des différenciations.

• *Importance de la relation amicale.* Comme on l'a vu ci-dessus, jusque vers 16 ans le lien amical s'assortit d'un besoin de confidentialité, d'intimité, souvent accompagné de la peur de voir la confiance trahie, l'intimité rompue par la séparation. L'intimité, ressentie comme nécessaire, s'analyse selon différentes conceptions. Pour Erikson (1968) l'intimité suppose intensité et profondeur. Dans un ouvrage plus ancien (1953) Sullivan reconnaît deux aspects à l'intimité : le partage réciproque des sentiments (avec un ami intime l'adolescent partage sentiments, valeurs...) et la transparence (chacun doit être informé de tout ce qui concerne l'autre). L'intimité serait une caractéristique spécifique à l'amitié entre adolescents, puisque dans l'enfance il s'agit surtout de relations préférentielles durables à propos d'activités communes.

Puisque l'intimité caractérise la relation amicale à l'adolescence, il est important de s'interroger sur les motivations à ce besoin d'intimité. En effet, l'intimité pourrait s'avérer recherchée parce que l'adolescent a besoin « d'un autre soi-même » (recherche d'un autre spéculaire) ou au contraire parce qu'il a besoin de trouver en l'ami un « autre complémentaire ». Berndt (1982) constate la grande ressemblance généralement décrite dans les dyades amicales (mêmes choix culturels, mêmes « look », etc.). Mais cette similitude résulte-t-elle d'une influence réciproque, les amis se choisissant en raison même de cette similitude et quel est le statut des différences qui subsistent, celui de la marge entre l'impossible similitude intégrale et sa recherche au plus près? ou plutôt celui de résultante du choix délibéré de la complémentarité? Il semblerait que similitude et complémentarité aient des fonctions d'égale importance, prépondérante l'une ou l'autre alternativement en fonction des « flottements » de la centration de la personnalité à l'adolescence.

L'adolescent engagé dans un lien amical n'en a pas moins des relations, plus ou moins superficielles, plus ou moins permanentes, avec des groupes de pairs. Ces relations seront examinées au paragraphe suivant, mais avant d'en terminer avec la relation amicale il convient de s'interroger sur les bases de la nature des enjeux dans la « négociation » entre relations amicales et relations de camaraderie. Alors que dans l'enfance (avant 10 ans) les pairs d'âges, amis ou non, sont principalement engagés dans des attitudes de compétition dans les situations sociales, dans l'adolescence l'intimité des relations amicales devrait permettre une attitude plus sensible aux besoins d'autrui, moins compétitive. En effet selon Berndt (article cité) les garçons de 5 à 9 ans sont moins enclins à partager leur gain avec leur ami qu'ils ne le sont à l'égard de simples camarades de classe. Cette situation s'inverse à l'adolescence, puisque le même auteur constate que les garçons de 13-14 ans, au contraire, sont plus généreux à l'égard de leurs amis qu'ils ne le sont avec les simples camarades. L'adolescence marquerait ainsi l'avènement de la préférence pour les situations égalitaires par rapport aux situations compétitives.

La relation amoureuse et la sexualité

Si l'entrée dans l'adolescence est marquée par la puberté, la grande adolescence est marquée par l'éclosion du sentiment amoureux et la réalisation de la sexualité génitale. Ces deux points ne sont pas à confondre : réalisation de la sexualité génitale et sentiment amoureux peuvent aller de pair, mais peuvent aussi être distincts. L'impact culturel dans le domaine des relations sexuelles est considérable. Il n'en faut pour preuve que la modification, au travers des dernières décennies, de l'âge des premiers rapports sexuels dans nos cultures. Le lecteur intéressé par quelques statistiques sur ce point pourra consulter Lehalle (1985). On se contentera de citer ici quelques données françaises. Selon le ministère de la Santé (rapport Kahn-Nathan, 1962 et 1972, cité par Lehalle) 30 % des jeunes de 20 ans déclaraient avoir déjà eu des relations sexuelles, alors que 10 ans plus tard 35 % des garçons et 30 % des filles déclaraient avoir eu leurs premières relations sexuelles au cours de leur 17e année. En 1985 (Leselbaum *et al.*, *in* Lehalle) 14 % des lycéens parisiens enquêtés, garçons et filles confondus, âgés de moins de 16 ans, déclarent avoir déjà eu des relations sexuelles ; c'est le cas de 30 % des lycéens et lycéennes de 16 ans ; ils sont 38 % dans ce cas à 17 ans, 50 % à 18 ans, 62 % à 19 ans.

À propos des risques inhérents aux relations sexuelles précoces, il faut noter que ces risques, qui concernaient « classiquement » la grossesse non désirée, se sont de ce point de vue réduits, sans pour autant disparaître. *Le Monde de l'éducation* de Mai 1983 publie les résultats d'une enquête selon laquelle 20 % des lycéennes utiliseraient un moyen contraceptif, la pilule pour 15 % d'entre elles, ce qui ne répond qu'au seul risque de grossesse. En ce qui concerne les maladies sexuellement transmissibles, une enquête (*Le Monde*, 11 mars 1987) rapporte que les jeunes (15 à 24 ans) sont dans une certaine mesure seulement sensibles au risque de sida : 37 % d'entre eux auraient modifié leurs habitudes, 70 % envisageraient de les modifier à l'avenir.

Les groupes d'adolescents

Les adolescents se caractérisent aussi par la recherche du groupe, comme lieu d'expression de similitudes et de différenciations, de solidarité et de coopération/

RÉSUMÉ DE LA CLASSIFICATION DES GROUPES D'ADOLESCENTS SELON ROBERT ET LASCOUMES (1974, *IN* LEHALLE 1985)

– *Les groupes à support institutionnel :* scolaire, sportif… L'institution favorise la rencontre, mais il est fréquent que le groupe une fois constitué la quitte, ou que des sous-groupes à fonctionnement autonome s'y constituent.

– *Les groupes spontanés :* un noyau de 4 ou 5 copains de même sexe, éventuellement une frange plus nombreuse et mixte. Ces groupes sont homogènes par l'âge et l'origine sociale. Les motivations y sont affectives (possibilité de sympathiser), recherche de distractions en commun, possibilité de discussions « entre jeunes ».

– *Les «quasi-groupes» :* rassemblements de jeunes; les nombreux participants constituent des juxtapositions de personnes, avec peu d'interactions interindividuelles et une certaine disparité quant aux âges. Certains lieux y sont propices (ex : Beaubourg à Paris, les parvis de centres commerciaux…). Ces quasi-groupes sont peu organisés et leurs signes d'appartenance sont plus extérieurs qu'intérieurs. Ils peuvent être constitués de la juxtaposition de véritables groupes spontanés.

– *Les bandes :* « … groupe spontané plus spécifique et plus structuré que ceux précédemment décrits, et qui seraient à l'origine d'actes délinquants ».

Groupes spontanés et bandes sont comparables sur trois plans : l'homogénéité de l'âge et de l'origine sociale de leurs membres; leur caractère informel, par opposition aux groupes institutionnels; les fonctions qu'ils exercent.

compétition. Les groupes d'adolescents que l'on rencontre le plus souvent sont très divers, assez instables, et, au total, ressemblent assez peu aux stéréotypes que les médias propagent à leur propos. Leur caractère commun, à travers leur diversité, tient surtout à la tranche d'âge, assez étroite, dans laquelle se retrouvent leurs membres. Selon l'expression de Lehalle « … il s'agit de montrer l'existence d'une sorte de conscience de classe d'âge, qui se retrouve quels que soient les milieux, les types de bandes et leurs activités (délinquantes ou non) » (*ibid.* p. 118). Les membres du groupe prennent en général grand soin de marquer leurs limites par rapport aux classes d'âge immédiatement plus jeunes ou plus âgées.

Relativement peu de travaux récents s'intéressent aux différentes formes de groupes de jeunes et à leurs fonctions psychologiques et de socialisation, étant donnée l'acuité de l'actualité à leur propos. Duret et Augustini (1993) s'intéressent aux groupes, dans la pratique des « sports de rue ». Le sociologue Gérard Mauger présente une étude synthétique en 1994. Quant au psychologue Lehalle (auquel le présent chapitre doit beaucoup), il trouve ses références dans Roumajon (1961), Dunphy (1963), Monod (1971), Robert et Lascoumes (1974). Il est vrai que sous son aspect associé à la déviance, la « bande » a fait l'objet de travaux récents, sur lesquels nous aurons à revenir (Selosse, 1991). Du reste c'est déjà à propos de « délinquance », même si c'est pour contester cette spécification, que

EXTRAITS DE LA VIGNETTE « BANDE » (SELOSSE, *IN* DORON ET PAROT, *DICTIONNAIRE DE PSYCHOLOGIE*, 1991, p. 79-80)

Regroupement d'individus marginaux ou déviants qui se différencient par leurs activités des systèmes de référence en cours dans leur milieu d'origine ou dans la société globale. L'existence de bandes est généralement associée à la désorganisation sociale et aux situations anomiques locales qui invitent des individus non insérés à créer leur propre système de normes et de valeurs. Généralement considérées comme un phénomène lié à l'adolescence... il s'agit d'un phénomène général. Sous la forme d'une organisation groupale défensive/agressive structurée de façon hiérarchique autour d'un noyau d'initiateurs, la bande rassemble des individus dont les besoins d'insertion, d'appartenance et de reconnaissance sociale ne sont pas satisfaits et qui cherchent à... sortir des voies qui leur semblent sans issue./Certaines bandes engagent/leurs membres dans l'antisocialité en rationalisant leurs méfaits grâce à la polarisation d'attitudes agressives autour de la défense du territoire, d'antagonismes d'âges ou de milieux, de rivalités ethniques ou de règlements de compte justiciers./Les membres y trouvent/le moyen de manifester leur puissance, de ressentir des émotions partagées, une solidarité... et un vif sentiment d'appartenance, sous-tendu par des règles de loyauté. La participation à une bande permet de neutraliser les inhibitions, d'exprimer des revendications rationalisées et justifiées, de s'identifier à des modèles héroïques, de tenir des rôles complémentaires ».

s'expriment Robert et Lascoumes. On trouvera dans l'encadré un résumé de la classification proposée par ces auteurs, telle que Lehalle la présente.

On aura remarqué qu'une telle analyse situe les groupes sur un continuum, et non comme des catégories totalement exclusives. La plupart des travaux soulignent le passage graduel et non exclusif du groupe à la bande, de la nature soit non délinquante soit plus ou moins délinquante ou marginale des activités du groupe spontané ou de la bande. À titre d'illustration l'encadré ci-dessus reprend en grande partie la vignette que Selosse (1991) consacre à la « bande ».

On peut conclure de ces analyses que l'appartenance à un groupe de pairs est une réalité très générale chez les adolescents. Cette adhésion groupale ne se traduit pas nécessairement par l'appartenance à une bande, laquelle de son côté n'est pas nécessairement centrée sur des activités déviantes. Celles-ci sont fréquentes et paraissent liées aux conditions sociologiques générales et/ou locales. La marge entre « l'originalité » et la « déviance » des activités tient elle-même grandement à l'appréciation, largement sociale, de la déviance et de la délinquance, comme le montrent les enquêtes et analyses proposées par Coslin (1995).

L'ADOLESCENT ET LA FAMILLE

La référence à l'adolescence est, dans le public, fréquemment connotée de références à une « crise », un « conflit », voir à un affrontement dans les relations avec la génération précédente. De telles représentations sont habituellement confortées par la prédilection des jeunes pour les groupes de pairs (*cf.* ci-dessus). Qu'en est-il, en fait, des relations de l'adolescent avec sa famille? La situation apparaît paradoxale, si on se réfère aux stéréotypes que nous venons d'évoquer. Les approches psychosociologiques et psychologiques apportent ici des éclairages complémentaires.

Approches psychosociologique et sociologique

Il y a plus de 20 ans (1972 et 1973) deux enquêtes conduites par Rodriguez-Tomé auprès de garçons et filles, âgés de 12 à 21 ans pour la première, de 12 à 18 ans pour la seconde, apportaient des éclairages complémentaires sur ce point. La première étude montre le caractère positif des sentiments des adolescents à l'égard de leur famille, même si, comme on pouvait s'y attendre, les sujets de 21 ans se sentent moins fortement intégrés dans leur famille d'origine que les sujets plus jeunes. La seconde étude propose une autre forme d'interrogation, plus indirecte. Ce qui est demandé aux 1 355 enquêtés, c'est de désigner les personnes à qui ils auraient recours s'ils avaient des problèmes de nature sentimentale, morale, ou matérielle. Il s'avère que les adolescents s'adressent principalement à leurs parents pour les aider face aux problèmes des deux dernières catégories, de façon un peu moins marquée mais néanmoins significative pour les problèmes sentimentaux ; les camarades sont privilégiés dans ce dernier cas.

Les choses ont-elles changé en 20 ans? Il semble que non, selon les informations fournies par les sociologues de la famille. Une enquête lancée au cours de l'été 1994 auprès des jeunes de 15 à 25 ans concerne, entre autres, les rapports des jeunes avec leur famille (*Le Monde*, 26 septembre 1994). Bien qu'il ne s'agisse pas d'une étude scientifique (la représentativé des répondants n'est pas garantie, par exemple), les résultats suggèrent des attitudes positives à l'égard de la famille. Neuf jeunes sur dix s'y sentent à l'aise, huit sur dix estiment que leurs parents leur font confiance. Les opinions traditionnellement émises sur la quête d'autorité des nouvelles générations ne sont pas confirmées. L'emploi et la famille constituent les valeurs privilégiées. Cette vision très positive s'accompagne de quelques nuances. En effet les grands adolescents souhaitent un logement indépendant, même si la cohabitation familiale se déroule plutôt bien. Avec l'âge (l'enquête concerne aussi de jeunes adultes) le sentiment positif par rapport à la famille d'origine diminue.

Approche psychologique

Les relations parents-enfants ont donné lieu à de très nombreux travaux, à la fois dans les domaines affectif, sociorelationnel et cognitif. Certains de ces travaux ont été évoqués au cours du chapitre 5. On insistera ici sur un point spécifique, particulièrement important dans la grande enfance et aux abords de l'adolescence, celui du rôle des interactions avec les parents dans la construction des représentations des rôles de la femme et de l'homme dans « la société », pour s'interroger sur les retentissements des facteurs familiaux sur la constitution des valeurs, attitudes, à l'égard de la scolarité, et plus précisément encore, sur la constitution des images de soi en tant qu'élève chez les filles et les garçons, face aux mathématiques et aux sciences.

Les quelques travaux cités (il y en a d'autres…) l'ont été parce qu'ils illustrent le type de préoccupation des psychologues : quelle est l'influence des attitudes, valeurs, stéréotypes, etc. des parents, et par quels mécanismes agissent-ils?

Jacobs (1991) étudie l'influence des stéréotypes de « genre » dont les parents sont porteurs sur les attitudes des parents et des enfants à l'égard des mathématiques. 400 parents et leur enfant, élève du 6ᵉ au 11ᵉ niveau (âgés de 12 à 17-18 ans) ont répondu à des questionnaires sur la réussite en mathématiques de l'enfant, et leurs représentations des compétences des hommes et des femmes en général dans le domaine des mathématiques. Il s'avère que les stéréotypes dont les parents sont porteurs n'ont pas d'effets directs sur la représentation de soi des enfants. En revanche, les stéréotypes des parents ont un effet d'interaction avec le sexe de l'enfant pour influencer directement les croyances des parents à propos des capacités de l'enfant. Ce sont ces croyances parentales qui influencent la perception de soi des enfants.

Dans le même ordre d'études, Stevenson et Newman (1986) signalent, chez des adolescents de 10ᵉ niveau (16 à 17 ans) que leurs attitudes à l'égard des mathématiques sont en relation à la fois avec l'opinion de leur mère quant à leur valeur, et avec les résultats objectifs qu'ils obtiennent. Dès le début du cursus scolaire des influences du même type sont relevées. D'après Lumis et Stevenson (1990) dès le premier niveau scolaire (le cours préparatoire), alors que les garçons et les filles ont des niveaux tout à fait équivalents en math et en lecture, les filles comme les garçons croient que les filles sont meilleures en français et les garçons meilleurs en math. L'élément remarquable est dans le constat que les mères de ces enfants (à réussite égale, comme on l'a vu) croient à la supériorité des garçons en math, des filles en français. Les mères attendent de leur fils une plus grande compétence en math, de leur fille une plus grande compétence en lecture. Une étude de Phillips concerne des enfants de 10 ans, tous bons en mathématiques. Ces enfants se jugent comme « bon », « moyen », ou « faible » en math. Ces perceptions d'autocompétence sont plus influencées par les appréciations de leurs parents, avec qui elles s'accordent, que par les appréciations du maître, positives pour tous, puisqu'il s'agit d'un échantillon sélectionné de « bons en math ».

UNE POPULATION ADOLESCENTE : LES LYCÉENS

Les rapports des adolescents avec leurs pairs, et avec leur famille, ont été évoqués ci-avant. Il convient de s'interroger sur les influences des institutions dans lesquels les adolescents sont insérés.

Quelques données sociologiques

En France, comme on le sait, la scolarité est obligatoire jusqu'à 16 ans. Tous les adolescents sont donc concernés. Une très grande partie d'entre eux est concernée bien au-delà de cet âge. Des analyses sociologiques sur la population scolarisée dans les lycées s'avèrent donc de la plus haute importance. Dubet, Cousin et Guillemet (1991) proposent une analyse d'une dimension particulièrement importante aussi d'un point de vue psychologique, l'expérience lycéenne. Une analyse de cette expérience suppose qu'on considère l'élève comme un acteur « élaborant des stratégies et les significations de ses stratégies dans un système de relations sociales » (*ibid.* p. 6). Trois dimensions sont prises en considération : le projet de l'élève, défini plus ou moins précisément, à plus ou moins long terme ; la rencontre de ce projet avec une organisation institutionnelle, définissant des rôles, des conduites, et aussi des évaluations de performances scolaires qui conditionnent la sélection ; la position de l'élève comme acteur culturel. Les auteurs dégagent trois « publics » relativement différents dans la population lycéenne. Les paragraphes suivants résument leurs analyses.

• *Les « bons élèves » des « bons lycées ».* Ces adolescents fréquentent des établissements traditionnels des centres-villes. Leur rapport aux études est plus instrumental et tendu. Inscrits dans un destin scolaire, d'obligation familiale de réussite, ils vivent leurs études « comme un jeu où les risques de pertes sont plus élevés que les chances de gains ; tout se passe comme si il fallait obtenir un diplôme qui ne vaut plus grand chose… L'âge des choix se présentera après le bac… Les élèves développent une logique du "différemment" où les "vraies" questions se poseront plus tard, où la "vraie" vie commencera après, lors des études supérieures » (*ibid.* p. 7). Cette faiblesse des projets est à rapprocher du choix des filières. Dans quelques rares établissements s'opposent encore deux formes de cultures, littéraire et scientifique, qui peuvent être de prestige égal. Dans la plupart des bons lycées : « la hiérarchie des filières répartit les qualités scolaires plus que les goûts des élèves… Il se crée alors une tension constante entre les goûts affirmés et les filières, attribuées plus que choisies » (*ibid.*). Les élèves entretiennent un rapport très utilitariste aux études. Les professeurs sont appréciés pour leur efficacité : « Les lycéens se présentent comme des entrepreneurs rationnels, efficaces parce que distanciés et détachés, refusant de s'engager au-delà du nécessaire. » (*Ibid.* p. 8.)

Les élèves apprécient les relations entre pairs. Des clans fondés sur des goûts, des aspirations, apparaissent comme le « véritable espace de la vie intellectuelle », le lieu d'une vie juvénile « nichée dans les temps morts de la vie scolaire… et pratiquant à des degrés divers une sorte d'éthique de la non-compromission avec la vie et la culture scolaire » (*ibid.* p. 8). Compétition et performances sont au centre de la vie scolaire, et cependant la majorité des élèves « vise la moyenne », et une adaptation peu engagée dans l'école.

Les lycées ont une faible capacité d'intégration. Ils proposent une succession de cours, mais n'exercent pas de contrôle social. Les élèves perçoivent le lycée comme organisé d'une façon libérale, qui permet une vie juvénile autonome, avec ses « looks », ses rencontres amoureuses et amicales. Selon les élèves le lycée est une bureaucratie, qui offre des espaces de liberté personnelle. Peu de problèmes de discipline, mais absentéisme et manque d'intérêt. Les conseillers principaux d'éducation (CPE) et l'administration ont une attitude de modération dans les problèmes qui peuvent surgir entre professeurs et élèves. En résumé : « De même que les familles de classes moyennes supérieures proposent à leurs enfants d'échanger une liberté personnelle et juvénile contre une performance scolaire convenable, l'établissement échange l'efficacité scolaire contre une vie juvénile peu contrainte. »

• *Les nouveaux lycéens.* Dubet *et al.* désignent de cette façon les élèves des sections dévalorisées fréquentant des lycées de banlieues populaires, et dont les parents ont rarement fait des études secondaires longues, « … bref, des élèves qui préfigurent les gros bataillons des fameux "80 %" de bacheliers » (*ibid.* p. 8). Le fait de poursuivre des études secondaires les met en situation sociale ascendante par rapport à leurs familles, particulièrement lorsqu'il s'agit de familles ouvrières ou migrantes, situation ascendante qui va de pair avec une chute scolaire. Mal à l'aise dans des sections qu'ils ont été contraints d'accepter, ils se sentent dévalorisés par rapport aux normes de la réussite scolaire. Ils sont souvent âgés et se sentent piégés par des « choix » qui leur ferment les portes des projets professionnels que certains avaient formulés.

Le modèle culturel qu'on leur propose repose sur des enseignements concrets, qu'on vide de leur valeur de modèles, puisque précisément on les réserve aux élèves les plus faibles. Quant aux enseignements généraux, ils sont vécus comme des occasions de perpétuer sans réelle utilité les situations d'échec. Ils sont tentés d'opposer la « vie réelle et concrète » à l'abstraction des études, d'autant que beaucoup d'entre eux vivent comme de jeunes adultes qui travaillent « … alors que la dévalorisation du diplôme en fait un investissement peu rentable et cependant indispensable. » (*Ibid.*)

Sans réels intérêts intellectuels, ces élèves, à la différence de la catégorie précédemment décrite, sont peu sensibles à l'efficacité des professeurs, et le sont bien davantage à leur « personnalité ». Les enseignants sont vécus alternativement comme méprisants et encourageants, ce qui induit chez les élèves une attitude peu rationnelle, « on peut si on veut », et des alternances entre espoir et découragement. « Cette dépendance malheureuse est le plus souvent vécue dans le mépris et l'humiliation, celle des établissements "mal fréquentés", celle des professeurs parfois déçus d'enseigner à des élèves faibles, celle qui est attachée à un passé scolaire suffisamment difficile pour dévaloriser l'image de soi. » (*Ibid.* p. 9.)

Ces nouveaux lycées, peu contraignants, permettent une vie juvénile aussi développée que les « bons lycées », en dehors cependant de la vie et de la culture scolaire. Vie juvénile dont les centrations relèvent de la « vie réelle » ou des loisirs et sorties, susceptibles de donner une image de soi plus positive : « Entre l'école et la vie, ces lycéens perçoivent parfois la même distance que celle des ouvriers opposant l'usine à cette vie. » (*Ibid.*)

• *Les élèves de lycées professionnels (LP).* L'expérience sociale des élèves de LP paraît marquée par des clivages. Une première démarcation oppose l'enseignement général à l'enseignement professionnel. L'enseignement général maintient une relation pédagogique traditionnelle, avec des contraintes de silence et de discipline, tandis que l'atelier laisse une certaine autonomie de déplacement, et centre l'attention sur une tâche. Un second clivage différencie les élèves de CAP et de BEP dévalorisés à ceux qui préparent un BEP plus prestigieux ou un Bac professionnel. Les premiers, sans projet professionnel réel, sont souvent hostiles à l'école. Ce qu'ils disent de leur expérience quotidienne renvoie à la vie de groupe (quelquefois délinquante) et non à une scolarité : « … les cours et les professeurs sont jugés en fonction de l'espace qu'ils donnent à cette sociabilité… Comme les enseignants essayent de s'adapter le moins mal possible à cette société qui leur échappe, le LP prolonge souvent la vie du quartier, de la bande et de la galère.» (*Ibid.* p. 9.) Pour les élèves de LP l'école semble n'engendrer que des échecs.

Les élèves préparant le bac professionnel ou les «bons» BEP vivent mieux, sans contradiction réelle, les deux formes de la culture scolaire. C'est particulièrement le cas des élèves qui préparent le bac, avec une image de techniciens, et qui se montrent fiers d'appartenir à la section la plus valorisée du LP. De plus ces élèves, souvent âgés, ont un comportement de jeunes adultes qui, grâce aux stages, entrent déjà dans la vie professionnelle.

Comme on le voit, l'expérience scolaire des élèves de LP s'avère «tendue entre les deux pôles constitués par une sociabilité juvénile mal enserrée dans le cadre scolaire et une formation professionnelle accordée à une sorte d'élite professionnelle. Ceci n'empêche pas l'ensemble de cet univers d'être sensible, plus que les autres, au marché de l'emploi, et tandis que les premiers élèves pensent en termes d'emploi, n'importe lequel, les seconds pensent, eux, en termes de métier» (*ibid.* p. 9-10).

• *Une tentative de synthèse.* Les auteurs proposent une réflexion d'ensemble à propos des expériences vécues par les lycéens. En effet, l'expérience lycéenne, sous ses diverses formes, s'organise essentiellement autour d'un processus de sélection, qui induit des stratégies «instrumentales», se traduit par la séparation entre la vie culturelle et l'école, par une faible capacité de socialisation de l'institution, par la séparation entre les personnes et les institutions.

Tous les bacs ne se valent pas, les lycéens le savent, l'école est donc vécue comme une machine à sélectionner. Les lycéens sont si sensibles à cet aspect du parcours scolaire, que le thème de la sélection est le plus fréquemment traité dans les premières réunions de groupes d'élèves. Les clés de la sélection sont connues, et les lycéens savent qu'elle commence dès le collège, par exemple par le choix des langues en 6e. De plus les élèves connaissent aussi la hiérarchie des établissements et la suprématie impérialiste des mathématiques et des disciplines scientifiques, même s'ils la conteste. Les procédures de sélection sont perçues comme rigides et autocratiques, le conseil de classe est «un tribunal et une mascarade de justice». Ce discours est partagé par les parents, les enseignants et l'administration. Ainsi cette sélection apparaît comme à la fois implacable et incontrôlable.

Comme conséquence de cette sélection, les élèves développent des stratégies d'efficacité, qui leur font occulter le contenu culturel et éducatif au bénéfice de la «rentabilité» de l'effort scolaire : «L'instrumentalisme est si fort que les élèves de seconde, quand ils sont à peu près certains de leur future orientation, jugent inutile, et parfois injuste, de devoir continuer à travailler des matières qu'ils n'auront plus au programme en première.» (*Ibid.* p. 11.) Dans les matières où la réussite est primordiale, la fraude est perçue comme une stratégie honorable, à condition de le faire avec mesure… et prudence. L'école étant le lieu de la nécessité d'une performance efficace, les discussions véritablement intéressantes, dont on a vu combien les adolescents sont amateurs, se déroulent hors du champ scolaire.

Surtout, le lien entre toutes les formes d'expériences lycéennes qui ont été présentées, est à chercher dans la dissociation entre le lycée comme institution et l'élève comme individualité, personnalité en construction. Il devient difficile de considérer le lycée comme un lieu de socialisation, c'est-à-dire une institution construite sur des valeurs culturelles, où l'on peut repérer des rôles sociaux que les acteurs reproduisent ensuite dans la société. Sauf dans la classe les conduites des élèves échappent au contrôle de l'école. Les choix des adolescents pour les vêtements, les loisirs, etc. sont du domaine privé, ou plutôt relèvent d'un autre domaine collectif, mais qui échappe à l'école. On peut considérer une telle évolution comme un progrès, mais, pour quelques temps encore, elle déroute une partie des enseignants et des familles.

Le lycée est devenu un lieu de liberté à très faible contrôle social mais il n'en est pas pour autant plus démocratique, puisque cette liberté se traduit dans les usages, non par des droits. La « vraie vie » est ailleurs, dans la bande de copains ou les loisirs, partagés ou individuels. Le lycée n'est pas un lieu de socialisation — les adolescents la vivent ailleurs. Le lycée est-il un lieu d'intégration? Il peut l'être, mais le débat reste ouvert. Laissons la conclusion aux auteurs : « L'école forme des individus plus que des acteurs sociaux, mais elle les forme "malgré elle", en leur laissant des espaces privés et des sphères d'autonomie très larges. Trois raisons majeures sont à l'origine de ce phénomène. En premier lieu l'école a très probablement détruit son image… égalitaire et porteuse de valeurs universelles en devenant le principal agent de la sélection… En second lieu… l'école n'a plus aujourd'hui le monopole de la culture légitime. Les sources culturelles sont nombreuses et l'école est devenue un simple outil sur un marché de la connaissance de plus en plus concurrentiel. L'école s'adapte peut-être, enfin, tout simplement à l'évolution de la société. Comment pourrait-elle en effet s'organiser autour d'un projet culturel fort, au moment même où la société ne propose plus cette représentation indiscutée de la culture légitime? » (*Ibid.* p. 11-12.)

Pour nuancées et convaincantes que soient ces analyses, il convient de signaler qu'il s'agit là d'un point de vue sociologique, certes très important, mais que l'aspect psychologique vient nuancer au niveau des individus, et des sous-groupes. Au demeurant, il s'agit là de l'institution scolaire dont les acteurs, outre les enseignants et les administratifs, sont les adolescents et les jeunes adultes. Il y aurait péril à généraliser ces analyses à l'ensemble des problématiques afférentes à ce type d'institution, et péril plus grave encore à les généraliser à l'école qui dessert les enfants des trois cycles de l'école maternelle et élémentaire.

Adolescents et adolescentes : Similitudes ou différences

Si le point précédemment traité devait tout aux sociologues, une étude de l'influence du sexe à l'école conjugue nécessairement les points de vue parfois bien différents, mais toujours complémentaires, des sociologues et des psychologues. Exposer l'intérêt de ces deux points de vue et les travaux sur lesquels ils se fondent, pour tenter une analyse du devenir des filles et de celui des garçons face à la scolarité constitue l'objectif de ce sous-chapitre. De nombreuses publications traitent de ce problème. Quelques-unes sont particulièrement exploitées ici. Il s'agit principalement de Deaux (1985), Boyer (1991), Baudelot et Establet (1992), Winnykamen (1993). D'autres auteurs, moins directement sollicités, seront cités dans le cours du texte.

• *L'état de la question, du point de vue psychologique et sociologique.* Les différences intellectuelles entre garçons et filles ont longtemps constitué un aspect central dans les travaux des psychologues. Ces travaux ont été progressivement abandonnés, car les résultats concluent le plus souvent à l'absence de différences. Deaux (1985) rappelle que la question des différences de capacités intellectuelles entre garçons et filles a semblé centrale pendant des décennies. Elle cite Gustave Le Bon, un des fondateurs de la psychologie sociale, qui déclare en 1879 : « Tous les psychologues qui ont étudié l'intelligence des femmes, comme les poètes et les romanciers, reconnaissent aujourd'hui qu'elles représentent les formes les plus inférieures de l'évolution humaine, et qu'elles sont plus proches des enfants et des sauvages que de l'homme adulte civilisé. » Sans aller à de tels excès, on peut convenir que la recherche des différences d'intelligence a été longtemps sous-tendue par l'hypothèse souvent non exprimée que les filles étaient « différentes » des garçons sur le plan intellectuel ; différentes, c'est-à-dire inférieures à la norme masculine. Depuis 20 ans déjà les recherches des psychologues ont renoncé à la question : « Qui est plus ou moins intelligent? » pour se centrer sur des comparaisons plus spécifiques. Sur deux points seulement des résultats différentiels convergents sont obtenus : le domaine des compétences spatiales, et celui des données verbales.

En ce qui concerne l'espace, Maccoby et Jacklyn, dès 1974, dans une revue de question très complète, aboutissent à la conclusion d'une supériorité des performances des garçons. Hyde Fennema et Lamon (1981) dans une méta-analyse de l'ensemble des travaux disponibles, relèvent la présence de différences, mais dont une faible partie seulement (4,5 % de la variance) est due au sexe. Les différences constatées dès avant l'adolescence, concernent uniquement les épreuves de rotations mentales, et les notions de verticalité/horizontalité. Les différences ne se retrouvent pas dans les tâches qui demandent des analyses, des stratégies séquentielles, pourtant plus proches des mathématiques et des sciences, où, traditionnellement, les filles hésitent à s'engager.

Relativement aux données verbales, Maccoby et Jacklyn (1974) notaient un consensus chez les psychologues pour constater une supériorité des filles, dès le début du langage (précocité, en compréhension et en production). Ces résultats ont été contestés depuis, en particulier à propos de leurs bases méthodologiques (les interactions de la mère avec sa fille pourraient s'avérer quelque peu différentes de ce qu'elles sont avec le garçon, et les différences relevées chez l'enfant seraient dues à ces différences quantitatives et qualitatives dans l'interaction).

Hurtig et Pichevin (1986) proposent une sélection commentée de travaux consacrés aux comparaisons entre filles et garçons. Dans tous les autres domaines, la réponse est claire : il n'y a pas de différence. L'intérêt des chercheurs en psychologie s'est tourné vers d'autres champs, plus productifs.

Les sociologues apportent un avis radicalement contradictoire. Toutes les analyses sociologiques du monde de l'école, de l'emploi, de la vie quotidienne dans et hors de la famille manifestent à l'évidence des différences souvent massives. Le récent ouvrage de Baudelot et Establet « Allez les filles ! » (1992) présente sur ce point une excellente synthèse : « 30 années de mixité n'ont pas réussi à égaliser les destins scolaires des garçons et des filles. À la fin des années 80 on note 55 % de filles en seconde, mais 35 % parmi les bacheliers C… Les classes préparatoires et les filières scientifiques comptent 85 % de garçons. » (P. 16.)

En 1900 il y avait en France 624 étudiantes pour 27 000 étudiants. En 1990 elles sont 520 000 pour 450 000 garçons. Et pourtant elles ne sont pas en proportion égale dans les différentes filières.

Actuellement deux garçons sur trois arrivent en 4e ; c'est le cas de quatre filles sur cinq. 42 % des filles obtiennent le bac, contre 32 % des garçons. Mais les filles se trouvent davantage dans les filières générales, de A à E, où elles sont 29 % contre 20 % de garçons. De leur description de la population lycéenne les auteurs concluent :

1) Le sexe est le deuxième facteur de la différenciation scolaire, après l'origine sociale.

2) Les filles investissent mieux l'école, les garçons réinvestissent mieux dans la carrière.

3) Dans l'Europe, comme en France, les inégalités sociales (toujours réelles) sont moins fortes pour les filles que pour les garçons. Les écarts entre garçons et filles décroissent à mesure que s'élève l'origine sociale.

4) Les filles s'avèrent moins compétitives que les garçons, mais elles peuvent le devenir. Par exemple, quand un concours devient mixte, peu de filles s'y présentent ; au bout de peu de temps, le nombre des candidates égale celui des candidats.

5) Dans l'enseignement professionnel la mixité (inscrite dans les textes) est très inégalement réalisée. Certaines sections sont à plus de 95 % soit féminines soit masculines.

Comme on l'a vu les recherches de différences entre filles et garçons dans les compétences cognitives se sont avérées stériles. Pourtant filles et garçons diffèrent profondément dans leurs projets de vie et les réalisations qui semblent généralement associées à ces compétences. Pourtant les conclusions des psychologues et celles des sociologues se rejoignent. L'école constitue un puissant facteur d'intégration, même si celle-ci n'est pas encore réalisée ; à mesure que la scolarisation progresse les différences entre filles et garçons s'atténuent. Ainsi l'accord se fait sur la notion de modification : ça change. Comme le rappelle Deaux, pour les mêmes dimensions psychologiques mises à l'étude on trouvait des différences il y a 25 ans, on ne les retrouve pas, d'autres se constatent encore, mais s'avèrent très réduites. Ce que l'on constate actuellement, ce sont des différences résiduelles, petites par rapport à ce qu'elles ont été. L'explication la plus probable porte sur les facteurs dont les effets induisent les différences, facteurs parmi lesquels la part des influences culturelles s'avère considérable. Les points de vue psychologique et sociologique convergent quant aux conclusions : Les garçons et les filles progressent, les filles avancent plus vite, mais leur point de départ était plus bas.

• *Problèmes actuels : l'évolution des différences.* Ainsi, malgré une quasi totale absence de différences quant aux potentiels cognitifs, les destins scolaires des filles et des garçons restent très différents. Les réflexions actuelles portent sur les explications possibles de cet état de fait. L'ampleur du sujet interdit qu'on en fasse une présentation exhaustive. Trois secteurs, particulièrement sensibles, ont été retenus, les réussites différentielles en mathématiques et sciences, en français, et en éducation physique et sportive. Bien que ce sous-chapitre soit consacré à l'adolescence, certaines données, pour être compréhensibles, doivent être examinées d'un point de vue développemental; aussi trouvera-t-on ci-dessous quelques analyses de travaux portant sur l'enfance.

En mathématiques et sciences, les différences, toujours observées, de réussite ont fait et font encore l'objet de nombreux travaux. En simplifiant beaucoup, on peut les ramener à quelques interrogations focales. À partir de quel moment les différences deviennent-elles sensibles? selon leur apparition précoce ou tardive, en effet, on peut faire l'hypothèse de poids différents accordés à des facteurs de «capacités personnelles» opposables à des facteurs d'effets du «milieu». Par quels mécanismes peut-on expliquer l'effet des influences de «milieu», dont l'existence est toujours admise, même si le poids en est discuté? La plupart des auteurs prennent en considération ces deux interrogations conjointement. On en présente ci-dessous quelques exemples.

Pour Maccoby et Jacklyn (1974) les performances en math des garçons sont supérieures à celles des filles, mais les différences ne sont sensibles qu'à partir de l'adolescence. Des travaux plus récents (Benbow et Stanley, 1980, 1983) signalent eux aussi ces différences à partir de 13-14 ans. Selon Becker (1983), l'importance des différences est fonction du niveau de réussite. Alors que les performances moyennes des garçons et des filles sont identiques, les élèves très brillants en math (le 1 % supérieur) présentent un rapport entre les sexes («sex-ratio») de 13 garçons pour une fille. La différence est surtout sensible en algèbre, et non en géométrie, là où on l'attendait, étant donnée la part qu'y tiennent les capacités spatiales.

Les travaux actuels ont souvent une dimension interculturelle. C'est ainsi que Lumis (1990) conduit une étude menée à tous les échelons de l'école élémentaire en Chine, au Japon, et aux Etats-Unis. Les résultats en arithmétique (calcul) ne différencient nulle part les garçons et les filles. Les performances dans des épreuves de résolution de problèmes sont meilleures chez les garçons à partir de 11-12 ans. Engelhard (1990), relève qu'à partir de 13 ans, aux USA et en Thaïlande, les adolescents dépassent les adolescentes lorsque la complexité cognitive des exercices proposés augmente. On ne trouve pas de différences en arithmétique, on en trouve en algèbre et géométrie. Les modes de réponse sont influents à 15 ans : les garçons sont supérieurs aux filles lorsqu'il s'agit de QCM («Questionnaires à choix multiples», dans lesquels le sujet doit choisir la bonne réponse parmi celles qui lui sont proposées); la différence se réduit considérablement, mais subsiste, lorsqu'il s'agit d'élaborer et de rédiger la réponse à des questions ouvertes (Bolger et Kellaghan, 1990).

Les recherches qui portent sur des sujets ayant commencé des études supérieures donnent des résultats complexes, mais dans l'ensemble cohérents. On peut en tirer les indications suivantes : les notes moyennes obtenues par les filles lors de la première année d'enseignement supérieur sont égales ou légèrement supérieures à celles des garçons; les garçons dépassent les filles lorsqu'il s'agit de réponses à des tests spécifiques, légèrement aussi pour des épreuves de visualisation spatiale et en géométrie; il n'y a pas de différence dans les épreuves de géométrie qui demandent des stratégies de raisonnement logique (Battista, 1990).

Pour permettre une synthèse d'études aussi dispersées, Hyde (1990) propose une méta-analyse de 100 recherches publiées, portant en tout sur plus de trois millions d'élèves, à tous les échelons de la scolarité. Sur l'ensemble, les filles ont des résultats égaux ou légèrement supérieurs à ceux des garçons. Si l'on détaille ces résultats, on constate la supériorité des filles en calcul, à l'école élémentaire et à l'école moyenne. Leurs résultats sont égaux à ceux des garçons, aux mêmes niveaux scolaires, pour la résolution de problèmes. Les garçons s'avèrent supérieurs aux filles au niveau « High School ». Les différences sont faibles, et en faveur des filles dans la population générale; ces différences s'inversent si on sélectionne les échantillons. En effet, le « sex ratio » est très largement en faveur des garçons si on étudie seulement les très bons élèves en math. Sans doute le résultat le plus intéressant porte-t-il sur la chronologie des recherches : les différences se réduisent à travers le temps, les recherches les plus récentes étant celles où les différences observées sont les plus faibles.

Les résultats des évaluations nationales, subies par tous les élèves au début du CE2, de la sixième et de la troisième renseignent sur la situation en France. Filles et garçons ont des résultats similaires en CE2 et en 6e; les résultats des garçons sont légèrement supérieurs en troisième. De fait, alors que tous les élèves sont examinés en CE2 et 6e, en 3e ne participent à l'évaluation que les élèves de l'enseignement général. Or, on sait que beaucoup plus de garçons que de filles quittent l'enseignement général pour l'enseignement technique court, au niveau de la 5e ou de la 4e. On compare donc en 3e des filles « tout venant » à des garçons quelque peu sélectionnés. Cela pourrait suffire à expliquer la différence.

En français et en lecture, l'évaluation nationale de 1990 nous renseigne aussi sur le niveau des élèves de CE2, 6e, 3e. Les résultats des filles s'avèrent significativement supérieurs à ceux des garçons pour toutes les épreuves de Français, en 6e et en 3e; les différences s'accentuent entre ces deux niveaux.

On présente ici quelques exemples de travaux récents consacrés aux différences entre les garçons et les filles quant à la lecture. Marsh (1985) trouve, sur près de 600 élèves de 5e niveau (11-12 ans) une supériorité des performances des filles en lecture et en math. C'est aussi le cas en lecture pour les filles de 6e niveau (Marshall, 1984). Du 5e au 8e niveaux, les filles surclassent les garçons en lecture (Sabers, Cushing et Sabers, 1987). En France, une étude centrée plus spécifiquement sur la compréhension de la lecture (Tourrette et Tourrette, 1983) manifeste l'égalité des filles et des garçons. Aux USA comme à Taïwan, l'étude de Lumis, déjà citée à propos des math, constate une égalité des capacités en lecture, ou une légère différence en faveur des filles, à tous les niveaux de l'école élémentaire.

Dans le domaine des mathématiques comme dans celui des lettres il n'existe pas de différences objectives dans les premiers échelons de la scolarité. Ces différences apparaissent et s'accroissent plus tôt pour les lettres que pour les math. Dans les deux champs, elles sont relativement faibles, et toujours orientées dans le même sens. On peut conclure que les résultats des filles sont égaux ou supérieurs à ceux des garçons en lettres, que les résultats des garçons sont égaux ou supérieurs à ceux des filles en mathématiques.

Les études qui comparent les performances des filles et des garçons dans le domaine de l'EPS sont beaucoup moins abondantes. Davisse et Louveau en proposent une synthèse récente (1991). Les notes des filles sont inférieures à celles des garçons aux épreuves du bac; la différence est d'autant plus grande qu'il s'agit d'une filière dévalorisée; c'est ainsi que les écarts en C sont plus faibles qu'en A, ceux-ci étant eux-mêmes plus faibles qu'en G.

Le problème de la mixité, qui a fait l'objet de discussions déjà anciennes, paraît mal résolu dans les faits. Les regroupements dans les classes se font soit en séparant les sexes, soit par groupes de niveaux. Les résultats sont à peu près identiques car dans la seconde procédure on ne trouve que quelques filles chez les «forts», quelques garçons chez les «faibles». Objectivement, les résultats sont différents, avec un décrochage des filles très net à l'adolescence. Le facteur biologique tient une bonne place dans l'explication de ces résultats. Force est pourtant de constater que la différence, forte dans certaines disciplines, s'avère beaucoup plus faible dans d'autres (par exemple la natation).

• *Problèmes actuels : l'explication des différences.* Le constat de fortes différences de trajectoires assorties de faibles différences de performances constitue une problématique que les travaux actuels s'attachent à élucider. Deux notions paraissent particulièrement centrales : celle d'auto-évaluation dans ses rapports avec les attitudes à l'égard des math, du français, de la réussite scolaire en général et celle de construction de «l'image de soi», particulièrement dans sa forme spécifique «d'image de soi en tant qu'élèves». On présente à titre d'exemples quelques résumés de travaux significatifs dans ces domaines

Les attitudes à l'égard des mathématiques et des sciences, de la lecture, de la réussite scolaire en général différencient-elles les sexes? D'après Lumis, dès le premier niveau de l'école élémentaire, alors que leur réussite est égale, filles et garçons croient que les filles sont meilleures en lecture, et les garçons meilleurs en mathématiques. C'est du reste aussi ce que croient leurs mères.

Durant les années de l'école élémentaire, les enfants considèrent la réussite comme plus importante que les données sociomorales qui régissent la classe, et y réagissent avec plus d'intensité. Cependant les filles sont plus sensibles que les garçons aux normes sociomorales de la classe, et aux procédures que ces règles régissent (ce qu'il faut et ne faut pas faire); les garçons sont plus sensibles à la réussite.

On a comparé les positions exprimées par les enfants au cours des entretiens, relativement aux évaluations et aux attributions de conduites à soi et aux autres, et les comportements que l'on relève par observation directe de la classe, au long du cycle élémentaire. L'analyse des entretiens ne révèle pas de différence entre les garçons et les filles, tandis que les observations des mêmes enfants manifestent une diminution avec l'âge des évaluations positives, surtout chez les filles. Celles-ci, à tous les âges, produisent des attributions et des évaluations de performance plus négatives que les garçons.

Dans le domaine des auto-évaluation et des attitudes, comme dans celui des performances (examiné dans ce chapitre) on constate des résultats différents selon qu'on s'adresse au «tout venant» ou à des échantillons sélectionnés. Phillips (1987) étudie les auto-estimations d'élèves de 9-10 ans tous très bons en math. On peut classer les auto-estimations des enfants (tous objectivement très bons, rappelons-le) dans les catégories « basse », « moyenne » ou « forte » de l'estimation de leur propre compétence. On note que les filles et les garçons se répartissent dans ces trois groupes de façon proportionnelle à leur représentation dans l'échantillon.

Des enfants de 9-10 ans et des adolescents de 13-14 ans sont interrogés avant de passer un examen de math, et après cet examen. À résultats égaux les filles s'évaluent moins positivement, attribuent moins que les garçons leur succès à leur mérite, et leur échec à la chance ; elles attribuent plus que les garçons leurs échecs à leurs faibles capacités. Les filles se montrent moins fières de leur succès et croient moins que leurs camarades garçons à leur possibilité de progrès.

Dès leur première année d'école élémentaire, les enfants ont des images de soi en tant qu'écolier différentes selon le sexe (Entwisle *et al.*, 1987). Les filles réussissent comme les garçons en mathématiques, mais utilisent peu cette réussite dans la construction de leur image de soi scolaire, alors que cette réussite est très importante pour les garçons.

Interrogés sur « ce qu'ils pensent que leurs maîtres pensent d'eux » (une des formes de l'image de soi en tant qu'écolier), des pré-adolescents de 11-12 ans reflètent les attentes du maître à leur égard avec une bonne approximation ; en effet les différences entre les réponses des « bons » et des « mauvais » élèves sont relativement conformes à ce que ce statut pourrait laisser prévoir, que ces élèves soient des filles ou des garçons (Weinstein, 1987).

À 11-12 ans, des pré-adolescentes qui réussissent en français et en mathématiques aussi bien ou mieux que leurs camarades garçons ont des conceptions d'elle-même (« self-concept » ou « image de soi ») plus élevées en français, mais plus faibles en mathématiques que les garçons (Marsh, 1985).

Chez de grands adolescents, âgés de 14-15 et 18-19 ans, Collis et Williams (1987) comparent les attitudes à l'égard de l'informatique et des sciences, en Chine et au Royaume-Uni. Il ressort de l'étude que les élèves chinois se montrent plus positifs que les Anglais à l'égard de ces disciplines, et présentent moins de différences inter-sexe. Chinois et Anglais sont comparables sur un point cependant : les filles considèrent que les femmes sont aussi compétentes que les hommes dans ces domaines, ce dont les garçons ne semblent pas convenir.

De cet ensemble (très incomplet) on peut tirer quelques indications : la plupart des auteurs concluent à une représentation de soi comme élève assez différente chez les filles et les garçons, particulièrement pour les mathématiques et les sciences. Les représentations sociales du rôle des femmes influent sans doute sur cette construction du soi par la fille. Les interactions dans la classe, notamment avec les maîtres, jouent un rôle probablement important dans les différences d'attitudes, de conduites, et de performances des filles et des garçons. C'est aussi le cas pour les interactions avec les parents, à propos de la scolarité. Les interactions maître-élèves ont été abordées, de ce point de vue, dans le chapitre consacré plus généralement aux interactions sociales. Nous n'y revenons pas ici. Nous tenons aussi, avant de quitter l'aspect différenciateur du sexe face aux mathématiques ou aux lettres, à rappeler ce qu'il en est des études sur le rôle des interactions avec les familles dans la constitution des images de soi en tant qu'élève, et plus généralement, dans la constitution des représentations du rôle des femmes et des hommes.

Que conclure? Les études différentielles de compétences entre garçons et filles ne constituent pas un champ très fécond pour les psychologues, au niveau actuel de recherches. Sans doute y a-t-il dans la construction des images de soi, dans les processus identitaires, une voie d'étude plus féconde. La place des représentations sociales y est importante. Les filles, les femmes, ont beaucoup progressé au cours des dernières décennies, du moins dans nos cultures. Ce qu'il en est sous d'autres cieux, dans d'autres cultures, avec d'autres contraintes, devrait donner à réfléchir. Puisque les changements sont possibles, et nous avons vu qu'ils le sont, qui peut affirmer qu'ils ne le sont que dans le sens du progrès?

POUR ALLER PLUS LOIN

Baudelot C. et Establet R. 1992. *Allez les filles!* Paris, Seuil.

Claes M. 1983. *L'Expérience adolescente.* Bruxelles, Mardaga.

Cloutier R. 1982. *Psychologie de l'adolescence.* Chicoutimi, Gaëtan Morin.

Coslin P. 1995. *Adolescence et déviance.* Paris, PUF.

Dubet F., Cousin O., Guillemet J.P. 1991.Sociologie de l'expérience lycéenne. *Revue Française de Pédagogie,* 94, Jan-Fev-Mars, 5-12.

Inhelder B. et Piaget J. 1955. *De la logique de l'enfant à la logique de l'adolescent.* Paris, PUF.

Lehalle H. 1985. *Psychologie des adolescents.* Paris, PUF.

Rodriguez-Tomé H. 1972. *Le Moi et l'Autre dans la conscience de l'adolescent.* Neuchâtel, Delachaux et Niestlé.

Rodriguez-Tomé H. 1983. La connaissance de soi à l'adolescence. *L'Orientation Scolaire et Professionnelle,* 12, 3, 203-213.

Rodriguez-Tomé H. et Bariaud F. 1987. *Les Perspectives temporelles à l'adolescence.* Paris, PUF.

Tanner J.M. 1964. *Éducation et Croissance. Applications pédagogiques des connaissances sur la croissance de l'enfant.* Neuchâtel, Delachaux et Niestlé.

Tourrette C., Guidetti M. 1994. *Introduction à la psychologie du développement. Du bébé à l'adolescent.* Paris, Armand Colin.

Conclusion

Nous avons voulu dans cet ouvrage prendre en considération les facteurs sociaux, interactifs, interindividuels, pour en examiner les effets sur le développement de l'enfant et sur son appropriation des connaissances. Faire de ces aspects relationnels un axe central d'analyse a paru d'autant plus important que les aspects cognitifs d'une part, affectifs d'autre part, sont très largement soulignés dans les approches les plus habituelles en psychologie de l'enfant. On ne saurait en conclure que ces trois approches sont dissociables. Bien au contraire elles concourent de façon indissociable à la réalité quotidienne des conduites, à leurs modifications et à leur permanence, qui font la continuité du développement, et l'unité de la personne. Cependant, bien que l'approche sociorelationnelle ait été privilégiée, on a souligné les recouvrements de champs avec les autres approches.

Il convient de souligner aussi une autre forme de recouvrements, ceux qui portent sur les champs propres aux différentes sciences humaines, au-delà des différentes spécialisations de la psychologie développementale. En tout premier lieu, on relève l'importance des appels à d'autres sous-disciplines de la psychologie. En particulier, les apports de la psychologie sociale s'avèrent de première importance, comme le montrent, par exemple, les références directes aux représentations sociales que l'on trouve chez les maîtres d'œuvre des approches sociocognitives du développement et du fonctionnement de l'intelligence, ainsi que les travaux centrés sur les groupes. Il faudrait insister aussi sur l'apport de la psychologie différentielle, autant pour la compréhension des processus cognitifs généraux (voir Reuchlin M., Lautrey J., Marendaz C. et Ohlmann T. (eds) *Cognition : l'individuel et l'universel*, Paris, PUF, 1990) que pour la présentation et l'analyse de données empiriques qui différencient les conduites et attitudes des sujets en fonction de leur appartenance à des groupes contrastés (étude de l'implication différente des garçons et des filles dans les domaines scientifiques et mathématiques, par exemple). Les apports de l'expérimentation se sont avérés indispensables à l'avancée des connaissances dans tous les domaines présentés, même là où ils étaient le moins attendus il y a peu de décennies (voir par exemple les progrès effectués dans l'étude du bébé et du très jeune enfant). La psychologie clinique et/ou pathologique éclaire à la fois les positions théoriques, comme le manifestent largement les analyses et les travaux rapportés (voir par exemple la théorie de l'attachement), même si la centration de l'ouvrage autour des problèmes sociocognitifs ne lui a pas fait une place prépondérante. Les recouvrements s'avèrent tout aussi importants lorsqu'il s'agit des frontières de la psychologie avec d'autres sciences humaines. En particulier, on ne saurait assez souligner les apports de certaines études sociologiques, ce qui est l'évidence même s'agissant du rôle des milieux de vie de l'enfant, mais ce qui est tout aussi vrai, bien que moins évident, lorsqu'il s'agit de décrire et de tenter d'expliquer le rôle des interactions et des relations sociales. On aura noté au passage les emprunts à certains domaines, objets plus souvent de l'intérêt des spécialistes de certains aspects des sciences de l'éducation que de la psychologie du développement (c'est le cas par exemple pour l'étude de la nature et des effets des interactions entre l'enseignant et les élèves).

Une telle énumération, bien incomplète, n'a pas d'autre but que de souligner la complexité des problèmes traités, en même temps que la richesse et la diversité des éclairages que leur apportent des approches complémentaires dans leur diversité.

Bibliographie

Achenbach T.H. 1978. The child behavior profils. *Journal of Consulting and Clinical Psychology*, *46*, 3, 478-488.

Ainsworth M.D., Blehar M., Waters E., Wall S. 1978. *Patterns of Attachment*. Hillsdale, N.J., Erlbaum.

Allen V. 1976. *Children teaching children*. New-York, Academic Press.

Bakeman R., Adamson L.B. 1984. Coordinating attention to people and objects in mother-infant and peer-infant interactions. *Child Development*, *55*, 1278-1289.

Bandura A. 1981. Self-referent thought : a developmental analysis of self-efficacy. *In :* J.H. Flavell & L.T. Ross (Eds.), *Social cognitive development, frontiers and possible futures*, 200-239. New York, Cambridge University Press.

Bandura A. 1986a. Psychological mechanisms of aggression. *In :* M. von Cranach, K. Foppa, W. Lepenies & D. Ploog (Eds.), *Human ethology : claims and limits of a new discipline*. Cambridge, Cambridge University Press.

Baudonnière P.M. 1985. Effet du mode de scolarisation (crèche ou maternelle) sur les échanges entre pairs de 2 ;6 à 3 ;0. *Enfance*, *38*, 2-3, 293-307.

Benbow C.P., Stanley J.C. 1983. Sex differences in mathematical reasoning : more facts. *Science*, 222, 1029-1031.

Block J.H. 1983. Differential premises arising from differential socialization of sexes : some conjectures. *Child Development*, *54*, 1335-1354.

Boivin M., Poulin F. 1993. Les demandes de jeu des garçons agressifs : les choix de camarades de jeu et la qualité de l'insertion sociale des garçons agressifs. *Enfance*, *46*, 3, 261-278.

Bowlby J. 1969. *Attachment and loss*. Vol. 1 *: Attachment*. London, Tavistock. Trad. franç. : *L'attachement*. Paris, PUF, 1978.

Boyer R. 1991. Identité masculine, identité féminine parmi les lycéens. *Revue Française de Pédagogie*, 94, Janvier-Février-Mars, 13-18.

Bronckart J.P., Schneuwly B. 1985. *Vygotsky aujourd'hui*. Neuchâtel-Paris, Delachaux & Niestlé.

Brossard M. 1989. Espace discursif et activités cognitives : un apport de la théorie vygotskienne. *Enfance*, *42*, 1-2, 49-56.

Bruchon-Schweitzer M. 1982. L'image du corps chez les lycéens ; Étude structurale et comparative. *Bulletin de Psychologie*, *35*, 355, 435-448.

Camilleri C. 1991. La construction identitaire : essai d'une vision d'ensemble. *Cahiers Internationaux de Psychologie Sociale*, 9-10, 77-90.

Campos J.J., Barrett K.C., Lamb M.E., Goldsmith H.H., Sternberg C. 1983. Socioemotional development. *In :* P.H. Mussen (Ed.), *Handbook of child psychology*.

Cassidy J. 1988. Child-mother attachment and the self in six-year-olds. *Child Development*, *59*, 121-134.

Champy P., Etévé C. (Eds.), 1994. *Dictionnaire encyclopédique de l'éducation et de la formation*. Paris, Nathan.

Coie J.D., Kupersmidt J.B. 1983. A behavioral analysis of emerging social status in boys' groups. *Child Development*, *54*, 1400-1416.

CROWELL J.A., FELDMAN S.S. 1988. Mothers' internal models of relationships and children's behavioral and developmental status : a study of mother-child interaction. *Child Development, 59*, 1273-1285.

DAVISSE A., LOUVEAU C. 1991. *Sports, école, société : la part des femmes.* Paris, Actio.

DEAUX K. 1985. Sex and Gender. *Annual Review of Psychology,* 49-81.

DODGE K.A. 1983. Behavioral antecedents of peer social status. *Child Development, 54*, 1386-1399.

DORON R., PAROT F. 1991. *Dictionnaire de psychologie*. Paris, PUF.

DURAND M. 1994. Jeu et sport chez l'enfant. *In :* S. Mansour (Ed.), *L'enfant et le jeu*. Paris, Syros.

DURET P., AUGUSTINI M. 1993. *Sports de rue et insertion sociale.* Paris, INSEP Publications.

ELLIS S., ROGOFF B. 1982. The strategies and efficacity of child versus adult teachers. *Child Development, 53*, 730-735.

ENTWISTLE R., ALEXANDER K., PALLAS A., CADIGAN D. 1987. The emergent academic self-image of first graders : its reponse to social structure. *Child Development, 58*, 1190-1206.

ERIKSON E.H. 1968. *Adolescence et crise, la quête de l'identité.* Paris, Flammarion.

FAGOT B.I. 1985. Changes in thinking about early sex role development. *Developmental Review, 5*, 83-93.

FINNIE V., RUSSELL A. 1988. Preschool children's social status and their mothers' behavior and knowledge in the supervisory role. *Developmental Psychology, 24*, 6, 789-801.

GARVEY C. 1977. *Play*. Glasgow, William Collins.

GEORGE C. 1983. *Apprendre par l'action.* Paris, PUF.

GILLY M. 1988 Interactions entre pairs et constructions cognitives : modèles explicatifs. *In :* A.N. Perret-Clermont & M. Nicolet (Eds.), *Interagir et connaître*, p. 19-28. Fribourg (Suisse), Delval.

GNEPP J. 1989. Personalized inferences of emotions and appraisials : component processes and correlates. *Developmental Psychology, 25*, 2, 277-288.

GUIDETTI M., TOURETTE C. 1993. *Evolution de la communication sociale précoce (ECSP).* Paris, EAP.

HARTUP W.W. 1989. Social relationships and their developmental signifiance. *American Psychologist, 44*, 2, 120-126.

HINDE R.A., PERRET-CLERMONT A.N., STEVENSON-HINDE J. 1988, *Relations interpersonnelles et développement des savoirs.* Fribourg (Suisse), Delval.

HOWES C., MATHESON C.C. 1992. Sequences in the development of competent play with peers : social and social pretend play. *Developmental Psychology, 28*, 5, 961-974.

HURTIG M.C., PICHEVIN M.F. 1986. *La différence des sexes.* Paris, Editions Tierses.

HUTEAU M. 1994.*Wallon. In :* P. Champy & C. Etévé (Eds.), Ouvrage cité.

HYDE, J. FENNEMA, E. LAMON S. 1990. Gender differences in mathematics performance : A meta-analysis. *Psychological Bulletin, 107*, 2, 139-155.

JALLEY E. 1981. *Wallon, lecteur de Freud et de Piaget.* Paris, Éditions sociales.

LA FRENIÈRE P.J. STRAYER F.F. GAUTHIER R. 1984. The emergence of same-sex affiliative preferences among preschool peers : a developmental/ethological perspective. *Child Development, 55*, 1958-1965.

LAMB M.E. 1981. *The role of the father in child development*. New York, Wiley.

LEFEBVRE-PINARD M. 1983 Understanding and auto-contrôle of cognitive functions : implication for the relationships between cognition and behavior, *International Journal of Behavioral Development*, 6, 15-36.

LEWIS M., FEIRING C. 1989. Infant, mother and mother-infant interaction behavior and subsequent attachment. *Child Development, 60*, 831-837.

LORANGER M. 1988. Les garçons et les filles en situation d'apprentissage. *In :* P. Durning & R.E. Tremblay, *Relations entre enfants : recherches et interventions éducatives*. Paris, Fleurus.

LUMIS M., STEVENSON H. 1990. Gender differences in believes and achievement : A cross cultural study. *Developmental Psychology*, 26, 2, 254-263.

MALRIEU P. 1979. Henri Wallon. *In :* J. Chateau (Ed.), *La psychologie de l'enfant en langue française*. Toulouse, Privat.

MARSHALL S. 1984. Sex differences in children's mathematic achievement : solving computations and story problems. *Journal of Educational Psychology, 76*, 2, 194-204.

MCDONALD K. 1987. Parent-child physical play with rejected, neglected and popular boys. *Developmental Psychology*, *23*, 5, 705-711.

MILLER P.M., DANAHER D.L., FORBES D. 1986. Sex related strategies for coping with interpersonal conflict in children aged five and seven. *Developmental Psychology*, *22*, 543- 548.

MOSCOVICI S. 1972. *Introduction à la psychologie sociale,* Paris, Larousse.

MUELLER E., BLEIER M., KRAKOW J., HEGEDUS K., COURNOYER P. 1977. The development of peer verbal interaction among two-years old boys, *Child Development*, *48*, 284-287.

NADEL J., BAUDONNIÈRE P.M. 1985. L'objet : moyen d'étude des compétences à communiquer. *In :* P.M. Baudonnière (Ed.), *Étudier l'enfant de la naissance à 3 ans*. Paris, PUF.

OLÉRON P. (Ed.), 1981. *Savoirs et savoir-faire psychologiques chez l'enfant*. Bruxelles, Mardaga.

PARK K.A., WATERS E. 1989. Security of attachment and preschool friendships. *Child Development*, *60*, 1076-1081.

PATTERSON G.R., BANK L. 1990. Some amplifer and dampening mechanisms for pathologic processes in families. *In :* M. Gunnor & E. Thelen (Eds.), *Minnesota symposia in child psychology*, Vol. 22. Hillsdale, N.J., Erlbaum.

PEERY D.G., PEERY J.C., RASMUSSEN P. 1986. Cognitive social learning mediators of aggresion. *Child Development*, *57*, 700-711.

PERRET-CLERMONT A.N. 1979. *La construction de l'intelligence dans l'interaction sociale*. Berne, Peter Lang.

PETTIT G.S., DODGE K.A., BROWN M.M. 1988. Early family experience, social problem, solving patterns and children's social competence. *Child Development*, *59*, 107-120.

PHILLIPS D.A. 1987. Socialization of perceived academic competence among highly competent children. *Child Development, 58*, 1308-1320.

PIAGET J. 1932. *Le jugement moral chez l'enfant.* Paris, Alcan (nouvelle édition), Paris, PUF, 1957.

PIAGET J., INHELDER B. 1963. Les images mentales. *In :* P. Fraisse & J. Piaget (Eds.), *Traité de psychologie expérimentale,* Vol 7 : *L'intelligence*, p. 65-108. Paris, PUF.

PUTALLAZ M. 1987. Maternal behavior and children's sociometric status. *Child development*, *58*, 324-340.

REUCHLIN M. 1971. Milieu et développement. Paris, PUF.

REYMOND-RIVIER B. 1965. *Le développement social de l'enfant et de l'adolescent* Bruxelles, Dessart.

ROGOSCH F.A., NEWCOMB A.F. 1989. Children's perceptions of peer reputations and their social reputations among peers. *Child Development*, *60*, 597-610.

RONDAL J.A. 1983. *L'interaction adulte-enfant et la construction du langage*. Bruxelles, Mardaga.

ROSS H.S., LOLLIS S.P. 1989. A social relations analysis of toddler peer relationships. *Child Development*, *60*, 1082-1091.

SABERS D., CUSHING K. 1987. Sex differences in reading and mathematics achievement for middle school students. *Journal of Early Adolescence*, *7*, 1, 117-128.

SAINT-MARC C. 1981. *Couple amical et socialisation chez les jeunes écoliers.* Paris, PUF.

SCHNEIDER B.H., ROUILLARD L., DE KIMPE V. 1993. Interaction sociale des garçons et des filles de 5 ans en fonction du contexte du jeu. *Enfance*, *46*, 3, 229-240.

SCHNEUWLY B., BRONCKART J.P. 1985. *Vygotski aujourd'hui.* Neuchâtel-Paris, Delachaux & Niestlé.

SPENCE S.H. 1987. The relationship between social cognitive skills and peer sociometric status. *British Journal of Developmental Psychology*, *5*, 347-355.

SROUFE L.A., FLEESON J. 1986. Attachment and the construction of relationships. *In :* W. Hartup and Z. Rubin (Eds.), *Relationships and development*. New-York, Cambridge University Press.

STAMBAK M., BARRIÈRE M., BONICA L., MAISONNET R., MUSATTI T., RAYNA S., VERBA M. 1982. *Les bébés entre eux*. Paris, PUF.

STRAYER F.F., TESSIER O., GARIEPY J.L. 1985. L'activité affiliative et le réseau cohésif chez les enfants d'âge préscolaire. *In :* R.E. Tremblay, M. Prouvost & F.F. Strayer (Eds.), *Éthologie et développement de l'enfant*. Paris, Stock.

SULLEROT E. 1988. Vers une société sans pères? *Revue Française des Affaires Sociales*, n° hors série : *Pères et paternités.*

TANNER J.M. 1964, *Éducation et croissance. Applications pédagogiques des connaissances sur la croissance de l'enfant.* Neuchâtel, Delachaux & Niestlé.

TOURETTE C., TOURETTE G. 1983. Lecture et intelligence en CE2. *Revue de Psychologie Appliquée, 34*, 2, 115-132.

VANDENPLAS-HOLPER C. 1979. *Éducation et développement social de l'enfant*. Paris, PUF.

VERBA M., WINNYKAMEN F. 1992. Expert Novice Interactions : Influence of Partner Status. *European Journal of Psychology of Education*, Vol. VII, n° 1, 61-71.

VERGNAUD G. 1978. Didactique des sciences et psychologie. *Revue Française de Pédagogie,* n° spécial.

VITARO F., GAGNON C., TREMBLAY R.E. 1992. Liens d'amitié et fonctionnement social des enfants rejetés. *Enfance*, *45*, 113-127.

VITARO F., BOUCHARD J., DIOTTE M., MAC CAUGHRY D. 1988. Situations sociales à potentiel conflictuel et caractéristiques socio-cognitives d'enfants agressifs et rejetés. *International Journal of Psychology*, *23*, 333-356.

VOUILLOT F. 1986. Structuration des pratiques éducatives parentales selon le sexe de l'enfant. *Enfance*, *39*, 4, 351-366.

WALLON H. 1932. De l'expérience concrète à la notion de causalité et à la représentation-symbole. *Journal de Psychologie,* réédité in *Enfance,* 1959, N° spécial : *H.Wallon,* 145-174.

WALLON H. 1934. *Les origines du caractère chez l'enfant*. Paris, PUF.

WALLON H. 1948. Le jeu chez l'enfant. Cours de pédiatrie sociale, Paris, Editions médicales Flammarion. Réédité in *Le jeu et l'enfant*. Paris, Centre International de l'Enfance, 1993.

WATERS E. 1983. The stability of individual differences in infant attachment : Comments on the Thompson, Lamb and Estes contribution. *Child Development*, *54*, 516-520.

WEINSTEIN R.S., MARSHALL H.H., SHARP L., BOTKIN M. 1987. Pygmalion and the student : age and classroom differences in children's awareness of teacher expectations. *Child Development*, *58*, 1079-1093.

WERTSCH J.V. 1985. *Culture, communication and cognition. Vygotskian perspectives.* Cambridge, Cambridge University Press.

WINNYKAMEN F. 1994. Jeu et Socialisation. *In :* S. Mansour (Ed.), *L'enfant et le jeu. Les fonctions du jeu, ses limites, ses dérives.* Paris, Syros/Centre International de l'Enfance.

YOUNGER A.J., PICCININ A.M. 1989. Children's recall of aggressive and withdrawn behaviors : recognition memory and likability judgments. *Child Development*, *60*, 580-590.

ZAZZO R. 1989. Vygotski 1896-1934. *Enfance, 42*, 3-9.

Table des encadrés

Table des matières

Armand Colin Éditeur
5, rue Laromiguière, 75241 Paris Cedex 05
N° d'éditeur : 105303
Dépôt légal : avril 1995

SNEL S.A.
Rue Saint-Vincent 12 - 4020 Liège
avril 1995